FRANZ ENDLER

FRANZ ENDLER
Wien im Barock
UEBERREUTER

Für meine Frau

Schutzumschlagbild: Francesco Solimena, geb. 1657 in Nocera bei Neapel, war einer der zahlreichen Maler aus Italien, die Aufträge vom Wiener Hof bekamen. Sein Ölbild vom Jahre 1728 hält fest, wie Graf Althan, Oberaufseher der kaiserlichen Gebäude, dem Kaiser das Inventar der in der Stallburg 1721 aufgestellten Gemäldegalerie überreicht.

Vor- und Nachsatzpapier: reiche Goldstickerei auf einer Kasel aus dunkelrotem Atlas. Das Priestergewand dürfte um 1630 von dem Passauer Sticker Michael Gruber für den Abt angefertigt worden sein.

Vorhergehende Doppelseite: Blick auf das barocke Wien vom Leopoldstädter Ufer aus. Das Ölbild stammt vermutlich von Johann Adam Delsenbach und entstand vor 1750

Seite 6: Von Lodovico Burnacini, dem Theatralingenieur und Architekten Leopolds I., stammt die Gärtnerinnen-Figurine, Sinnbild der vielen Theaterfeste, die in der Barockzeit stattgefunden haben.

J 1184/1

Umschlag, Einband und Layout von Herbert Schiefer

Gesamtherstellung: Salzer - Ueberreuter, Wien
Printed in Austria

Inhalt

Einleitung

Wie der Künstler sein Werk, so genießt der Österreicher das Leben; in beklemmender Angst, es könnte ihm entgleiten, denn er weiß, es ist nur ein Traum, ein Wahn; er genießt es aber auch in anmutiger Verschwendung, denn er weiß, es ist nur ein Spiel. Wir haben den Seelenzustand des barocken Menschen als den des unheilbaren Skeptikers definiert, dem nichts gewiß erscheint, am wenigsten er selbst, und der das Problem, inmitten einer Welt zu stehen, in der sich die Dinge unaufhörlich selbst widerlegen, dadurch löst, daß er diese Welt nicht ernst nimmt. Und das allein ist die tiefste Wurzel alles Phlegmas, Leichtsinns, aller Schlamperei, Trägheit, Wankelmütigkeit, Traditionstreue und Wirklichkeitsflucht des Österreichers: er nimmt die Welt nicht ernst, er läßt sich von ihr verlocken, aber während er sich ihr hingibt, verneint er sie; er genießt die Dinge, während er sie genießt, flieht er sie; unter seiner Fröhlichkeit, Selbstgenügsamkeit und Sorglosigkeit glüht das Fieber, in das unsere Träume getaucht sind, knapp bevor wir aus ihnen erwachen.«

Der Autor dieses Buches, des dritten Bandes einer persönlich gesehenen und nach unorthodoxen Gesichtspunkten erzählten Geschichte der einzigen Stadt, in der er leben kann, sieht nur schwer ein, warum er für gewisse Erkenntnisse nach neuen Sätzen suchen soll, wenn er sie in einem längst vergessenen Buch bereits ganz nach seinem Sinn vorformuliert findet. Hanns Sassmann, dessen Werk nicht Welten einriß, dessen Name beinahe nur einer köstlichen Geschichte Egon Friedells wegen noch einigen Wienern bekannt ist, hat »Das Reich der Träumer«, eine der anregendsten Geschichten Österreichs überhaupt, geschrieben. Aus diesem Buch wäre seitenweise zu zitieren, manche Formulierungen ließen sich nahtlos und ohne Anführungszeichen in den Gedankengang des Autors einfügen. Besonders diesmal, da es um das Barock in Wien geht – ein Thema wiederum, das in einem einzigen Buch kaum zu behandeln ist.

Die Probleme, die der zu beschreibende Zeitraum aufwirft, wären allein schon eine Vorrede für sich. Nach den historischen Daten läßt sich das barocke Wien durchaus anders begreifen als beispielweise nach seiner künstlerischen Realität. Es ist das Wien der drei letzten Habsburger-Kaiser – Leopold I., Joseph I. und Karl VI. –, das Wien vor dem Türkensturm, das Bollwerk des Abendlandes, das sich dem damaligen Beschauer noch keineswegs als das präsentierte, was wir uns heute unter dem *barocken* Wien vorstellen. Der Monarch freilich war bereits ein echter Barockfürst. Leopolds Freude an der Musik, die jeden italienischen Fürsten beschämen mußte, seine prunkvolle Selbstdarstellung durch große Feste, seine Persönlichkeit, die selbst gegen Ludwig XIV. bestehen konnte, die waren barock. Doch erst nach der Türkenbelagerung 1683, nach den großen Siegen des Prinzen Eugen über Türken und Franzosen wurde Wien zur barocken Prunkstadt, zu deren glanzvollem Rahmen alle großen Herren im Reich beitrugen.

Doch Wien muß von jeher einen eigenen Zauber auf Fremde ausgeübt haben. Schon vor dem Türkensturm meinte der französische Reisende Charles Patin, daß man in Paris leben könne; sei das aber nicht möglich, dann ... »il faudrait passer (sa vie) à Vienne« – müsse man seine Tage in Wien verbringen. Und Jahrzehnte später machte – trotz der inzwischen wieder heftig ausgebrochenen Erbfeindschaft zwischen Frankreich und Österreich – der Philosoph Montesquieu der Stadt ein Kompliment, indem er äußerte, man sterbe in Wien, aber man altere dort nicht.

Das *barocke* Wien entsteht also in den aufregenden Zeiten um die Jahrhundertwende, da Leopold I. meint, seiner Linie das Recht auf die Nachfolge der spanischen Habsburger durch Kriege sichern zu müssen. Diese Jahre stehen auch im Zeichen eines Dieners der Habsburger, des Prinzen Eugen, dessen Treue zum Hause Österreich deshalb so vorbildlich erscheint, weil die Söldnergesinnung noch nicht ausgestorben war und ein Soldat oder Freiherr sein ganzes Leben wohl kaum einem einzigen Fürsten weihte. Eugen von Savoyen war nicht nur Leopold I., sondern auch dessen Nachfolgern ein treuer Diener – und er zeigte sich auch als ein treuer Wiener, der mit Bauten und Sammlungen sowie dem Gewicht seiner Persönlichkeit als Staatsmann und Feldherr dazu beitrug, daß Wien zu einem Zentrum Europas wurde.

Karl VI., der letzte der drei Kaiser, war bereits König von Spanien, als er nach dem frühen Tod seines Bruders Joseph I. nach Wien mußte, um dessen Erbe anzutreten. Er holte nach, was seine Vorgänger versäumt hatten, wurde selbst Bauherr in der Stadt. Ohne die anderen traditionellen Vorlieben der Habsburger zu vernachlässigen – auch er musizierte und ließ seine Tochter Maria Theresia schon in Kinderjahren auf der Bühne singen –, erweiterte er die Hofburg, gab den spanischen Pferden eine Reitschule und der Bibliothek des Prinzen Eugen den schönsten Bibliothekssaal, den die Welt kennt.

Durch seine Resignation in Spanien endeten die Kriege um das spanische Erbe; doch durch seine Pragmatische Sanktion und die heftigen, rational kaum erklärbaren Versuche, Europas Staaten zu einer Anerkennung derselben zu bewegen, legte er die Wurzel zu neuen Kriegen, die dann auch prompt nach seinem Tod ausbrachen. Prinz Eugen, der dem Kaiser stets geraten hatte, eine Kriegskasse anzulegen, statt sich um Verträge zugunsten seiner Thronfolgerin Maria Theresia zu bemühen, hatte damit seine Weitsicht und Klugheit bewiesen. Er konnte leider nun nicht mehr der Frau dienen, mit deren Regierungsantritt die Barockepoche faktisch ihr Ende fand.

Hier sehen wir uns der paradoxen Situation gegenüber, mit der der Autor dieses Buches bereits zu leben gewohnt ist. Maria Theresia, die uns als die Erfüllung des Barock erscheint und die über ein barockes Wien regiert, ist bereits eine Herrscherin des Rokoko. Ihre Regentschaft, ein natürliches Thema dieses Buches, wie es einem im ersten Augenblick scheinen mag, gehört schon in einen anderen Band.

Die Auswahl der Themen, diesmal in Form kurzer Aufsätze und ziemlich bunt getroffen, ist keineswegs auf Vollständigkeit hin angelegt. Was die Daten und Namen anlangt, so sind Mißverständnissen und Irrtümern Tür und Tor geöffnet: Bis zur Endredaktion dieses Bandes sind etliche neue wissenschaftliche Untersuchungen publiziert worden, die andere Baumeister als die bisher angenommenen für Hauptwerke des barocken Wien gefunden haben wollen; andererseits schleichen sich längst als Legende oder fromme Lüge entlarvte Tatbestände immer wieder in ernst zu nehmende Bücher ein.

Beispiele dafür werden angeführt. Den Lieben Augustin hat es nicht gegeben; das erste Kaffeehaus gehörte nicht Kolschitzky; und die Zahl der Pesttoten wird in allen zeitgenössischen Quellen bei weitem übertrieben. Von Schreibweisen wollen wir gar nicht erst reden. Im barocken Wien hielt man sich verbindlich daran, nach seinem Gusto zu schreiben, und höchste Persönlichkeiten konnten mehrere Sprachen beiläufig, keine einzige aber perfekt. Die wichtigsten Zeugnisse stammen von Reisenden aus England und Frankreich, deren Berichte Jahrzehnte später in das der Zeit entsprechende Deutsch übertragen wurden ...

Hinzu kommt: Die Beschreibungen der Stadt nehmen meist vom Volk keinerlei Notiz. Es ist die Zeit, in der die Stadt nur als höfisches Zentrum beschrieben wird. Man erfährt, daß die Aristokratie nationale Ressentiments nicht kannte. Man fühlte sich Religion, Bildung, Standesidealen und Lebensformen verbunden. Der Nationalismus war dieser Zeit noch fremd, er sollte erst viel später trennend wirken.

Dies nur als Hinweis auf die Möglichkeiten, das barocke Wien vielfältig, sehr verschieden und dennoch immer einigermaßen richtig zu sehen – und sich dabei in Widerspruch zu Autoritäten zu setzen, die irgendwann seither anderer Ansicht waren, aber auch schon wieder widerlegt worden sind. An der Geschichte einer Stadt von der Lebensfreude und Traumlust Wiens kann sich die Phantasie bereits des Chronisten entzünden, muß nicht erst der zwei Jahrhunderte spätere geborene Wien-Liebhaber auf Übertreibungen hereinfallen.

Mehr noch als bei den vorangegangenen zwei Bänden ist der Autor diesmal den vom Verlag großzügig zur Hilfe beigestellten Experten der Geschichte wie der deutschen Sprache verpflichtet. Er ist in vielen Phasen der Entstehung dieses Buches von sehr vielen Händen über Untiefen hinweggetragen worden und will an dieser Stelle Dank dafür sagen.

Der Reichtum an Bildzeugnissen des Barock ist unermeßlich, wenngleich nicht zu jedem der angeschlagenen Themen gleich groß. Mitunter war die Auswahl schwierig, dann wiederum fand sich kaum etwas, das man als neu oder unbekannt hätte vorlegen können. Und immer wieder war bei dem Versuch, dem Leser das Wien der Barockzeit spürbar zu machen, die Barriere da, die uns vom Zeitverständnis trennt und die dem Leser auch deutlich gemacht werden muß. Seit jener Zeit sind zwar viele der Bauwerke unverändert geblieben, haben sich einige Institutionen, wie etwa die Hofreitschule, erhalten. Doch sehr vieles hat sich dermaßen verändert, daß man jeden Augenblick innehalten und daran erinnern müßte. Die Zeit wurde damals in anderem Tempo erlebt, was uns laut erschien, hätte man damals anders empfunden, und was uns Heutige an barockem Leben fasziniert, war damals gar nicht der Erwähnung wert, war selbstverständlich.

Und selbstverständlich hatten Worte wie Moral, Treue, Gott andere Bedeutung als heute. Auch das Wort »Barock« hat zwischendurch unterschiedlichen Klang gehabt. Noch ein Zitat? »Der Österreicher ist der psychisch gesündeste Mensch des Kontinents. In der gewaltigen Bildkraft seiner Kultur glüht ihm das allegorisch dargestellte Universum in purpurnen Liebesflammen, die Welt ist nichts, doch sie ist schön und sie gehört dem, der sie am schönsten träumt. Diese Weltauffassung, die den ganzen Sinn der Barocke enthält, gibt dem Österreicher seine unerschütterliche Ruhe, seine Gleichgültigkeit gegen alle Veränderung der Dinge, die ihn befähigt, das Objekt jedes noch so abenteuerlichen politischen Experiments zu sein, ohne daß je ein solches an ihm gelingt.«

Im Wien der Gegenwart ist immerhin mehr als nur ein steinernes Zeugnis der Barockzeit zu finden. Es macht für einen Liebhaber dieser Stadt sogar der Alltag, in dem ein solches Buch entsteht, einen manchmal barocken Eindruck. Wie hier immer noch barockes Theater gespielt wird, wie öffentliche Bauten noch während ihres Entstehens die Baumeister wechseln und zuletzt den Auftraggebern zugeschrieben werden – die Pestsäule am Graben entstand so, und bei diesem Buch ist wohl auch nicht mehr genau zu erkennen, von wem jeder einzelne Engel, jeder einzelne Schriftzug stammt ...

BOLLWERK
DER
CHRISTENHEIT

Opernspektakel

ine Hochzeitsoper, die jedem Musik- und Theaterwissenschaftler Beginn und Höhepunkt der Barockoper in Wien bedeutet, ist »Il pomo d'oro«. Man verfällt auf dieses Werk, ob man nun von grandiosen Kunstwerken spricht oder darauf hinweisen will, was sich dieses Wien am äußersten Zipfel des Abendlandes trotz gefährlicher Nähe der Türken leistete.

Leopold I. wollte das Werk anläßlich der Feierlichkeiten zu seiner Vermählung mit der Infantin Margaretha Theresia 1666 aufführen lassen. Hierfür waren die Bühnen in der Favorita oder bei den Jesuiten »Am Hof« zu klein. Der Hoftheatraliker Burnacini mußte auf dem Burgplatz ein eigenes Theaterhaus aufführen, »welches nicht weniger als 1000 Darsteller und zahllose Zuschauer füllten«. Die Fertigstellung desselben verzögerte sich so sehr, daß die Aufführung erst am 13. und 14. Juli 1668, offenbar in zwei Teilen, stattfand. Der Anlaß diesmal: Margaretha Theresias Geburtstag.

Das Gebäude, von dem eine berühmt gewordene Illustration in jedem Werk der Theatergeschichte zu finden ist, war ein riesenhafter Holzbau, der 1683 niedergerissen werden mußte. Man baute ihn nach dem Abzug der Türken wieder auf – bald darauf brannte er ab, wie es dazumal Theaterbauten häufig zu ergehen pflegte.

Es handelte sich um ein Logentheater; der einzige wesentliche Unterschied zu vergleichbaren Häusern der Gegenwart war der, daß die Sitze der Majestäten sich nicht in einer Art »Hofloge« befanden, sondern auf einer Estrade, die sich im Zentrum des Zuschauerraumes direkt gegenüber der Bühne befand. Wer im Parterre hinter dem kaiserlichen Paar zu sitzen kam, dem war die Sicht auf die Bühne gestört. Doch war dergleichen sicher nicht von Belang; der Anblick des Kaiserpaares muß für das Publikum durchaus ebenso erregend gewesen sein wie das Schauspiel, dem man beiwohnte.

Burnacini, in ganz Europa berühmter Hoftheatraliker, erbaute nicht nur das Theater, sondern war als »Regisseur« auch die Seele dieser Oper selbst, die sich nach seinen Einfällen zu entwickeln hatte. Die anderen Autoren mußten sich nach ihm und seinen

Oben: 1652 kam der Architekt und Theatralingenieur Giovanni Burnacini mit seinem Sohn Lodovico nach Wien. In der Burg baute er für Kaiser Ferdinand III. Wiens erstes Opernhaus.

Links: Eine der aufwendigsten Inszenierungen der Barockzeit war wohl die von Cestis Oper »Il pomo d'oro«. Leopolds I. Achitekt Lodovico Burnacini mußte eigens dafür ein Theaterhaus auf der Burgbastei, an der Stelle der heutigen Nationalbibliothek, errichten. Die Inszenierung übernahm er dann auch selbst. Der Kaiser und seine junge Gemahlin Margaretha Theresia verfolgten die Vorgänge auf der Bühne von erhöhten Plätzen im Parkett.

vorgegebenen szenischen Bedingungen richten – und nach der ebenfalls vorgegebenen Handlung: Die drei Göttinnen Venus, Minerva und Juno (als römische Versionen der griechischen Göttinnen Aphrodite, Athene, Hera) streiten um den Apfel des Paris, Jupiter (Zeus) nimmt ihn an sich, um ihn zu bewahren, bis er eine irdische Göttin fände, die die Schönheit einer Venus mit der Weisheit einer Minerva und der Erhabenheit einer Juno in sich vereinigt. Die Göttinnen aber sind zum Finale eines Sinnes mit Jupiter und überlassen den goldenen Apfel der »kaiserlichen Juno«, der Gemahlin Leopolds I.

Es gibt ernsthafte Forscher, die behauptet haben, die Festoper sei in Wien ein ganzes Jahr lang gezeigt worden – diese Ansicht entstand durch einen Lesfehler in einer Biographie des Kaisers. Doch ist immerhin erwiesen, daß es mehrere Vorstellungen im Hause nächst der Burg gab, daß der Kaiser bei der Generalprobe und etlichen Vorstellungen an-

wesend war und daß viele tausend Wiener die Aufführungen dieser Oper – und anderer auch – miterlebten: daß also im Theaterhaus des Kaisers keineswegs nur der Adel, sondern ganz Wien zu Gast war und »das Volck« sich in »unglaubiger Menge«, wie man schrieb, einfand, wenn es galt, eine große Oper zu sehen.

Der Vollständigkeit halber seien die Namen der Autoren doch erwähnt: Den Text schrieb Francesco Sbarra, die Musik der Franziskanerpater Marc' Antonio Cesti aus Arezzo, der sich in Italien und Frankreich bereits großen Ruhm erworben hatte, bevor er von Leopold nach Wien berufen wurde.

Zwar sind sich die Musikwissenschaftler wohl des Wertes der Komposition Cestis bewußt und weisen gern darauf hin, daß die Einleitungs-Sonata auch als »erste Programmouvertüre« der Musikgeschichte gelten kann, weil in ihr bereits auf nachfolgende Musikstücke Bezug genommen wird. Doch ist »Il pomo d'oro« nicht der Musik oder des Textes wegen, sondern durch die auf der Bühne sich vollziehenden Verwandlungstricks über die Jahrhunderte hinweg berühmt geblieben. Und damit teilt sie dieses Schicksal mit dem anderen großen Ereignis, das Leopold am 24. Januar 1667 veranstaltete, mit dem »Roß-Ballett«, das anläßlich der Hochzeitsfeierlichkeiten zur Aufführung gelangte.

Unter »Roß-Ballett« ist genau das zu verstehen, was das Wort besagt: ein riesiges Spektakel von Musik, Pferden und dekorierten Wagen. Vorgeführt wurde es auf dem Burgplatz, sowohl als eine Huldigung an die junge Kaiserin wie auch als Darstellung imperialen Glanzes. Der Inhalt läßt sich in einem Satz wiedergeben: Der Kampf zwischen Luft

Rechts: das legendäre »Roßballett« im Burghof, das am 24. Januar 1667 stattfand. Für dieses Barockspektakel hatten Scharen von Reitern und Fußsoldaten eine rein choreographische Rolle zu erfüllen. Vor dem Amalientrakt (Bildmitte) war der »Tempel der Ewigkeit« errichtet, in der Mitte stand das Schiff »Argo«, umgeben von vier Festwagen, die die vier Elemente darstellten. Die Tribünen längs der Burgtrakte waren eigens für das grandiose Schauspiel erbaut worden.

Vorhergehende Doppelseite: Kaiser Leopold I. und seine ihm frisch angetraute Gemahlin Margaretha Theresia in stilisierter Schäfertracht. Jan Thomas malte das Herrscherpaar bald nach Margarethas Eintreffen in Wien am 5. Dezember 1666. Im Zuge der Festlichkeiten zur Feier der Vermählung wurde die Schäferoper »La Galatea« aufgeführt, mit dem kaiserlichen Paar als Hauptdarsteller, worauf offenbar in den beiden Porträts angespielt wird.

und Wasser um den Vorzug der Ehre der Erzeugung der »Perle« Margaretha Theresia. Und auch der Titel besagt das eindeutig: »La contesa dell'aria e dell'acqua.«

Die Behauptung, es gäbe auf der Bühne unserer Tage so gut wie nichts, was es nicht schon auf der Barockbühne gegeben hätte, soll anhand einiger Exempla bewiesen werden.

Da finden sich für eine Oper »La Gara«, 1652 in Wien aufgeführt – also noch unter der Regierung von Leopolds Vater, Ferdinand III. – und von den Historikern als erste Prunkoper in Wien genannt, im Textbuch, das bemerkenswerterweise erstmals in Wien und nicht, wie bisher üblich, in Italien ge-

Oben: So sah der Innere Burghof noch zu Zeiten Kaiser Ferdinands III. aus. Die 1577 vollendete Amalienburg (Bildmitte) hat sich bis heute nur unwesentlich verändert, doch fehlt links der Leopoldinische Trakt. Die Wiener Vedute hat der Holländer Samuel van Hoogstraeten 1652 gemalt. Noch ein Anhaltspunkt für den Bildbetrachter: der Turm der Minoritenkirche rechts hinten.

Rechts: Kaiser Leopolds I. zweite Gattin Claudia Felicitas von Tirol, wie sie der Florentiner Carlo Dolci ein Jahr vor ihrer Vermählung gemalt hat. Leopold heiratete sie 1673, noch im Todesjahr von Margaretha Theresia. Claudia Felicitas starb schon drei Jahre darauf. Sie wurde nicht, wie üblich, in der Kapuzinergruft bestattet, sondern in der Dominikanerkirche.

druckt wurde, auch die Kupferstiche des Regisseurs Giovanni Burnacini, des Vaters des berühmteren Lodovico, der »Il pomo d'oro« inszenierte. Und weiters technische Zeichnungen, die demonstrieren, wie sich ein Darsteller mittels eines recht einfach erscheinenden Mechanismus in einen Kentauren verwandelte: nämlich durch ein Korsett, an dem der Pferdeleib befestigt war, welcher durch einige Stangen an den Hinterbeinen beweglich gemacht werden konnte. Besseres ist seither auch nicht erfunden worden. Und die Maschinerien, mit deren Hilfe man Wolken über die Bühne ziehen ließ, sind seither ebenfalls nicht mehr zu ändern, nur noch zu perfektionieren gewesen.

In der Nähe von Stockholm, in Drottningholm, kann man heute noch eine Einrichtung bewundern, wie sie in der Barockzeit auch auf jeder Wiener Bühne zu finden war; damit konnte man bewegtes Meer darstellen: Mehrere in Wellen- oder Spiralform ausgeführte Rollen lagen hintereinander quer über dem Bühnenboden und wurden von Bühnenarbeitern gedreht. Feine farbliche Abstufung der Rollen vorausgesetzt, dazu eine etwas düstere Beleuchtung, und der täuschende Effekt war gegeben. Zwischen den Rollen war genügend Platz, um entweder kleine Schiffe auf Schaukelwagen durchzuziehen oder Darsteller »ertrinken« zu lassen.

Handbücher über Bühnentechnik, wie sie die großen Meister jener Zeit verfaßten und in Neuauflagen ergänzten, verraten jeden dieser Tricks und sind bis heute Grundlage jeder Ausbildung zum Bühnenbildner.

Die Prunksucht der Fürsten, die solche Maschinen bauen ließ, wäre in der heutigen Zeit nicht denkbar, selbst nicht in einer Stadt von der Theaterfreude Wiens. Niemand kann heute solche Unsummen in eine »Inszenierung« stecken, auch dann nicht, wenn ein genialer Regisseur sich Revueeffekte ausdächte, wie sie im Barock an der Tagesordnung waren: Erdkugeln, die sich öffneten und den Blick auf eine Musikkapelle in ihrem Inneren freigaben; Feuerwagen, auf denen Amor durch das Meer fuhr; Kämpfe zwischen Drachen und Engeln, die sich prinzipiell nicht auf Podesten oder gar nur auf dem Boden der Bühne, sondern selbstverständlich in der Luft abspielten.

Wenn heute ein Theatermann staunenden Menschen des zwanzigsten Jahrhunderts den Bühnenraum eines großen Theaterhauses zeigt, dann müßte er korrekterweise stets erwähnen, daß alle technischen Einrichtungen zur Erzeugung von Illusion bescheiden sind im Vergleich zu den Bühnenmaschinerien, die sich die Theatralingenieure der Barockzeit ausdachten – und zwar jeweils neue für jedes neue Stück.

Leopold I., »der Gütige«

Der durch Europa reisende englische Arzt Edward Browne, immer wieder zitiert, wenn es um Leopold I. geht, beschreibt den Kaiser als tugendhaften, freundlichen, lebhaften und ansehnlichen Herrn, der von allen geliebt und respektiert werde, vom Volk ebenso wie von den Soldaten und der Geistlichkeit. Es fehlt auch nicht der Hinweis auf die Habsburger Lippe – ». . . und haben Sie an Dero Leffzen ein unfehlbares Zeichen, daß Sie von dem Ertz-Herzoglichen Haus Österreich entsprossen . . .« –, allen zeitgenössischen Berichterstattern ein erwähnenswertes Charakteristikum.

Edward Browne, der über seine Reisen in den Jahren 1668 bis 1673 ausführlich berichtet hat, darf als verläßlicher Beobachter gelten. Was seine Beschreibung Kaiser Leopolds angeht, so findet sie ihre Entsprechung auch bei anderen Schreibern, so etwa im Bericht des türkischen Reisenden Evliya Celebi, der 1665 seinem Sultan ebenfalls mitteilt, daß Kaiser Leopold seine Untertanen liebe, gescheit und edelsinnig sei, vernünftig und weise, »jedoch spricht er immer nur stockend und hat eine rauhe und häßliche Stimme«.

Dem Kupferstecher Salomon Kleiner aus Augsburg, der um 1720 in Wien ansässig wurde, verdanken wir zahlreiche Wiener Veduten. In einem seiner Sammelwerke finden sich auch Kaiser Leopold I. und seine drei Frauen. Daß Leopolds dritte Frau in Witwentracht verewigt ist, wird verständlich, wenn man weiß, daß der Stich erst nach dem Tod der vier Dargestellten angefertigt wurde.

LEOPOL-
DVS I. Ro. Imp.
Hun. Boem. Rex
A. A.
CONSILIO ET INDVSTRIA.
1. Margar. Te-
resia Hisp. Inf.
3.
Eleonora
Magdal.
Teresia C.
Palatina
Rheni
2. Claudia Feli-
citas A. Au. C. Tir.

Weniger gut scheint es die Natur mit Leopold gemeint zu haben, was dessen körperliche Gaben betraf. Wulstige Lippen, ein großer Mund, auffallend große Zähne, mittlere Größe und leichte Beleibtheit trugen nicht gerade dazu bei, ihn zu einem schönen Mann zu machen.

Alles in allem erscheint uns Leopold als das genaue Gegenteil seines großen Kontrahenten in Paris, der geradezu das Idealbild des absoluten Herrschers der Zeit darstellte. Ludwig XIV. hat aber über Leopold einmal gesagt: »Den Leopold fürchte ich nicht, wohl aber sein Mirakel«, womit er offenbar auf Leopolds Güte und Bescheidenheit anspielte, auf die weise Zurückhaltung im richtigen Augenblick. Etwa, als er, um König Johann III. Sobieski von Polen nicht zu vergrämen, darauf verzichtete, den Oberbefehl über das Entsatzheer zu übernehmen, und auf einem Schiff zwischen Krems und Tulln darauf wartete, daß seine Residenzstadt befreit werde.

Wenig später aber wußte er sehr wohl den Kaiser hervorzukehren. Sobieski, der sich wie eine Primadonna aufgeführt hatte und in Wien triumphal einzog, ohne die Ankunft des Kaisers abzuwarten, wurde von Leopold, als er mit diesem einen Tag darauf zusammentraf, schon nach einer Viertelstunde verabschiedet.

Leopolds Güte machte ihn Bittstellern jeder Kategorie gegenüber hilflos. In vielen Berichten heißt es, er sei zu generös und gebe den Bettlern auf den Straßen zu viel Geld. Und ebenso generöse Einsicht zeigte er gegenüber dem Hofpersonal. Als ihm einmal die Kastraten mit Streik drohten und ihr Sprecher vor einem Konzert dem Kaiser erklärte, sie verlangten eine sofortige Gehaltserhöhung, willigte er sogleich ein und gab seiner Umgebung, die auf Bestrafung der »Sängerkanaillen« drängte, eine denkwürdige Begründung: Man müsse ihnen nachgeben, denn es könnte sein, daß, da die Leute einen Teil ihrer Mannheit verloren hätten, sie vielleicht auch um ein Stück Gehirn gekommen seien und folglich auch um den Verstand.

Auch Tugend und Ehrsamkeit wußte er zu pflegen. Im Gegensatz zu den Gewohnheiten der Zeit hielt er – wie alle Habsburgerkaiser – auf ein gutes und ungetrübtes Familienleben, war seinen Frauen aufrichtig zugetan und duldete auch ringsum – soweit seine Macht und Kenntnis der Dinge reichten – keine Unzucht. Seine erste Gattin, Margaretha Theresia von Spanien, hätte er nicht so bald nach ihrem Tod »vergessen«, doch mußte er, weil man den Thronfolger von ihm erwartete, eine baldige Verehelichung ins Auge fassen. Schon sieben Monate nach Margaretha Theresias Tod heiratete er Claudia Felicitas von Tirol und bemerkte dazu in einem Brief: »Ich hätte zwar wohl gern den annum luctum abgewartet, man hat es mir aber nit zulassen wollen, also habe ich billich publicam bonum privato dolori vorziehen müssen.«

Bei aller Frömmigkeit und Sittenstrenge war Leopold aber durchaus lebenslustig. Seine Freude an der Musik und an musikalischen Festen ließ er sich durch nichts nehmen, auch nicht durch angeordnete Hoftrauer. So besuchte er in Innsbruck heimlich Theatervorstellungen, als sein Schwiegervater, der König von Spanien, gestorben war, und meinte dazu, alle Welt habe Spaß, also wolle auch er sich ein wenig vergnügen. Und daß er während der Hoftrauer dennoch »etliche Festl in Camera« veranstaltete, um den Fasching zu feiern, erklärte er damit, es helfe den Toten ja doch nicht, wenn man traurig sei.

Leopold beherrschte vier Sprachen, schrieb rasch und viel, war viel zu belesen und gelehrt, um die in seiner Zeit noch vorkommenden Exzesse des Aberglaubens oder der strengen Frömmigkeit mitzumachen. Ursprünglich war er zum Geistlichen bestimmt gewesen und erst auf seinen Beruf vorbereitet worden, als sein Bruder starb, mit fünfzehn Jahren König und wenige Monate nach seinem achtzehnten Geburtstag nach aufregendem Wahlgang Kaiser geworden. Er war ein vorbildlicher Monarch. Er lebte enthaltsam, war dennoch fröhlich und prunkliebend. Er war kein Despot, hielt aber

Vorhergehende Doppelseite: Von Johann Bernhard Fischer von Erlach stammt der aufwendige Entwurf für den Michaelertrakt der Hofburg. Doch dem »kaiserlichen Hofarchitekten und -ingenieur« war die Verwirklichung seines Projektes nicht beschieden. Man begann erst 1723 mit dem Bau nach einem Entwurf von Fischers Sohn Joseph Emanuel. Wesentlich leichter und billiger zu realisieren waren Lodovico Burnacinis drei Figurinen im Vordergrund, Gärtner, Gärtnerin und Schäfer darstellend.

Rechts: So sah »Argo«, das Schiff der Argonauten, aus, das bei dem »Roßballett«-Spektakel im Zentrum der Szene stand.

undakar Fürst Dietrichstein.

auf Ordnung und Disziplin, wo es nötig war. Etwa, indem er eine »Standesordnung« herausgab, in der genau gesagt wurde, was jedermann seinem Stande gemäß an Kleidung, Schmuck, Pelzen, Geschirr und Dienerschaft haben dürfe. Die Vorschriften erstreckten sich auch auf das private Leben, hielten nämlich sogar die erlaubte Zahl der Gäste und Speisen bei Hochzeiten und Begräbnissen fest – wer darüber hinausging, der versündigte sich gegen die Ordnung und war somit strafbar.

Von der Standesordnung waren nur Fürsten, Grafen, Ritter und die wirklichen Räte des Kaisers ausgenommen. Fünf Stände wurden im übrigen angeführt. Zuoberst die kaiserlichen und landesfürstlichen Beamten; im zweiten Rang die Nobilitierten ohne Landgüter, die Hofmusici, Herolde, Münzmeister, Bürgermeister; in der dritten Klasse eingestuft waren die Buchhaltereibedienten, die Konzipisten, Tafeldecker, bürgerlichen Handelsleute, die Künstler (Maler, Bildhauer, Kupferstecher); zur vierten Klasse gehörten die Falkner, Jäger, Kirchendiener, Köche und Bedienten der unteren Klassen; die fünfte Klasse schließlich waren die »Untertanen und derselben Inleuth, die Tagwerker und das übrige gemeine Volck«.

Womit Leopold seinen Untertanen sehr deutlich machte, daß es eine gottgewollte Rangordnung gäbe, die er gutheiße und an die man sich zu halten habe.

In dieser phantastischen Kostümierung präsentierte sich Gundakar Fürst Dietrichstein beim Roßballett. Er stellte das Element Erde dar. Seine drei Partner waren: Friedrich Duhautoy, in Vertretung des Herzogs Karl von Lothringen, als Element Luft, Enea Caprara, in Vertretung des Fürsten Raimund Montecuccoli, als Element Feuer und Philipp von Sulzbach als Element Wasser. Der Schöpfer des um 1667 entstandenen Bildes dürfte Jan Thomas sein.

Musik des Kaisers

Um einem Fremden begreiflich zu machen, warum man Österreich als ein Land der Musik bezeichnen darf, könnte man heute zu einem Schallplattenkatalog greifen und ihm im Komponistenverzeichnis die Namen dreier österreichischer Kaiser zeigen, der drei Kaiser des barocken Wien: Leopold I., Joseph I. und Karl VI. Oder man könnte auch eine der Ankündigungen der Stadt Wien zur Hand nehmen, in denen die kulturellen Veranstaltungen verzeichnet sind, und daraus entnehmen, daß keineswegs nur Walzer von Johann Strauß im Kursalon, sondern auch der Sepolcro »Il lutto dell'universo« von Leopold I. in der Wiener Universitätskirche angeboten werden – letzteres eine Erfolgsaufführung offenbar, denn die Veranstalter sind durch drei Sommer imstande gewesen, ihr Publikum zu finden.

Von den genannten drei komponierenden und musizierenden Kaisern – der ebenfalls komponierende Ferdinand III., Leopolds Vater, wäre der vierte im Bunde – finden sich begeisterte Schilderungen in jedem Geschichtswerk, und kaum eine andere Majestät, Friedrich den Großen ausgenommen, hat es ein Vierteljahrtausend später zu Schallplattenruhm gebracht. Das Haus Habsburg, dessen Mitglieder bis ins zwanzigste Jahrhundert musizierfreudig gewesen sind, nimmt unter den europäischen Herrscherhäusern in Sachen Musik eine Sonderstellung ein. Und selbst die Unmusikalität Kaiser Franz Josephs ist noch ein Hinweis darauf – denn man redete von ihr, weil man sie so ganz und gar nicht dem Herrscher Österreichs angemessen fand; sie wurde als eine Art Extravaganz dieses Kaisers angesehen.

Jedenfalls, in der Barockzeit redete niemand von einer Musikstadt Wien; es galt als selbstverständlich, daß die Majestäten musizierten. Was sonst hätten sie zu ihrer Muße und als Ausdruck ihrer Bildung auch tun sollen?

Das bereits erwähnte Erfolgswerk »Il lutto dell'universo« von Leopold I. ist 1668 geschrieben und aufgeführt worden. Der Sepolcro war eine damals beliebte Form des szenischen Oratoriums, eine Art

Fastenspeise für Opernliebhaber. Man bediente sich des Stoffes der Leidensgeschichte Christi für das Libretto, war um dramatische Situationen nicht verlegen und selbstverständlich auch darauf aus, die Aufführung bei allem gebotenen Ernst prunkvoll und aufwendig zu gestalten.

Dem unvoreingenommenen Beobachter erscheint das als eine Analogie zu den Essensgewohnheiten der Zeit. Die Fastenspeisen richteten sich streng nach den kirchlichen Geboten, waren jedoch für unsere Begriffe opulent und einfallsreich. Wer es sich leisten konnte, der mußte unter Fasten keineswegs Hungern verstehen und hatte im Speiseplan an Mangel an Abwechslung nicht zu leiden. Der Musik- und Theaterfreund wiederum, der sich in der Fastenzeit den Genuß eines weltlichen Dramas versagen mußte, wurde durch den frommen Besuch eines Sepolcro mehr als entschädigt.

Niemand wäre damals zu der Meinung gelangt, es handle sich dabei um eine allzu bequeme Auslegung der Gebote der Kirche. Im Gegenteil. Jedermann war der Überzeugung, daß zu den natürlichen Bedürfnissen des Menschen neben Speis und Trank auch die Befriedigung der Schau- und Hörlust zähle, und ließ es sich daher angelegen sein, aus dem besonderen Anlaß der Fastenzeit diese Befriedigung auf einer anderen, ernsteren Ebene vorzunehmen. Aber nicht zu essen und nicht Spektakel zu haben, daran hätte niemand gedacht. Und gewiß auch nicht die Kirche, die als Hüterin der von ihr gesetzten Gebote mit dieser Art von Auslegung durchaus einverstanden war. Sie billigte die Freude der Wiener am Theatralischen und war deren Nutznießerin: die Geschichte der geistlichen Oper und der Dramen, die ausschließlich zur höheren Ehre Gottes geschrieben und gespielt wurden, beweist das.

Es hat sich die Kirche – um noch einmal die Gegenwart oder jene nicht zu ferne Vergangenheit, die viele der heute lebenden Wiener noch gekannt haben, in Erinnerung zu rufen – ihren Sinn fürs Theatralische erhalten. Die Sitte, in der Karwoche von

Der Universitätsplatz 1724, ein Stich nach Salomon Kleiner. In der Bildmitte die Jesuitenkirche, rechts daneben das Jesuitenkollegium, damals Universität. Unter Maria Theresia wurde dann links von der Kirche ein neues Universitätsgebäude errichtet, das 1857 Sitz der Akademie der Wissenschaften wurde.

a

Von einem unbekannten Maler stammt dieses an niederländische Vorbilder erinnernde »musikalische Stilleben«, das um 1700 entstanden sein dürfte.

Kirche zu Kirche zu ziehen und sich die prunkvollen »Heiligen Gräber« anzusehen, ist erst in den letzten Jahrzehnten verkümmert. Die Kirchenmusik aber steht immer noch auf einem relativ hohen Niveau – die Institution der Hofmusikkapelle etwa, in der Zeit der Regentschaft jener drei Kaiser zweifellos auf einem Höhepunkt, hat sich in nur mäßig variierter Form erhalten.

Das barocke Wien, darüber kann kein Zweifel bestehen, existiert noch immer und wirkt, nach Ansicht kompetenter Beobachter, kräftiger in unserer Zeit als andere, spätere Epochen.

Das vorläufig immer noch umfangreichste deutschsprachige enzyklopädische Werk über Musik, »Die Musik in Geschichte und Gegenwart«, stellt uns Kaiser Leopold I. keineswegs als einen von der Nachwelt mit falschen Schmeicheleien bedachten Dilettanten dar, sondern als einen sowohl richtig ausgebildeten als auch anerkannten Komponisten. Allein sein Werkregister ist von beachtlichem Umfang. Acht Oratorien sind bekannt, eines scheint verlorengegangen zu sein, fünf weitere werden als »zweifelhaft« eingeordnet. Eine nicht minder große Anzahl weltlicher Werke für das Theater ist erhalten geblieben. Die geistlichen Werke, in einem eigenen Verzeichnis angeführt, sind mit 2 Messen, 20 Motetten, 9 Psalmen, 12 Hymnen, 14 Mariengesängen, 4 Litaneien, 5 Requien und 13 kleineren Werken »zu verschiedenen Festen« vertreten. An kleineren weltlichen Kompositionen rangieren ganz oben 155 ein- und mehrstimmige Gesänge, zumeist Einlagen für Opern und Oratorien seiner Hofkapellmeister, die es sich zwar nicht hätten erlauben können, ihren weltlichen Herrn zu übergehen, die aber anderseits als Männer von großem künstlerischem Ansehen in der Lage gewesen wären, den komponierenden Kaiser in seinem Schaffenseifer etwas zu bremsen.

Die wissenschaftliche Charakteristik der Musik Kaiser Leopolds I. ist lesenswert: »Die konservative Schreibart, die in seinen reiferen geistlichen und weltlichen Werken zwar vertieften Ausdruck, aber keine nennenswerte Entwicklung erkennen läßt, entspricht ihrem Wesen nach der soliden Kompositionstechnik von H. Schmelzer und A. Draghi.« Das sind Namen, die im Musikleben unserer Tage keine hervorragende Rolle mehr spielen, deren Träger jedoch dem Historiker als achtbare, angesehene Männer ihrer Zeit gelten. Der Kaiser hat sich also nicht nur durch Fleiß, sondern auch durch solide Technik der Komposition ausgezeichnet.

Es ist schon schwer genug, die Musik des Barock heute in ihren Dimensionen richtig zu begreifen – wenn seither noch wesentlich aufwendiger komponiert worden ist –, fast unmöglich wird es dem Musikliebhaber sein, die kaiserlichen Kompositionen von denen anderer Komponisten zu unterscheiden. Werden sie mit entsprechender Ernsthaftigkeit aufgeführt, dann erscheinen sie dem Zuhörer einfach als qualitätsvolle Musik jener Zeit.

Es ist leicht vorstellbar, was ein mit Leib und Seele der Musik verschriebener Kaiser für das opulent musizierende Wien bedeuten mußte. Die Produzenten der großen Feste, die Interpreten jeglichen Ranges durften hier anders leben als anderswo. Sie waren Diener, doch sie waren Diener besonderer Art und unvergleichlich besser gestellt als je zuvor. Sie waren ja allesamt in jener Kunst tätig, in der sich der Kaiser selbst versuchte, sie musizierten gemeinsam mit ihm, sie sangen nicht nur zu seiner Unterhaltung, sondern sie sangen seine Kompositionen. Sie traten nicht nur auf, um ihm Vergnügen zu bereiten, sondern sie agierten nach seiner Anleitung und in künstlerischer Übereinstimmung mit ihm. Das gab ihnen vor sich selbst, aber auch vor allen anderen Dienern des Kaisers eine besondere Stellung.

Der Apparat, der nötig war, um Leopolds Ideen einer permanenten Musikpflege in seiner Residenzstadt zu realisieren, war durchdacht und mit Großzügigkeit ausgestattet, was die Mittel anlangte – und hat sich in seinen Grundzügen bis zum Ende der Monarchie erhalten. Das Obersthofmeisteramt, das der Kaiser zwischen sich und seine Hofkapelle schaltete, existierte bis 1918. Und die Leitung der Hofkapelle, die einem mit Disziplinargewalt versehenen Hofkapellmeister übertragen war, war bis 1918 ein unteilbares Amt: Hofoper und Hofmusikkapelle unterstanden einer Person. Und auch noch später im zwanzigsten Jahrhundert standen nominell und oft auch de facto Dirigenten zugleich an der Spitze beider Ensembles.

Der Hofkapellmeister hatte stets eine Disziplinargewalt, die von keiner der vorgesetzten Behörden in gleicher Weise ausgeübt werden konnte. Der Kaiser war – auch diese Tradition hielt sich – als oberste Instanz beinahe ganz ausgeschaltet, wenn es um Fragen des Theateralltags ging – er hielt streng darauf, daß die Autorität des von ihm ernannten Hofkapellmeisters nicht durch fremde Einflußnahme untergraben werde. Wir wissen das von Leopold I., und ebenso kennen wir Berichte aus der Regierungszeit des Kaisers Franz Joseph, der es nicht anders hielt.

Am Rande: Die Struktur der Bundestheater heute ist im Wesen immer noch »barock«. Die Direktoren haben keine Instruktionen zwischendurch entgegenzunehmen. Die Mittel aber, die man ihnen zur Verfügung stellt, sind weiterhin so bemessen, als wäre der Souverän des Landes zuerst einmal musikliebend.

Die Welt ist Bühne

ie ganze Welt eine Bühne: nie war das Wort zutreffender als im Wien der Barockzeit, wo alle Formen des Theaters entweder importiert oder weiterentwickelt oder erfunden wurden – in der Stadt, die unter drei kunstsinnigen Herrschern selbst eine große Bühne war, auf der sich Welttheater im erhabensten Sinn abspielte.

Barocke Dichtung in Österreich, das ist entweder die Predigtensammlung Abraham a Sancta Claras oder die Unzahl von Theaterbüchern und Libretti, die für den kaiserlichen Hof oder die Jesuitenbühnen angefertigt wurden. Barocke Musik in Österreich, das sind, neben dem musikalischen Lob Gottes, beinahe ausschließlich Musiken, die im Zusammenhang mit dem Theater geschaffen wurden. Barocke Architektur, das sind zwar ungezählte Paläste, die vor allem nach 1683 die Vorstädte um Wien attraktiver machten, ja Wien erst zur Barockstadt werden ließen, doch das ist auch die Theaterarchitektur, und das sind die Mahnmale auf Zeit, die durchaus als »Kulisse« zu verstehenden Triumphbögen und Grabmäler, und das sind die keineswegs nur in festen Häusern, sondern auch in kaiserlichen Gärten geschaffenen, mit erstaunlichen Effekten ausgestatteten Bühnenräume. Wo man hinsieht im barocken Wien, da findet sich die Freude am Schauspiel.

Zu Beginn der Epoche, die wir behandeln, waren es die Jesuiten und andere geistliche Orden, die zur Belustigung – aber auch zur Erziehung – ihrer Zöglinge und des frommen Volks Theater spielen ließen. Man spricht von Schultheater und meint damit einerseits, daß die geistlichen Schulen über feste Theatersäle verfügten, anderseits, daß die Ausbildung zum Theaterspielen einen festen Platz im Erziehungsplan einnahm.

Spielend sollten die Zöglinge die lateinische Sprache erlernen und daneben die Kunst, sich frei und natürlich zu bewegen. Und durch das Spiel sollten die Zuseher keineswegs nur unterhalten werden, sondern Belehrendes und Frömmigkeit vorgeführt bekommen. Mit dem Spiel wollte man die Botschaften und Wahrheiten ins Volk bringen, die man sonst nur von der Kanzel verkünden konnte.

Das Theater der Jesuiten, seit 1620 im alten Gebäude »Am Hof«, von 1650 an sogar mit zwei Bühnen im Kolleg am heutigen Universitätsplatz untergebracht, 1674 dann in einem restaurierten Theaterhaus wieder »Am Hof«, stand unter der direkten Protektion Leopolds I., der den Ordensdichter Nicolaus von Avancinus sogar zum Hofdichter machte. Die Ausführenden dieses Theaters, das seine Tore dem Volk von Wien durchaus öffnete und keineswegs nur Publikum aus den höheren Kreisen zuließ, waren mit ganz wenigen Ausnahmen die Zöglinge. Die Ausnahmen waren die »lustigen Personen«, für die man sich zumeist Berufsschauspieler holte, erfahrene Profis also, die zu improvisieren und zu unterhalten wußten.

Die Vorstellungen wurden in lateinischer Sprache gegeben, man nahm in dieser Hinsicht auf das »ungebildete« Volk keinerlei Rücksicht. Doch darf man anfügen, daß die Handlung einfach und leicht verständlich war und der Zuschauer, der sich an den »ludi caesarei« nicht delektieren konnte, weil er die Feinheiten der Dichtung mangels Kenntnis des Lateinischen nicht mitbekam, sich an den stets deutschsprachigen derb-komischen Intermezzi und insgesamt an den erstaunlichen szenischen Verwandlungen und den prunkvollen optischen Einfällen schadlos halten konnte.

Die Darsteller, also die Zöglinge, waren selbstverständlich die Söhne aus den besten Familien des Landes; die Gesellschaft Jesu erzog den Adelsnachwuchs, ebenso wie die Kinder des Kaisers. Für den Kaiser also traten junge Adelige auf, dichtete ein Ordensmann – und komponierte, vergessen wir es in diesem Zusammenhang nicht, der Kaiser selbst.

Was das Ordenstheater zur Aufführung brachte, wurde optisch perfekt dargeboten. Für die Vorstellungen, die man in keiner Weise mit Schüleraufführungen heutiger Tage vergleichen darf, entwarf des Kaisers Theatralingenieur Burnacini die Dekoratio-

Die Fassade der Jesuitenkirche als Theaterkulisse war dem Theatralingenieur Giuseppe Galli-Bibiena nicht genug. Er entwarf für eine Aufführung auf dem Platz vor der Kirche eine gewaltige Architektur – die Mittel dazu wurden selbstverständlich bewilligt.

nen, was zweifellos bedeutete, daß er sich in den Handlungsablauf einmengte und durch die Wahl seiner szenischen Effekte mitbestimmte, was geschehen konnte oder sollte.

Der Inhalt der Stücke war, wie es dem tieferen Sinn des Jesuitentheaters entsprach, stets moralisch im besten Sinn, man sorgte sich um die Läuterung des Menschen, man ließ den Himmel gegen die Heerscharen der Unterwelt antreten, und man einigte schließlich alle Parteien in einem dekorativen Lob auf den Herrscher – wovon die Bezeichnung »ludi caesarei« abzuleiten ist.

Daß es uns heute schwerfällt, alle Zeitbezüge zu erkennen beziehungsweise zu interpretieren, die die Autoren selbstverständlich anbrachten, darf uns nicht traurig stimmen – längst sind wir den damaligen Ereignissen entfremdet. Es geht das so schnell, daß wir heute nicht einmal alle Pointen in Offenbachs Musikwerken verstehen, weil wir die Anspielungen des bösartigen Parisers nicht mehr begreifen. Wie sollten wir da wissen, wen oder was sich Avancinus oder dessen Dichterkollegen aufs Korn nahmen.

Zur selben Zeit erreichte die erst zwei Generationen zuvor »erfundene« Oper ihre ersten Höhepunkte – jene Kunstgattung, die die Stadt nie mehr aus ihrem Bann entlassen hat. Kaiser Leopold gab Unsummen für die Inszenierungen aus. Es entstanden Bühnenwerke, die Elemente aus den geistlichen Spielen, dem Schultheater und der Oper enthielten, zudem Ballett und Pantomime ins Spielgeschehen eingebaut hatten und, wenn man so will, in ihrer Verbindung von Musik und Theater durchaus als Gesamtkunstwerke im Sinne Richard Wagners anzusehen sind.

Um eine Ahnung von den Mitteln zu geben, die schon bei den Jesuiten zum Einsatz kamen: Allein zweiundzwanzig Darsteller fanden in einem Stück als »musikalischer Chor« Verwendung; und ein anderer Chor in demselben Stück bestand aus dreiunddreißig Personen. Hinzu kamen die Darsteller der großen Partien, die komischen Figuren, die Musikanten – insgesamt oft mehr als einhundert Personen an einem einzigen Abend, was einer attraktiven Opernaufführung unserer Zeit in nichts nachsteht.

Mit dem Fortschreiten der Epoche gewann die Oper immer mehr an Bedeutung, wurde das Publikum immer zahlreicher, ließen sich die Szeniker immer gewagtere Effekte einfallen – trieb das Barocktheater auf jene überladene Prachtfülle zu, aus der es erst durch die Reformen des Theaters zur Zeit Maria Theresias, die durch den Einfluß Gottscheds um sich griffen, erlöst wurde.

Eine sehr aufwendige, aus unzähligen Quellen gespeiste »Theatergeschichte Europas« schreibt vom barocken Theater, es sei recht eigentlich eine »Extraversio« gewesen: nicht Botenberichte, die dem Publikum das erregende Geschehen vorenthielten, sondern ungeschminkte Vorführung des Grauenhaften zur Befriedigung der Sensationslust. Es war ein Zeitalter für Regisseure also und für Bühnenbildner, die mehr geschätzt waren als die Dramatiker. Der barocke Gedanke, das Leben sei nur ein Schauspiel vor Gott, durfte sich auf der Bühne voll ausleben.

Die Stadt ohne Juden

as sich in den nachfolgenden Jahrhunderten nicht änderte: Die Juden hatten zu Wien ein ganz spezifisches Verhältnis – ein gespanntes zu den Wienern, ein besonderes, dank enger Geschäftsverbindungen, zum Herrscherhaus.

Leopold I. fand bei seinem Regierungsantritt ein Ghetto am Unteren Werd vor und eine Judengemeinde, die seit 1622 ihre eigene Synagoge und ihre eigene Verwaltung hatte, reich war und im Begriff, sich auszudehnen. Viele der jüdischen Familien hatten es bereits zu wichtigen Stellungen bei Hof und beim Adel gebracht, und es gab Kaufleute, die ihre Gewölbe nicht mehr im Ghetto, sondern in der Stadt selbst betrieben.

Die Judengemeinde in ihrer Gesamtheit war mit hohen Steuern belastet, die die Juden wiederum »unter sich« aufteilten. Der Kaiser erneuerte dreimal besondere Schutzbriefe zugunsten der Wiener Juden, ehe er durch eine Reihe von Interventionen gezwungen wurde, die Juden auch einmal zu vertreiben. Die Gründe hierfür sind bis heute nicht alle bekannt. Als einfachste Erklärung dient wohl die Gesinnung der streng katholisch erzogenen Gemahlin des Kaisers, die aus ihrem Judenhaß kein

Geheimnis machte. Nicht weniger von Belang dürften die Bedenken der Wiener Kaufleute gewesen sein, die den Juden vorwarfen, tüchtiger zu sein, als man sein dürfe. Dazu kamen die Bedenken der Kirche, die mit Mißfallen sah, daß im reichen Wiener Ghetto auch Flüchtlinge aus Polen und Rußland Aufnahme fanden und man in ganz Europa die Wiener Judenschule als Geisteszentrum lobte. Das Wiener Ghetto eine »Großstadt des Geistes« – das war eine Herausforderung, die nicht unerwidert bleiben durfte.

Eine vom Kaiser zu Anfang nicht geschätzte, doch immerhin einberufene Inquisitions-Hofkommission hatte alle Gründe zu erörtern, die für eine Ausweisung der Juden aus Wien sprachen: religiöse, politische, wirtschaftliche und – was damals neu war – auch rassische. Im Bericht der Kommission findet sich erstmals auch der Vorwurf, daß die Juden »bey fleischlicher Vermischung mit denen Christinen nicht allein die Üppigkeiten, sondern auch dabey die Contaminier- und Verschimpfung des Christenbluets zum öftern intentiern«.

Dieser Hinweis auf die besonderen Gewohnheiten der Juden, sich mit Wienerinnen einzulassen, sich

Der Begleittext zu diesem Bild auf einem Flugblatt auf die Vertreibung der Juden aus Wien 1670 war nicht eben freundlich. »Dang da da dang dang da da dang/ jetzt wird erst den Juden bang. . .« hieß es da unter anderem.

also einfach als Bewohner der Kaiserstadt zu fühlen, war neu in der Geschichte der schlechten Beziehungen zwischen Wien und den Juden. Wir wissen, daß er später immer wieder und mit immer gräßlicheren Folgen ernst genommen wurde.

1669 erließ Leopold I. ein Edikt zur Ausweisung der Juden, das in seiner Direktheit keinen Zweifel offenließ, wer seine Ratgeber gewesen waren – nämlich die Konkurrenten der tüchtigen und reichen Juden.

Als erste mußten – noch im Sommer 1669 – die armen und die bloß »bemittelten« Juden das Ghetto verlassen. Den Reichen wurde ein Aufschub gewährt, den sie zu nützen versuchten, indem sie alles unternahmen, um ihre Ausweisung rückgängig zu machen. Im September brachten sie eine Bittschrift ein, verwiesen auf das Elend der bereits Vertriebenen, beriefen sich auf ihre Rechte als kaiserliche Kammerknechte und gaben zu bedenken, daß sie beträchtliche Summen an die Stadt und die kaiserliche Schatulle gezahlt hätten und daß mit ihrer Ausweisung der Stadt vieles verlorengehen müßte. Mächtige Fürsprecher, auch aus dem Ausland, setzten sich ein, Christine von Schweden, sogar der päpstliche Stuhl. Aber der Kaiser konnte nicht mehr zurück. Im August 1670 war die Stadt wieder einmal von allen Juden »frei«.

Immerhin dürfte Leopold genau gewußt haben, was er tat, wenn er Grund und Boden der Judenstadt ebenso wie alle Schulden, die auf diesem Grund und den Häusern lasteten, der Stadt Wien überschrieb. Denn die Stadt machte kein gutes Geschäft dabei, und die jährlichen Kontributionen, die bisher in den Stadtsäckel geflossen waren, fehlten sehr. Die weiteren Folgen waren ganz und gar nicht die, die sich die Fürsprecher der Ausweisung erhofft hatten.

An der Stelle der Synagoge errichtete man eine dem heiligen Leopold gewidmete Kirche, man wandelte die Talmudschule in ein Schulhaus für Wiener Kinder um, baute ein Arbeitshaus und benannte die Gegend neu – sie hieß jetzt Leopoldstadt. Doch die Häuser blieben leer, die Schulden mehrten sich, und die Rufe nach Rücknahme des kaiserlichen Erlasses wurden immer lauter.

1673 waren die Räte der Hofkammer überzeugt, sie müßten nun ihrem kaiserlichen Herrn in einem Gutachten erklären, daß die Rückkehr der Juden zu befürworten sei. Sie sprachen von einem Schaden bei Handel und Geldgeschäften, der entstanden sei, »da bei den Christen und zumal bei den Wienern die Faulheit so groß sei, daß sie derartige Geschäfte nicht verrichten wollen«. Doch mußten rückkehrwillige Juden erst große Geldsummen in Aussicht stellen, ehe der Kaiser Gnade walten ließ.

Noch im selben Jahr kamen einzelne Familien wieder zurück, 1675 erhielten 250 Familien die Erlaubnis zur Rückkehr. »Aufenthaltsbewilligung an geldkräftige Juden« nannte man es, doch insgesamt gesehen, war es eine Rücknahme des Edikts, das widerwillig erlassen worden war.

Das Wien der Barockzeit hatte also seine Periode als »Stadt ohne Juden« rasch hinter sich gebracht. Was von ihr blieb, war der neue Name jener Vorstadt, in der sich die jüdischen Neuankömmlinge wieder ansiedelten. Sie heißt bis heute so, nach dem Landesheiligen, aber auch nach dem Kaiser, der die Juden damals aus Wien vertrieb und auf dessen Geheiß sie auch wieder in die Stadt zurückkehrten.

Pestjahre

Zweimal trat in Wien noch die Pest auf – sie hatte vordem als sprichwörtlich »wienerische Krankheit« durch die Jahrhunderte immer wieder gewütet (Vienna ventosa aut venenosa – In Wien herrscht der Wind oder die Pest), das Jahr 1679 galt in der Geschichte der Stadt als das »Pestjahr«, und sie war mit sehr

unterschiedlichen Mitteln bekämpft worden. Eigene Pestgruben gab es, eigene Spitäler für Pestkranke, eine Infektionsordnung selbstverständlich auch. Und viele der Persönlichkeiten, die sich bei der Türkenbelagerung vier Jahre darauf hervortaten, zeichneten sich auch als Pest-Bekämpfer aus. Johann Andreas von Liebenberg, damals Stadtrichter und zudem an der Spitze des »Collegium sanitatis« stehend, befand sich da in vorderster Front. Und von dem Fürsten Ferdinand von Schwarzenberg, dem Oberhaupt der Pestkommission, wissen wir, daß er bei Unzukömmlichkeiten scharf durchgriff, selbst Hand anlegte, wenn Kranke oder Tote zu versorgen waren, und nicht nur öffentliche Gelder flüssigmachte, sondern auch Mittel aus seiner Privatschatulle zur Verfügung stellte.

Die Türkenbelagerung aber bescherte den von Abraham a Sancta Claras Predigten und von den nicht nur in der Stadt, sondern auch in den Vorstädten errichteten Pestsäulen an die Pestgefahr ge-

Die ärztliche Kunst vermochte wenig, der Tod holte sich, wen er mochte, manchmal Tausende auf einmal, wie im Pestjahr 1679. Das Pestspital war eigentlich nur Sterbestätte.

Barockjuwel als Erfüllung eines Gelübdes. Zum Dank für das Erlöschen der Pestseuche im Februar 1714 gelobte Kaiser Karl VI. den Bau einer Kirche. Am 5. Februar 1715 erfolgte die Grundsteinlegung der Karlskirche, doch erst 1739 wurde sie fertig.

mahnten Wienern andere Sorgen – und in deren Gefolge die Sorglosigkeit.

Die Pest, das war das große Fürchten des Jahres 1679 gewesen, zur Feier von dessen Überwindung man Theaterarchitekten und Künstler aufrief. 1687 traten für eine Pestsäule am Graben Johann Bernhard Fischer von Erlach und der Ingenieur Lodovico Burnacini als Mitarbeiter der Entwürfe auf, 1693 dann weihte man die unter Mitwirkung vieler Künstler entstandene Säule ein. Gleichzeitig erließ man noch strengere Verordnungen, war aber ziemlich überzeugt davon, daß wenigstens diese Seuche endgültig gebannt sei.

Im November 1712 aber erkrankte eine in der Roßau abgestiegene, aus Ungarn angereiste Schwäbin im Bürgerspital an der Pest. Worauf die Ärzte zu debattieren begannen, man Ende Januar 1713 verordnete, daß ohne Gesundheitspaß niemand einreisen dürfe – und am 25. März die ersten sechs Pestkranken im wieder eröffneten Lazarett am Alserbach aufgenommen werden mußten.

Wien betrug sich vernünftiger denn je zuvor, doch all die Zwistigkeiten und sinnlosen Diskussionen, die man von den großen Epidemien früherer Zeiten kannte, gab es auch diesmal wieder. Die Kontumazärzte waren untereinander uneins, der »Gesundheitsdirektor« der Stadt, Graf Oedt, erwies sich als Ärztefeind, laut kaiserlichem Dekret drohte Ärzten, die Wien verlassen wollten, die Todesstrafe, anderseits wurden Ärzte, die sich freiwillig zum Spitalsdienst meldeten, zurückgewiesen. Inzwischen breitete sich die Seuche weiter aus.

Freilich, die in alten Chroniken geschilderten Zustände des großen Pestjahres 1679 wiederholten

sich nicht, man hatte gelernt aus den 8.000 bis 10.000 Toten – zeitgenössische Quellen geben die Zahl der Opfer mit 60.000 an, dabei hatte Wien damals nur rund 100.000 Einwohner –, die ärztlichen Verordnungen waren strenger und wurden auch befolgt. Die Pestkranken wurden in numerierten Sänften ins Lazarett gebracht, genau untersucht und ihre Personalien festgehalten. Für Genesende errichtete man Baracken, die von der Rumorwache versorgt und bewacht wurden. Tote wurden auf dem Lazarettfriedhof in Gräber gelegt und mit Kalk überschüttet.
Im September mußte man im Zuchthaus in der Leopoldstadt ein weiteres Lazarett einrichten, und im Oktober wurde im Münzwardeinhaus an der Wien ein seit der letzten Epidemie geschlossenes wieder eröffnet. Verseuchte Gebiete isolierte man, für je drei bis fünf Häuser amtierten eigene Gesundheitskommissare.
An den Stadttoren wurden wieder – wie schon 1679 – »Schnellgalgen« errichtet. Sie waren keineswegs nur als Abschreckung gedacht, denn im Gefolge der Pest hatte es in Wien immer auch Gehenkte gegeben. Einmal war es der Lazarettvater, der sich an Kranken bereichert hatte und dafür prompt bei der Lazarettpforte aufgehängt wurde; dann wieder waren es Leute, die sich ohne Gesundheitspaß hatten in die Stadt einschleichen wollen und die man vor den Stadttoren hinrichtete.
Das mag uns heute als grausam erscheinen, doch der Stadt wurde solcherart ein Dienst geleistet, die Wiener hielten den Anblick Gehenkter durchaus ohne Gefahr einer Überstrapazierung ihrer Nerven aus. Zeugnisse aus der Zeit, die die Todesstrafe für solcherlei Delikte als grausam oder ungerecht bezeichnet hätten, sind nicht überliefert. Man lebte mit dem Tod auf vertraulicherem Fuß als heute.
Zweifellos machte sich die Errichtung einer »Pestfront« rund um die Stadt – in Form eines militärischen Kordons – bezahlt. Der Kaiser hatte das mit Patent vom Jahre 1710 angeordnet. Während der Seuche vom Jahre 1679 hatte es nämlich starken Zuzug von außen gegeben, in der Mehrzahl von Leuten, die sich zu bereichern hofften, etwa durch Plünderung leerer Wohnungen.
Wenn man allerdings den Chronisten Glauben schenken will, so wirkte sich auf den Verlauf der Epidemie besonders günstig aus, daß der Kaiser die Stadt nicht verließ. Da heißt es in einem zeitgenössischen Bericht, »daß, als Anno 1713 unser liebes Vatterland, besonders die Stadt Wienn, mit einer contagiosen Seuche heimgesucht worden, dieselbe durch die unerschrockene Gegenwart unsers Allerhöchsten Monarchens Caroli Sexti, glorwürdigst Regierenden Römischen Kaysers vermittels Dero großmächtigen Vorsichtigkeit und abgefaßten klugen Anstalten gerettet worden« sei.
Der Kaiser hatte hier völlig un-monarchisch gehandelt. Sein Vater Leopold war sehr wohl vor der großen Seuche anno 1679 geflohen, und Kaiser Franz tat es 1831 auch, als die Cholera wütete – nicht ohne vorher um Schönbrunn einen Sicherheitskordon ziehen zu lassen. Der Biedermeier-Kaiser verlor dadurch bei seinen von ihm so freundlich als »bieder« gelobten Wienern einiges an Ansehen.
In Notzeiten die Regierenden in der Nähe zu wissen, hat immer schon beruhigend auf die Bürger gewirkt. Die weitverbreitete Sitte, bei Katastrophen nicht nur die Feuerwehr zu entsenden, sondern in eigener Person am Schauplatz des Geschehens einzutreffen, ist auch heute für Politiker üblich. Es wird von den Chronisten, jetzt vor allem den Zeitungsleuten und Fernsehreportern, mit Genugtuung vermerkt. Auch dann, wenn Bürgermeister oder Regierungschef gar keine Entscheidung mehr zu treffen haben, weil die kompetenten Retter längst am Werk sind.
Die Pest erlosch endgültig im Februar 1714. Sie hatte wieder über 2.500 Opfer gefordert.
Die Dankpredigt für die überstandene Not hielt dieses Mal der Jesuitenpater Franz Xaver Brean in St. Stephan in Gegenwart des Kaiserpaars. Eine Gedenkmünze wurde geprägt. Und der Kaiser legte ein Gelübde ab. Zum Dank für das Ende der Pest wollte er seinem Namenspatron Karl Borromäus, der zugleich ein Pestheiliger war, eine Kirche errichten lassen. Ein Wettbewerb wurde ausgeschrieben, an dem sich Johann Lukas von Hildebrandt und Ferdinando Galli-Bibiena (eigentlich Galli da Bibiena) beteiligten. Der »Kayserliche Ober-Bau-Inspector« Johann Bernhard Fischer von Erlach aber erhielt den Auftrag zum Bau der Karlskirche. Der Grundstein wurde vom Kaiser gelegt. Das Meisterwerk des österreichischen Barock war allerdings erst 1739 fertig. Joseph Emanuel Fischer von Erlach, der Sohn, vollendete das Werk seines Vaters. Und im Gegensatz zur Pestsäule am Graben, deren Widmung auch heute jedermann geläufig ist, wissen nur wenige, daß Wien diesen barokken Kirchenbau der Pest verdankt.

Ei, du lieber Augustin

In der vergleichsweise aufgeklärten Zeit wollte man die Pest nicht mehr ausschließlich als Geißel Gottes ansehen. Die Wiener, denen die Pestordnung von 1679 noch ungünstige Konstellation der Gestirne, das Auftreten von Hexen, Unsauberkeit, Dürre, unruhige und fliehende Tiere als sichere Anzeichen für das Herannahen der Seuche nannte, wußten es nach dem endgültigen Abzug der Türken besser: Die Pest war eine aus dem Orient eingeschleppte Krankheit, gegen die man Maßnahmen ergreifen konnte.

Die oft zitierten Sätze aus einer Schrift von Johann Wilhelm Mannagetta, dem Leibarzt Leopolds I., die noch einmal 1679, ergänzt durch eine Infektionsordnung von Dr. Paul de Sorbait, gedruckt erschien, enthalten noch Bibelzitate und führen an, wann die Pest den Menschen antritt. Die besonderen Sündenfälle:

»1. Gottslästerung, Versaumnuß und Verachtung des schuldigen Gottes-Dienstes... 2. Unzucht, Hurerey und Ehebruch... 3. Stoltz und Hoffart nicht nur des Leibes, sondern fürnemlich des Gemüts... 4. Ungerechtigkeit, Wucher und Schinderey... 5. Aufruhr und Empörung wider die vorgesetzte so wohl Geist- als Weltliche Obrigkeit... 6. überflüssige Füllerey im Essen und Trincken... und 7. halsstärrig und muthwillige Verharrung in Sünd und Unbußfertigkeit.«

Gleichzeitig aber kündigt sich in dieser Schrift, deren belehrender Inhalt uns so fremd anmutet, erstmals die Umkehr in einem wichtigen Punkt an. Bis zu Mannagetta ist Alkoholgenuß verpönt gewesen, jetzt darf man annehmen, dessen Genuß sei im Gegenteil zu fördern. Alkohol wird als »Remedium« empfohlen – die Legende vom Lieben Augustin erhält so ihren zweiten, sozusagen wienerischen Aspekt. Der Wein hilft nicht nur Ungemach vergessen, er wird auch zur Medizin, als die man ihn in der Stadt bis in die Gegenwart bezeichnet.

Man sollte nicht unerwähnt lassen, daß zwischen den beiden letzten großen Pestepidemien das Hexenwesen an Bedeutung verlor. Eine Krankheit von so fürchterlichen Folgen und so lange Zeit unverhinderbarer Ausbreitung war natürlich geeignet gewesen, Glauben und Aberglauben zu beleben. Daß sich die Welt entschloß, nur mehr bedingt an Hexen zu glauben, hatte besondere Gründe, keineswegs die des Rückzuges der Türken und der asiatischen Krankheiten aus Mitteleuropa. Es war einfach ein Tatbestand. 1679 glaubte man noch an Hexen; 1712 immer noch, aber man wußte auch schon, daß die Pest über Ungarn nach Wien eingeschleppt worden war, also durch Ansteckung – irgendwelcher Art – übertragen wurde.

Wenn von der Pestnot in Wien die Rede ist, drängt sich unweigerlich eine Figur ins Bild, die nachweislich erst viel später hineingemalt worden ist. Der Liebe Augustin, von dem wir alle wissen oder zu wissen glaubten, daß er ein Spielmann, ein Dudelsackpfeifer nämlich, und ein munterer Geselle war, einmal eine ganze Nacht volltrunken in einer Pestgrube lag und, als sein Rausch verflogen war, munter und unversehrt ans Tageslicht kletterte – dieser Liebe Augustin existiert in Predigten, Historien, musikwissenschaftlichen Werken und natürlich in ungezählten Possen. Wen wundert es da, zu erfahren, daß es ihn nie gegeben hat?

Gustav Gugitz, ein verdienstvoller Aufzeichner vor allem der Altwiener Chronik, hat sich einmal die Mühe gemacht und in einem Aufsatz die Legende zerstört – oder halt zur Legende werden lassen. Er hat die meisten diesbezüglichen Quellen hervorgesucht und bewiesen, daß sie alle irren oder irreführen. Ein besonders altes Manuskript zum Beispiel, auf das sich andere Manuskripte beziehen, stammt von einem Arzt, nämlich dem schon erwähnten Mannagetta, der vor dem berühmten Pestjahr starb und also nicht niederschreiben konnte, was noch gar nicht geschehen war. Und Paul de Sorbait wiederum, der sich auf diese Geschichte bezog, tat dies offenbar, um auf die bei der Pest gegebene Gefahr des Lebendigbegrabenwerdens hinzuweisen.

Der angesehenste aller Berichterstatter, Abraham a Sancta Clara, erzählte die Geschichte vom Lieben

Für ein »Zeitdrama« offenbar zeichnete Theatraliker Lodovico Burnacini diese Pestszene. Es fehlt weder die Wien-Kulisse im Hintergund, noch ermangelt es der himmlischen Heerscharen.

Oben: Johann Wilhelm Mannagetta, nach einem Stich von Moritz Lang. Mannagetta, Leibarzt der Kaiser von Ferdinand II. bis Leopold I., erlebte zwar die Pestepidemie von 1679 nicht mehr – er starb 1666 –, doch trug er durch seine Pestordnung zur Verbesserung des Gesundheitswesens bei.

Unten: »Generalinquisitor in Pestangelegenheiten« wurde Dr. Paul de Sorbait, ebenfalls kaiserlicher Leibarzt, im Pestjahr 1679. Der Stich wurde nach einer Zeichnung von Jakob Toorenvliet angefertigt.

Augustin ebenfalls, bevor die Pest ausbrach. Am 20. Jänner 1675 hielt er eine »Sebastianspredigt« – wahrscheinlich in der den Pestheiligen Rochus und Sebastian geweihten Kirche auf der Landstraße – und erzählte von einem »Sackpfeiffer«, den man stockhagelvoll auf der Straße liegend gefunden und auf einen Pestkarren geworfen habe, sodann »sambt andern totten« in die große Grube, aus der er am nächsten Tag auferstand.

Es ist verschiedentlich darauf hingewiesen worden, daß der Kanzelprediger diese Geschichte in seiner schwäbischen Heimat kennengelernt haben könnte, denn dort wurde angeblich 1503 in Memmingen ein Spielmann in eine Pestgrube geworfen und machte sich dann durch sein Flötenspiel bemerkbar.

Abraham a Sancta Clara hatte 1675 für seinen »Sackpfeiffer« noch keinen Namen parat. Historiker wissen da aber Abhilfe und nennen das Werk, in dem der Liebe Augustin erstmals Augustin heißt. Es nennt sich »Wunderbahrer Adlers-Schwung«, ist von Johann Konstantin Feigius und 1694 in Wien erschienen.

Der historischen Wahrheit die ihr gebührende Ehre, doch fällt es schwer, sie wiederzugeben, wenn sie uns Illusionen zerstört. Es ist wahrscheinlich in Wien nie ein Dudelsackpfeifer in eine Pestgrube gefallen oder geworfen worden, der nach ausgeschlafenem Rausch fröhlich wieder zu den Lebenden emporkletterte und dann auch noch das so simple wie unsterbliche Lied über sich selbst sang.

Trösten wir uns jedoch über diese betrübliche Erkenntnis damit hinweg, daß es dieses unsterbliche Lied wirklich gibt, daß es, zumindest in den letzten Jahren des 18. Jahrhunderts, als ein Gassenhauer »fast bis zum Überdruß« gesungen wurde und die Musikgeschichte eine erstaunliche Zahl von Bearbeitungen und Variationen des musikalischen Themas anzubieten hat. Wiener und ausländische Komponisten haben es immer wieder verwendet. Einmal wollte man ein Terzett, in dem es vorkommt, Wolfgang Amadeus Mozart unterschieben,

Rechts: Der Heilige Karl Borromäus, Bischof von Mailand, bei den Pestkranken. Der aus Laufen an der Salzach stammende Johann Michael Rottmayr malte das Bild für die Kapelle des von Karl VI. 1722/23 gegründeten Spanischen Spitals, heute das Priesterseminar in der Boltzmanngasse.

GRAMA
TICA
RELIQ

was allerdings bald als Fälschung entlarvt war. Gesichert ist hingegen eine Themen-Kombination, die Franz Liszt versuchte. Julius von der Traun beschreibt sie uns:
»Mit der linken Hand spielte Liszt die weihevollen Akkorde der österreichischen Volkshymne, mit der rechten variierte er in der brillantesten Weise das bekannte Thema: Ei, du lieber Augustin, Alles ist hin!«
Diese Szene wenigstens hat tatsächlich stattgefunden, und sie kann zum Nachdenken anregen. Denn Liszt hat hier intuitiv herausgefunden, was sich ohne Schwierigkeiten musikalisch reimte, und beides, das »Gott erhalte« und der Gassenhauer aus dem 18. Jahrhundert, waren Landeshymnen!
Für diejenigen, die bezweifeln, daß es sich um einen echt wienerischen Gassenhauer handelt, der genaue Wortlaut der ersten Strophe: »Ei, du lieber Augustin, 's Geld ist hin, 's Mensch is' hin... Ei, du lieber Augustin, alles is' hin!« Die Reihenfolge der verlorengegangenen Güter beweist uns schlüssig, daß da ein Wiener singt. In jedem Wiener Lied betrauert man zuerst den Verlust des Geldes und dann erst den des Mädchens. Exempel dafür fallen jedem Leser gewiß selbst ein.

Abraham a Sancta Clara

Im Gegensatz zu vielen legendären Figuren der Wiener Geschichte, die entweder nie gelebt haben oder in Wirklichkeit nicht das waren, was die Legende aus ihnen gemacht hat, darf man von Abraham a Sancta Clara, der in der Geschichte Wiens in engem Zusammenhang mit den Schickalsstunden der Stadt steht, ruhig behaupten, er habe so existiert, wie die Historiker ihn darstellen. Er hat seiner Nachwelt genug eigene Zeugnisse hinterlassen und zudem zu seinen Lebzeiten genug Wirkung auf seine Zeitgenossen ausgeübt, um in späteren Zeiten Gegenstand eingehender Betrachtungen werden zu können. In der vielfältigen Literatur über ihn gibt es allerdings kein besseres Buch als das des Wiener Gelehrten Theodor Ritter von Karajan, der 1867 über seine Arbeit schrieb: »Was ich hier bringe, ist nicht viel, und dennoch ungleich mehr, als man bis jetzt über Abraham wußte. Mir fällt es aber nicht ein, meine Arbeit für eine vollständige Lebensgeschichte des Mannes zu halten.« Weder vor noch nach ihm hat ein Geschichtsschreiber so aufrichtig und klar über seine Forschung geurteilt. Es ist, als wäre Karajan in der steten Arbeit an seinem Thema zu jener Wahrhaftigkeit erzogen worden, die zu den von Abraham a Sancta Clara in den Predigten stets hervorgehobenen menschlichen Tugenden zählte.

Abraham a Sancta Clara, Ölbild, um 1700. Von ihm mußten sich die Wiener etliche Grobheiten an den Kopf werfen lassen. Trotzdem erfreute er sich großer Beliebtheit.

Abraham a Sancta Clara, eigentlich Johann Ulrich Megerle, stammte aus einer musikalischen Familie. Unter seinen Vorfahren ist ein damals berühmter Musikant, Abraham Megerle, ausgewiesen, für den noch viele Jahre hindurch Totenmessen gelesen wurden. Und die Sprache des Predigers ist auch melodisch und voll Rhythmus, was uns gern glauben macht, der Gottesmann, der in und um Wien gegen Heuchelei und Sündhaftigkeit zeterte, habe dies mit einer gewissen Freude an der eigenen Stimme und am Theatralischen getan. Die Predigten, ob sie sich nun auf die Pest oder auf die Türkengefahr bezogen, waren allemal theatralische Vorstellungen und hatten ihren besonderen Zulauf nicht nur des frommen Inhalts, sondern auch ihres genialen Aufbaus wegen.
Der Lebenslauf des volkstümlichen Predigers ganz kurz: 1644 in Kreenheinstetten bei Meßkirch im Badischen geboren, 1662 Augustiner-Barfüßer in Maria Brunn bei Wien, 1666 Priesterweihe und theologische Doktorwürde, 1677 Hofprediger in Wien, zwischendurch in Graz tätig, 1680 Prior seines Ordens, 1690 Ordensprovinzial. Die letzten beiden Avancements mögen ihn endgültig zu seinem Bleiben in Wien bewogen haben, wo er 1709 hochgeachtet starb.
Hinter diesen Daten verbirgt sich das Leben eines belesenen Mannes, der für seine Bücher und Predigten sehr wohl sich an großen Vorbildern orientierte, der wußte, wie man das Volk in Bewegung hielt, eines Sittenschilderers, wie es nicht so bald wieder einen gegeben hat. Er war ein treuer Diener

»Der Geistliche« nennt sich diese Illustration in einem Werk des Abraham a Sancta Clara.

»Der Beutelschneider«, Illustration zu einem Werk des Abraham a Sancta Clara. Der Taschendieb anno dazumal schnitt den Damen das »Täschchen« (Beutel) ab.

seiner Kirche, jedoch fortschrittlich und weit über den Horizont seiner Zeit hinausblickend. Wiewohl er dem Volke predigte, es habe sich mit seiner Sündhaftigkeit die Plagen, von denen es befallen werde, alle selber verdient, wetterte er anderseits im rechten Moment gegen Aberglauben, gegen übereifrige Priester und selbstverständlich gegen alle Laster – nicht nur des Volkes, sondern auch des Adels.

Auf die Besserung des Menschen zielten alle seine Schriften. Abraham a Sancta Clara wußte seine Popularität gut zu gebrauchen, wenn es darum ging, den Menschen ins Gewissen zu reden. Diese seine Popularität blieb auch nach seinem Tode bestehen. Wenn er uns aber bis heute ein Begriff geblieben ist, dann hat dazu auch noch ein anderer beigetragen: Schiller. Er nahm Abrahams Schrift »Auf, auf, ihr Christen« – 1683 in Wien erschienen – als Vorlage zur berühmten Kapuzinerpredigt in »Wallensteins Lager«; und für die Opernfreunde holte sich Giuseppe Verdi bei Schiller und Abraham den Text wieder in seine Oper »Die Macht des Schicksals«, in der ein Fra Melitone effektvoll gegen die zu pralle Lebenslust der Soldaten und Marketenderinnen wettert. Deshalb auch vermeint man heute des Augustiners Abraham a Sancta Clara Bild deutlich vor Augen zu haben und projiziert unwillkürlich in jeden besonders kraftvoll und derb predigenden Ordensmann Züge des berühmten Predigers.

Die Wirkung Abraham a Sancta Claras auf seine Umwelt läßt sich aus seinen Schriften herauslesen. Denn er war ein Meister auch des geschriebenen Wortes. Er ließ seine denkwürdigen Predigten drucken, er war ein guter Propagandist seiner selbst, er fand stets den rechten Ton und wußte auch vor dem Kaiser seiner Wahrheitsliebe treu zu bleiben.

Daß Abraham a Sancta Clara zwar in seiner Schrift »Auf, auf, ihr Christen« 1683 von der Türkengefahr redete, die Belagerung der Stadt aber nicht in Wien, sondern in Graz mitverfolgte, macht den den

Vorhergehende Doppelseite: Der Landschaftsmaler Christian Hilfgott Brand, gebürtig aus Frankfurt an der Oder, in Wien ab 1751 Honorarius der Wiener Akademie, hat diesen Blick auf Wien über die Roßau hinweg für die Nachwelt festgehalten.

bedrängten Wienern beistehenden Augustinermönch, wie er in vielen Schriften dargestellt wird, zur Legendenfigur. Doch auch in Graz war man über die Lage wohlunterrichtet und begriff, was der Entsatz von Wien bedeutete.

Die Schriften Abraham a Sancta Claras dienen uns heute auch als Chronik, doch dürfen wir nie vergessen, daß der wortgewaltige Prediger erstens kräftig übertrieb und zweitens das Zeitgeschehen dichterisch verarbeitete. Klüger sind also diejenigen, die sich an den Literaten Abraham a Sancta Clara halten und ihn als Volksdichter und Verwerter aller großen Literatur seiner Zeit und der Zeit vor ihm ansehen. Es läßt sich genau nachprüfen, wo der Kanzelredner sich seine Vorbilder suchte und mitunter sogar Geschichten aus Sagenbüchern als wahr wiedergab, wenn es ihm zupaß kam und der »Moral von der Geschichte« nützte.

Kaiser Leopold I. trug insofern dazu bei, daß Abraham seine dichterischen Freiheiten hatte, weil er, der einst selbst zum Geistlichen bestimmt gewesen war, für Abraham und desse kernige Sprache Verständnis und das nötige Verzeihen übrig hatte. Der Hofprediger durfte den allerhöchsten Herrschaften einen Spiegel vorhalten, was außer ihm kaum ein anderer Geistlicher gewagt hätte.

Von seinen Schriften seien hier einige der bekanntesten genannt; die Titel allein sagen alles über ih-

Titelkupfer zu Abraham a Sancta Claras »Huy und Pfuy der Welt«. Viel Allegorie und Symbolik auf dem Titelblatt paßte, denn der Text war auch voll davon.

Titelkupfer zu »Auff Auff Ihr Christen!« Auf Matthias Rauchmillers Entwurf »themengerecht« christliche Reiter bei der Verfolgung der Türken.

ren Inhalt. »Mercks Wien/das ist/des wütenden Todts/Eine umständige Beschreibung/In/Der berühmten Haupt- und/Kaiserl. Residentz-Stadt/in Österreich/Im sechzehenhundert und neun und siebentzigsten Jahr/etc. Gedruckt zu Wienn/Bey Peter Paul Vivian 1680« ist eine Schilderung der Pest, die sich ohne Rücksicht auf den Stand ihre Opfer suchte. Sie wurde eiligst verfaßt, denn ihre Drucklegung erfolgte schon im Jahr nach der Epidemie. »Lösch, Wien« heißt eine andere, 1680 erschienene Schrift; 1681 kommt dann »Die große Todten-Bruderschafft« heraus, in der sich der Autor an Menschen erinnert, die im Pestjahr dahingeschieden sind.

Aber Abraham findet auch zu amüsanteren Themen. Gesammelte Predigten gibt er unter dem inzwischen sprichwörtlichen Titel »Reimb dich oder Ich friß dich, d. i. allerley Materien und Predigten« heraus – welchen Titel er übrigens nicht selbst erfunden hatte, sondern von einer 1673 erschienenen Satire Gottfried Wilhelm Sacers übernahm. 1685 läßt Abraham in München eine Schrift erscheinen, die »Gack, Gack, Gack a Ga« heißt. Es handelt sich dabei in der Tat um die Nachahmung des Gakkerns einer Henne. Mit einem frommen Thema hat es insofern zu tun, als Abraham a Sancta Clara einst Prediger im Wallfahrtskloster »Maria Stern« in Taxa bei Augsburg gewesen war, das nach der Legende deshalb gegründet wurde, weil eine Henne ein Ei legte, auf dem das Bild der Muttergottes zu sehen war.

Als Hauptwerk gilt der Literaturgeschichte das Buch »Judas der Erzschelm«, 1686 zuerst in Salzburg erschienen. Der ausführliche Titel kündigt eine Lebensbeschreibung des Judas Ischariot an nebst vielen Gedanken und Predigten zu diesem Thema.

1709 leistete er sogar einen Beitrag zur Narrenliteratur: »Centifolium stultorum in Quarto oder Hundert ausbündige Narren in Folio«. Darin war das 101. Blatt für jenen Leser freigehalten, der sich in

Karussellschlittenfahrt im inneren Burghof, ein beliebtes Vergnügen der hohen Herrschaften bei Staatsempfängen und dergleichen. Die von Pieter van Breda dargestellte fand im Januar oder Februar 1697 statt. Im Vordergrund Kaiser Leopold – oder sein Sohn Joseph – mit Begleiterin. Man erkennt rechts die Amalienburg, daran schließt sich der Leopoldinische Trakt, in der Ecke links der Zugang zum Schweizer Hof.

keiner der hundert Narrenbeschreibungen wiedererkannt hatte.
Noch lange nach Abraham a Sancta Claras Tod war man mit der Herausgabe seiner Schriften beschäftigt. Die letzte gab man noch 1729, also zwei Jahrzehnte nach seinem Weggang, heraus: »Abrahamisches Gehab dich wohl« lautete der Titel.
Von seinem Tod ist eine Beschreibung auf uns gekommen, die uns diesen Mann besonders gut zu charakterisieren scheint:
»Sein Ende aber verhielte sich gantz anders, dann nachdem er die Eitelkeit und Ohnmacht der menschlichen Thorheit in dieser Welt verspotten lernen, hat er lachend die Augen zugethan, welches besondere Ende wenig Menschen in der Welt widerfahren; und kann man daraus erkennen, wie gesetzt sein Gemüthe und wie standhafftig er sich gegen den sonst entsetzlichen Tod gefasset. Man hält es vor ein Wunder eines unerschrockenen Muths, daß, als der Kayserliche General Graff Roth-Kirch auf das Tod-Bette kam, er einen Spiegel zu Füssen setzen ließe, ›damit er sehen möchte‹, sagte er, ›ob er, der niemals eine Furcht gehabt, sich nun vor dem Tod fürchten würde‹. Pater Abraham weist noch viel grösseres in diesem Augenblick, welcher der erschröcklichste des gantzen Menschen-Lebens, er brauchte keinen Spiegel, seine Hertzhafftigkeit zu erfahren, das Lachen, womit er den Tod empfängt, ist andern ein Spiegel, wormit er noch die letzte Lehre gibt: daß nach einer guten Vorbereitung der Tod keine Furcht, sondern lauter lachende Vergnügungen erwecken kann.«

Die Stadtguardia

ine ganz eigene »Rasse« war im barocken Wien die Stadtguardia, 1526 als Tag- und Nachtwache zur Kontrolle der Wälle und Basteien eingerichtet und erst 1741 von Maria Theresia aufgelöst.
Der Wachkörper war von der Stadt selbst ins Leben gerufen worden, begann mit einem bescheidenen Bestand von 70 Mann, vergrößerte sich jedoch sehr rasch, als er unter die Kontrolle des Hofkriegsrates kam: 1580 hatte er 300 Mann, 1596 bereits 500. Im Jahre 1618 wird von 1.100 Mann berichtet, und im besonders gut dokumentierten Jahr 1664 waren es 2.200 Mann, die der Stadtguardia angehörten. Ihre besondere Funktion bestand darin, die Stadt zu beschützen. Zugleich hatten sie das Privileg, sich einen ordentlichen Zweitberuf zu wählen.
Da sie nämlich nicht als Ordnungshüter, sondern

nur zum Schutz nach außen hin da waren, gab's in friedlichen Zeiten für sie wenig Sold. Man ließ sie und ihre Familienangehörigen vor allem Handel treiben. Von den Frauen der Stadtguardia wird berichtet, daß sie vor den Stadttoren den Bauern Obst, Gemüse und Viktualien abkauften und diese dann selbst auf dem Markt in der Stadt feilboten. Und die Soldaten dieser Wachtruppe waren nicht

Die Stadtguardia war in Friedenszeiten bloß Staffage – wie hier auf dem Stubentor. Salomon Kleiners Handzeichnung hat festgehalten, welchen Blick man damals von oben auf die Wollzeile hatte.

abgeneigt, den Ausschank von Bier, Wein und Spirituosen als Nebentätigkeit auszuüben. Oder sie wurden im Nebenberuf einfach Handwerker. Graf Starhemberg stellte 1680 betrübt fest, sie seien »alle so in ihre Gewerbe und Hantierungen vertieft, daß sie fast vergessen, daß sie Soldaten sind«. Doch auch er konnte an der seltsamen Situation nichts ändern, da er ja nur bei starker Anhebung des Soldes hätte verlangen können, daß die Angehörigen der Stadtguardia ausschließlich Soldaten seien.

Der Stadtguardia standen die sogenannten Basteihäuser zur Verfügung, Soldatenhäuser in unmittelbarer Nähe der Wälle, die sie ja im Ernstfall zu verteidigen hatte. Die Wiener Bürger, denen an sich auferlegt war, Hofbeamten jederzeit Quartier einzuräumen, konnten sich durch entsprechende Beteiligung am Bau eines Basteihauses freikaufen und machten von dieser Möglichkeit gern Gebrauch. Als Maria Theresia 1741 die Stadtguardia auflöste, blieben 300 Soldatenhäuser zurück, die man alsbald, weil abgewohnt und häßlich, abreißen ließ. Sie hatten schon in den Jahren davor, als noch die Gardisten in ihnen wohnten, als richtige Elendsquartiere gegolten.

Die Stadtguardia ist für uns auch wegen ihres sozialen Status interessant. Die Stadt, unfähig, aus eigenen Mitteln für ihre Sicherheit zu sorgen, mußte sich in dieser Hinsicht auf ihren kaiserlichen Schutzherrn verlassen. Dieser wiederum war nicht geneigt, allzuviel in Sicherheitseinrichtungen zu investieren, woraus sich der geringe Sold der Stadtgardisten erklärt. Also entstand ein Haufen von mäßig kampferprobten Männern, die im Ernstfall kaum mehr Übung hatten als die verteidigungswilligen Bürger selbst und zudem in nur geringem Ansehen standen. Sie hatten gewisse Privilegien, aber kein Geld, mußten wenig ehrsame Berufe ergreifen – manche von ihnen waren sogar als Trödler unterwegs –, sollten daneben aber so etwas wie eine Berufsehre haben.

Die Ordnungshüter unserer Tage haben bis in die jüngste Vergangenheit mit ähnlichen Schwierigkeiten zu kämpfen gehabt. Ihre Dienstordnung gestattet es ihnen auch heute noch, einen Nebenberuf auszuüben, sofern er zu den ehrsamen zählt. Und immer noch haben sie, die für Ruhe und Sicherheit zu sorgen haben – und also besonderes Ansehen genießen sollten –, darunter zu leiden, daß sie im Geruch von Söldlingen stehen. Die Stadtguardia allerdings hatte es zu ihrer Zeit, da man die rauhen Sitten der Söldner des Dreißigjährigen Krieges noch in frischer Erinnerung hatte, ungleich schwerer.

Immerhin, zum Bild des barocken Wien, vor dessen Toren sich noch einmal die Türken einfanden, gehört auch der Haufen von schlecht verdienenden Soldaten, denen das Vertrauen der Wiener kaum gehörte. Sie mußten sich, als es 1683 ernst wurde, allerlei Vorwürfe gefallen lassen und gewaltig anstrengen, um ihren Anteil an der Verteidigung zu leisten. Und sie waren keineswegs die ruhmreichsten unter den Beschützern Wiens.

Die Türken kommen

er große Sturm auf Wien begann am 2. Januar 1683 damit, daß im Adrianopeler Palast des Sultans die Roßschweife gegen Ungarn ausgesteckt wurden. Wenige Tage darauf zogen die Janitscharen ins Lager – womit nach türkischem Brauch der Krieg angezeigt war. Seit Monaten hatte man Vorbereitungen für diesen Feldzug getroffen, der diesmal einen tiefen Vorstoß in das Abendland bringen sollte.

Vorhergehende Doppelseite: Johann Georg Platzers »Musikgesellschaft im Salon« zeigt, daß der gebürtige Südtiroler (gest. 1761) sich bei seinen Gesellschaftsszenen vom zeitgenössischen Wiener Bühnenbild mit seiner vielköpfigen Komparserie beeinflussen ließ. Auch hier ist die Anlehnung an die Malweise der Niederländer nicht zu übersehen.

Rechts: Sultan Mohammed (Mechmet) IV., der das Türkenheer 1683 gegen Wien marschieren ließ. Nach der Niederlage vor Wien begann sein Glücksstern zu sinken, er verlor Ungarn und dann auch noch den Sultansthron.

Sultan
Mahome
IIII
Reichs
Ottomanisch
Türckischer Keyser und
deß
Großherr

Chara Musta: pha Türckischer Groß Vezier welc
Anno 1683 den 12 Julij die Kay: Residenz Statt Wien Be
aber wider den 12 Ar: mit verlußt und gr
Spott weck geschlagen worden

Die Gesandten des Kaisers beim Sultan, der Graf Caprara und Herr von Kunitz, von diesen Vorbereitungen durchaus informiert, wurden allerdings noch im Januar mit der Erklärung abgespeist, der Sultan wolle nach Belgrad zur Jagd übersiedeln. Gleichzeitig jedoch wurden ihnen die Pässe verweigert, was für die erfahrenen Diplomaten einer Kriegserklärung an ihren Herrscher gleichkam. Denn es war eine türkische Gepflogenheit, die Gesandten einer Nation, gegen die Krieg geführt wurde, am Feldzug teilnehmen zu lassen. Sie standen dabei unter besonderem Schutz, genossen alle Privilegien eines Diplomaten und durften nur eines nicht: mit ihrem Landesherrn in Verbindung treten.

Durch die Verweigerung ihrer Pässe gewarnt, hatten die Gesandten natürlich nur noch eines im Sinn: die Warnung weiterzuleiten. Es gelang ihnen auch, durch geheime Botschafter mit Venedig und Wien in Verbindung zu treten. Und ihre Warnung, da sie geheim übermittelt werden mußte, wurde ernst genommen.

Wien wußte also schon von dem bevorstehenden Feldzug, als Sultan Mechmet IV. und der Großwesir Kara Mustapha am 31. März von Adrianopel nach Belgrad aufbrachen. Und es wußte bald auch, wie außergewöhnlich die Anstrengungen der Türken diesmal waren. Noch nie war das Osmanische Reich mit solchem Aufwand in einen Krieg gezogen. Allein die Wagen des Harems des Sultans zählten mehr als hundert, die der Sultanin waren mit Silber beschlagen, ihre Räder hatten silberne Speichen, und Sattel und Zaumzeug der Pferde waren mit Samt gefüttert. Zur Ankunft des Sultans in Belgrad hatten sich 12.000 Janitscharen eingefun-

Links: Großwesir Kara Mustapha, Ausschnitt aus einem Porträt. Er befehligte das Heer der Türken. Weil er bei Wien vernichtend geschlagen wurde, ließ der Sultan ihm die »seidene Schnur« schicken.

Rechts: einer von der Janitscharentruppe, die sich ursprünglich aus Christen zusammensetzte, die als Kinder von den Türken verschleppt und islamisch erzogen worden waren.

den, die Spalier bildeten, und der Sultan ließ seinen Zug von 4.000 Spahis decken. Als Leibwache für den Großwesir mußten dagegen 1.500 Bosniaken genügen. Das Heer, aus Kriegern dreier Kontinente zusammengewürfelt, zählte insgesamt 180.000 Menschen, die christlichen Hilfsvölker ebenso mit eingerechnet wie die Tataren, die für eine Belagerung schwer verwendbaren Reiter und die unzähligen anderen Hilfsvölker, die man angeworben hatte.

Zu Hause gelassen hatte man die schwere Artillerie, mit der man die Mauern Wiens hätte in Trümmer schießen können. Der türkische Geschichtsschreiber, der die Tagebücher des Zeremonienmeisters des Großwesirs nach dem Jahr 1683 revidierte und mit Anmerkungen versah, bezeichnete dies als den größten Fehler des Feldzuges und wies nach, daß das wohlhabende und glückliche Reich der Osmanen ohne Schwierigkeit die 150.000 Ochsen aufzubringen imstande gewesen wäre, die man für den Transport der schweren Kanonen gebraucht hätte. Wiederum andere Beobachter der Türken, die über die Beweggründe für diese Unterlassung nachdachten, führten ins Treffen, die Osmanen hätten sich für einen raschen Feldzug mit leichten Waffen entschieden und deshalb auf die Mitführung langsam fortzubewegender Belagerungsmaschinen verzichtet, weil sie auf kurzen Widerstand oder gar Kapitulation der Stadt hofften: Wien, die Sehnsucht der türkischen Eroberer, sollte nicht erstürmt werden, sondern unzerstört der Plünderung anheimfallen. Es sollte nach dem viel erhabeneren Ritual der freiwilligen Übergabe ans Reich der Türken kommen. Der Großwesir hätte reichere und vor allem unbeschädigte Beute gefunden und seinem Sultan eine intakte Stadt übergeben können.

Die Geschichten über die Wiener in Erwartung des Türkenheeres, ihr Entsetzen über die Flucht des

Der türkische Heerzug samt Troß, gezeichnet von Tommaso Cardano. Im Zentrum die leichte Artillerie. Die schweren Geschütze, mit denen sie Wiens Bastionen hätten sturmreif schießen können, hatten die Türken zu Hause gelassen.

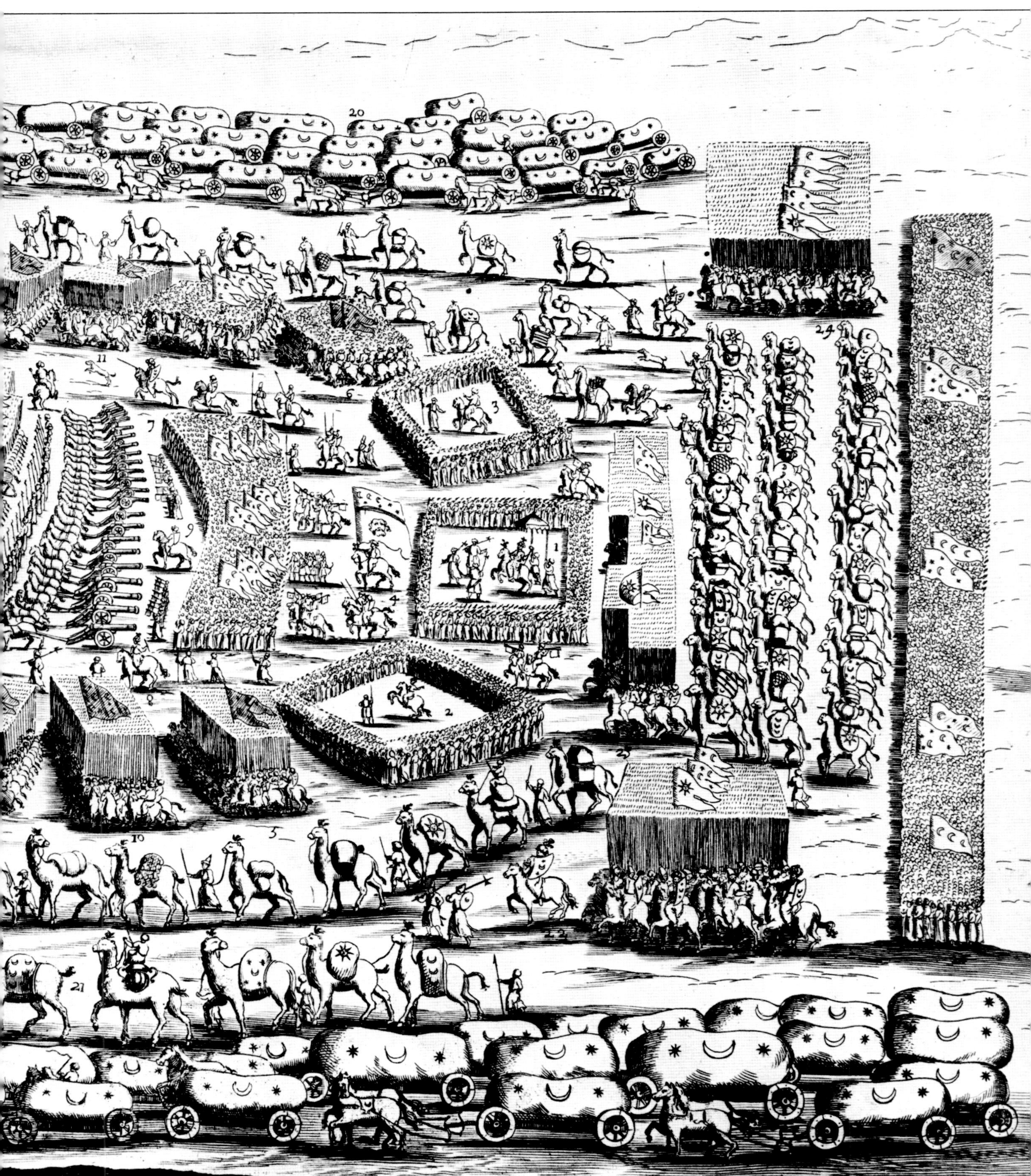

B
D

Kaisers und der Aristokraten, die Berichte über die Vorbereitungen zur Verteidigung der Stadt, die Preisgabe der Vorstädte, deren Bewohner sich mit wenig Habseligkeiten in die Stadt zu begeben hatten, sind bekannt. Reizvoll mag hingegen sein, sich einmal in die Lage der sich der befestigten Stadt nähernden Massen zu versetzen. Hier waren nicht nur Krieger und Beutemacher unterwegs, sondern auch Händler und Handwerker, die mitzogen, auf dem Weg brandschatzten und plünderten und vor Wien schon mit viel Beute im Gepäck anlangten. Vor den Mauern Wiens lag nicht nur ein Heer, sondern ein Stück Türkei mit allem, was dazugehörte.

Das Tagebuch des Zeremonienmeisters von Kara Mustapha gibt in den üblichen Floskeln der Osmanen dem Staunen über den Reichtum und die Pracht der den Türken preisgegebenen Schlösser des Kaisers Ausdruck. Ebersdorf wird erkennbar geschildert, und angesichts des heute nur mehr teilweise erhaltenen und ganz und gar nicht attraktiven »Neugebäudes« Maximilians II. (von dem noch einige Mauerzüge auf dem Gelände des Wiener Krematoriums stehen) verfällt der Schreiber sogar in hymnische Begeisterung: »Dann suchte der Großwesir den Ort auf, an dem die Zeltburg des verewigten Sultans Spleyman Chan aufgeschlagen worden war. Dort hatte der Christenkönig eine mächtige Mauer ziehen und einen prachtvollen Garten anlegen lassen... Zum Andenken hatte der irrgläubige Ferdinand, der damalige Kaiser der Deutschen, genau nach der Anlage des großherrlichen Prunkzeltes ein wunderschönes Schloß, einen herrlichen Palast bauen und statt mit Blei mit vergoldetem Kupfer decken lassen, so daß einem, wenn die Sonne darauf scheint, die Augen geblendet werden.«

Die obigen Zeilen wurden am 13. Juli 1683 niedergeschrieben. Am Tag darauf erschien das türkische Heer vor Wien und begann mit der Einschließung der Stadt. Der Tagebuchschreiber endet sein Tagebuch mit für Wien recht bedrohlichen Worten: »Allah sei Lob und Preis, daß dank der segensreichen Gottergebenheit des sieghaften Großwesirs nun die Hand auf ein solches Land gelegt worden und dieses zum Tummelplatz der Pferde des islamischen Heeres geworden ist. Den Kennern der Geschichte ist es klar wie der helle Tag, und es bedarf für sie keiner weiteren Erörterung, daß noch unter keinem anderen Feldherrn solche Großtaten der Eroberung geschaut worden sind.«

Sechs Tage nach der Abreise des Kaisers und der Schaffung der für die Verteidigung der Stadt notwendigen Kollegien – eines militärischen und eines politischen – war Wien bereits sich selbst und den Türken überlassen. Diesen und der eigenen Wehrhaftigkeit. 11.000 Soldaten und 5.000 Bürger, Studenten und Hofbefreite auf seiten der Verteidiger standen einem um die Stadt lagernden Volkshaufen von fast 180.000 Menschen gegenüber.

Die Türken, denen man zwar niedergebrannte, in ihren Grundmauern jedoch noch intakte Vorstädte überlassen hatte, verwandten viel Zeit und Mühe darauf, sich wohnlich einzurichten. Kara Mustapha ließ für sich selbst eine ganze Zeltstadt aufbauen. Die gegen die Stadt vorgetriebenen Schanzen nahmen ihren Ausgang jeweils von einem der prachtvollen Vorstadtgärten – dies wird von den Türken als Annehmlichkeit vermerkt. Zugleich begann ein Lagerleben, innerhalb der Mauern Wiens und davor, und es fehlte nicht an Kommunikation zwischen hüben und drüben. Nicht nur gingen Kundschafter der Verteidiger durchs feindliche Lager oder gelangten von draußen in die belagerte Festung, auch Gütertausch fand statt. Die Tagebücher Kara Mustaphas vermerken noch einen Monat später, am 19. und 21. August, die Zahl der Stockhiebe, die Fuhrleuten und Feldbäckern verabreicht wurden, die einmal hundert Rinder, das andere Mal große Mengen Brot an die Belagerten verkauft hatten. Zu viele Geldgierige waren um Kara Mustapha, als daß es nicht immer wieder zu derlei Geschäften gekommen wäre. Die Wiener in ihrem Kampf ums Überleben ergriffen selbstverständlich jede Chance, Lebensmittel hereinzukriegen, und ihr militärischer Oberbefehlshaber, Graf Starhemberg, duldete das bei all seiner sonstigen Strenge. Er, der seine eigene Person nicht schonte, hatte aber für Ängstliche und Deserteure keine

Vorhergehende Doppelseite: So stellte sich die belagerte Stadt dem Bildberichterstatter dar. Blickpunkt ist das türkische Hauptquartier in der Gegend der Neustiftgasse. A: der brennende Schottenhof; C: die abgebrochene Schlagbrücke; D: eine von den Türken errichtete Brücke bei Nußdorf.

Die Türkenbelagerung auf Spielkarten war eine Verkaufsidee, die sich, nach dem guten Ausgang der Sache, sicherlich bezahlt machte.

Milde übrig. So ließ er zwei Soldaten, die »höchst straffällig... geredet und Ihrer Majestät Offiziere dadurch höchst schimpflich injurieret« hatten, um ihr Leben würfeln und den Verlierer tatsächlich hinrichten; so verurteilte er einen nachlässig gewesenen Leutnant der Löwelbastei zu einem »Himmelfahrtskommando«, einem Ausfall, von dem dieser nicht mehr zurückkam; so ließ er zwei Knaben, die man der Spionage überführt hatte, den Kopf abschlagen.

Diese Strenge wird verständlich, wenn man die vorhin erwähnten Fälle von Güter- und Nachrichtenaustausch bedenkt, die nicht ohne Gefahr für die Verteidiger waren, und Kara Mustaphas Methode, die Wiener durch zur Schau gestellten Überfluß

Ausschnitt eines Planes der Minen, die die Türken im Vorfeld Wiens vorangetrieben hatten.

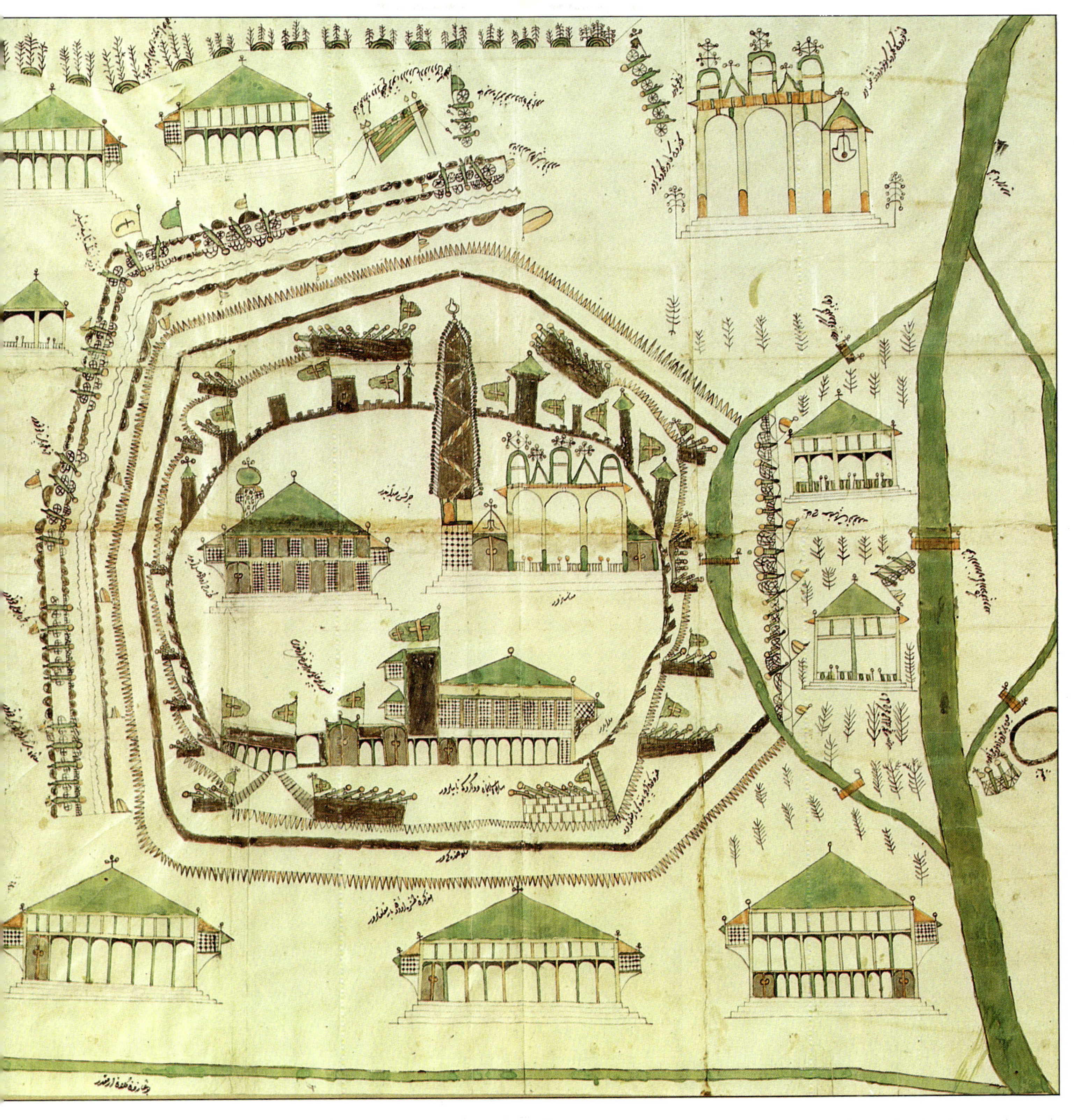

Ein türkischer Plan des belagerten Wien, kolorierte Federzeichnung. Stephansdom und Hofburg sind auch für Wiener Augen eindeutig erkennbar.

rings um die Stadt zu demoralisieren. Er bediente sich dabei typisch islamischer Methoden: »Heute nach dem Nachmittagsgebet begann die Heermusik des Großwesirs in seiner Schanze zu spielen. Auch die Kapellen des Janitscharenaga und des Beğlerbeği von Rumelien sowie die der Wesire und Beğlerbeği und Sancakbeği in den übrigen Abschnitten huben alle zu spielen an. Auf diese Art spielten nunmehr jeweils nach den Gebeten bei Sonnenuntergang, zur Nachtzeit und bei Tagesanbruch die Musikkapellen auf, daß von dem gemeinsamen Schall der Trommeln, Oboen, Pfeifen, Handpauken und Becken, zu dem sich das Dröhnen der Geschütze und Flinten gesellte, Erde und Himmel erbebten.«

Diese türkische Tagebuchnotiz vom 18. Juli 1683 ist zugleich eine wichtige Quelle für jene, die die Geschichte der österreichischen Militärmusik erforschen. Denn aus der Janitscharenmusik vor Wien, die zur Demoralisierung der Gegner und zur Aneiferung der eigenen Truppen aufspielte, wurde in der Folge die Militärmusik der Österreicher, die für ganz Europa eine Sensation und für unsere Musikgeschichte ein Ruhmesblatt darstellt.

Die Janitscharenkapellen, schon lange vor 1683 bekannt, bestanden aus 30 bis 40 Mann, hatten bereits einen Dirigenten und als Instrumente Flöten, Trompeten, Oboen, Querpfeifen, Becken und Trommeln, führten auch den mit Feldzeichen und Glocken behängten Schellenbaum mit sich und eine Kesselpauke, die entweder auf dem Rücken eines Kamels oder auf einem kleinen, mit Borten verzierten, rotgestrichenen Wägelchen mitgeführt wurde. Die Janitscharen marschierten an der Spitze des Zuges gleich hinter den Fahnenträgern und trugen weite Beinkleider, gelbe Lederpantoffeln und lange, wallende rot-weiße Kaftane und hohe Feldmützen.

Stephan Vajda, der die Geschichte der österreichischen Militärmusik rekonstruiert hat, weiß zu berichten, daß diese Kapellen auch bereits Platzkonzerte gaben und für fremde Gäste oder zu Ehren des Regimentsinhabers – wenn man so sagen darf – aufspielten, wobei die Musiker im Kreis um den Kapellmeister standen. An dieser türkischen Sitte hat sich nichts geändert, es gibt sie noch, diese Janitscharenmusiken, wenn auch heute nur noch zu musealem Zweck.

Um diese Geschichte am Rande der Geschichte zu einem Ende zu bringen: Nach dem Sieg über die

Die »Kurze und eigentliche Beschreibung der gewaltigen und glücklichen Entsetzung der kaiserlichen Residenzstadt Wien« enthielt auch etliche Kupferstiche als Illustration. Auch obige Darstellung eines Kriegskamels.

Türken fiel zuerst dem Polenkönig Sobieski, dann auch dem österreichischen Regiment Starhemberg je eine Janitscharenkapelle in die Hände. Die beiden Beuteorchester wurden benutzt, kamen in Mode, eine Tradition entstand. Daß die österreichische Militärmusik gegenüber der der Preußen durch eine gewisse orientalische Note auffiel, darauf sind die Österreicher noch heute stolz. Eine auf einem Nobelball aufspielende österreichische Militärkapelle hat anderes zu bieten als eine Musik der Bundeswehr oder eine Showband der Amerikaner.

Es ist keineswegs überliefert, daß sich die Bürger der belagerten Stadt von dem Gedröhn hätten irre- oder ängstlich machen lassen. Sie hatten in den Wochen ihres Eingeschlossenseins genug andere Sorgen. Sie mußten das Schwinden der Vorräte feststellen, die Befestigungsanlagen instand halten, mit den klassischen Krankheiten in einer belagerten Festung – der Ruhr zum Beispiel – fertigwerden. Und sie mußten ständig Brände löschen, die durch die Feuergeschosse der Türken, aber auch durch eigene Unachtsamkeit entfacht worden waren. Nicht nur die Vorstädte hatte man in Brand gesteckt, auch große Gebäude nächst den Stadtmauern mußte man entweder abdecken oder niederbrennen. Das große Komödienhaus am heutigen Michaelerplatz war da nur eines von vielen.

Ein eigenes Kapitel in der Geschichte der Belagerung Wiens könnte man den Botengängen der »Raizen« durch das feindliche Lager widmen – etwa des allgemein bekannten Georg Franz Kolschitzky und seines Dieners Michailowitz, aber auch der vielen anderen, deren Unternehmungen manchmal auch mißlangen und dann zumeist mit dem raschen Tod der Ertappten endeten. Ein görzischer Kürassier, vom Herzog Karl von Lothringen an Starhemberg gesandt, wurde bei seiner Rückkehr zu den kaiserlichen Truppen gefangengenommen und nur deshalb nicht geköpft, weil er Kara Mustapha eine Freude bereitete. Er erklärte, das chiffrierte Schreiben, das er bei sich trage, enthalte die Ankündigung des baldigen Zusammenbruchs von Wien, und der türkische Feldherr war für frohe Botschaft allemal zur Gnade bereit.

Wer fragt, welchen Zweck die Botengänge durch das Heerlager der Türken gehabt hätten, warum man den Wienern sogar durch Feuerzeichen angezeigt habe, daß Kolschitzky durch das Lager und sicher über die Donau gelangt sei, dem kann man zweifache Antwort geben. Jedes Zeichen der Fühlungnahme mit der befreundeten Außenwelt hebt die Widerstandskraft der Verteidiger und läßt die eigene Kraft wieder größer erscheinen. Außerdem mußte Starhemberg die verzweifelte Lage der Stadt durch immer neue Berichte den potentiellen Entsetzern vor Augen führen. Die Bemühungen, ein Entsatzheer aufzustellen, wären zweifellos nicht so rasch vorangetrieben worden; sie kosteten ja vor allem bares Geld!

Man darf sich allerdings nicht vorstellen, daß die zumeist der türkischen Sprache mächtigen und durchaus orientalisch wirkenden Boten eine waffenstarrende Front zu durchqueren hatten. Sondern sie mußten durch eine Stadt vor den Toren der Stadt. Das Lagerleben des islamischen Heeres gestaltete sich so, als befände man sich in der Heimat, die Gebetsstunden wurden eingehalten, es gab täglich einen Markt, und die repräsentativen Festzüge von Botschaftern oder dem Großwesir huldigenden Ungarn bildeten eine ebenso willkommene Unterbrechung des Lageralltags wie die beim Scharfrichterzelt zum Gaudium der Soldaten und Mitläufer vollzogenen Enthauptungen.

Es mußte also möglich sein, sich unbemerkt durch das Lager zu schleichen und dann auch noch die von den Türken besetzten Gebiete zu durchqueren. Und diejenigen, die vor dem Krieg Handel mit dem Orient getrieben hatten, ja dort sogar Geschäftspartner oder Verwandte wußten, konnten

Er verteidigte Wien: Feldmarschall Ernst Rüdiger Graf von Starhemberg. Seit 1680 war er Stadtkommandant und Oberst der Stadtguardia gewesen. Er sorgte auch während der Belagerung für Nachschub von Waffen und Proviant.

Folgende Doppelseite: »Die Entsatzschlacht«, aus der Gobelin-Serie der Siege Karls von Lothringen. Charles Herbel, der Kammermaler des Herzogs, lieferte dazu den Karton. Links im Vordergrund der Herzog an der Spitze seiner Truppen.

V
EM LIBERAT
OBSIDENTIVM
LANGES
FUGAM.
FAICT A LA MALGRANGE EN 1724

warhafftigen Verlauffs
Die Scharffe Belägerung
Der Weltberühmten Kayserl: Residenz-Stadt
Wien
Samt derselben höchst erfreulich-glücklichen Entsatz
fend

sich wohl auch unauffällig im Türkenlager bewegen. Wenn sie trotzdem aufgegriffen wurden, dann hing es – entnimmt man dem bewußten türkischen Tagebuch – sowohl von der Laune Kara Mustaphas als auch vom Geschick der Befragten ab, ob sie über die Klinge springen mußten, dem Folterknecht zu weiterem Verhör übergeben oder sogleich begnadigt wurden.

Auch der im Türkenlager lebende Resident des Kaisers, Herr von Kunitz, unterhielt seinen eigenen Nachrichtendienst und sandte immer wieder Botschaften an den Grafen Starhemberg. Die türkische Sitte, ihn als Zeugen des erfolgreichen Feldzugs in bevorzugter Haft zu halten, rächte sich da bitter für die Belagerer.

Warum war Wien für beide Seiten so wichtig? Das Heer der Türken, das ja bei Wien nicht haltmachte, sondern mit Teilen weiter gegen Westen vordrang, hätte die Stadt auch aushungern können, ohne sie heftig zu berennen. Es hätte, entnimmt man türkischen Dokumenten, den Plan des Woiwoden von Siebenbürgen befolgen können, der am 22. August Kara Mustapha huldigte und auf dessen Aufforderung, sich offen zur Kriegslage zu äußern, scharfe Kritik an der Strategie der Türken übte:

»Gegen Eure Truppen, Euer Kriegsgerät und Eure Munition ist kein Wort zu verlieren... Aber Wien ist eine überaus starke Festung. Ja, wenn Ihr sie gleich bei Eurer Ankunft ohne weiteren Aufenthalt durch Sturm oder Kapitulation hättet einnehmen können... So aber gestaltet sich die Eroberung um so schwieriger, je länger sich die Belagerung hinzieht. Eine solche Unmenge von Menschen und Tieren muß einem auf die Dauer über den Kopf wachsen; sie essen und trinken, und diejenigen, die sich ihre Beute geholt haben, machen sich mit ihr aus dem Staub... Ich hätte es für richtig gehalten, das Hauptaugenmerk auf die Einnahme der Festung Raab zu richten, den berittenen Truppen den Auftrag zur Verwüstung und Brandschatzung des Landes zu geben und nachher den Winter im Grenzgebiet zu verbringen – dann hätte sich ganz

Das Panorama der heftig umkämpften Stadt vermittelt auch einen Eindruck des Kräfteverhältnisses Türken : Verteidiger; die Wiener mußten sich gegen eine zehnfache Übermacht ihrer Haut wehren.

gewiß der Kaiser ein Schnupftuch um den Hals gebunden und wäre gekommen, um Gnade zu erflehen... dann wäre das Land der Deutschen beiderseits der Donau vollständiger bezwungen gewesen, und im folgenden Jahr wären Euch sowohl Raab als auch die Festung Wien durch Kapitulation anheimgefallen.«

Es wird berichtet, der Großwesir habe einerseits nicht auf ihn gehört, sei aber andererseits bei dem Gedanken, der Woiwode könnte mit seinen Reden dem Heer Angst machen, in Zorn geraten. An jenem 22. August waren, dies ganz nach türkischem Kriegsbrauch, die Janitscharen längst nicht mehr kampfesfreudig; die Frist, innerhalb deren man sie zwingen konnte, eine Festung zu berennen, lief bereits ab. Kara Mustapha war wahrscheinlich zornig, weil er den wahren Kern in den Vorwürfen begriff.

Wien war für beide Seiten ein Symbol. Fiel die Stadt, dann war der Weg nach Europa für den Islam frei; hielt sie sich, dann war für das Morgenland ein entscheidender Krieg verloren.

In Passau entschied sich inzwischen das Schicksal Wiens. Kaiser Leopold I. sammelte die Adressen seiner Verbündeten, unterhielt die nötigen diplomatischen Verbindungen, um ein Entsatzheer aufstellen zu können – dem Abendland mußte kaum noch bedeutet werden, daß eine Art Kreuzzug bevorstand, mit Ausnahme König Ludwigs XIV. von Frankreich waren alle Fürsten Europas bereit, aus erkannter Notwendigkeit, aber auch für entsprechenden Lohn dem Kaiser zu Hilfe zu kommen. Wie sehr und wie rasch, das war eine andere Frage, die einerseits durch die Botschaften Starhembergs, andererseits durch Leopolds kluges Taktieren günstig beeinflußt wurde. Die Behandlung der Kurfürsten, die Versprechen, die gegeben werden mußten, die richtige Handhabung der Etikette, das alles blieb dem Hoflager überlassen. Zweiter Faktor war Starhembergs Ausharren, dritter der Herzog Karl von Lothringen, der bereits unterwegs war, die

Christian Hilfgott Brand malte in Wien und verkaufte nach allen Ländern Europas. Seine »Herbstlandschaft mit Holzhackern« blieb in Wien und wanderte erst hundert Jahre später nach Prag.

Wiens Bürgermeister Andreas Liebenberg, nach einem Stich von Matthias Sauer. Liebenberg erlebte den Entsatz Wiens nicht mehr. Er starb drei Tage vorher.

Türken zu bedrängen und die Position zu sichern, die das Entsatzheer brauchte. Und Karl von Lothringen hatte dazu noch die heikle Aufgabe, den Oberbefehl zu führen, ohne Oberbefehlshaber zu sein: der Kaiser durfte im Heerlager nicht erscheinen, um Sobieski nicht zu enttäuschen, und Karl selbst hatte vorgeblich auszuführen, was der Polenkönig anordnete.

Den Wienern waren alle diese politischen Querelen nicht so wichtig. Durch Boten waren sie vom Herannahen des Entsatzheeres nur vage unterrichtet, ihr Augenmerk richtete sich auf die unmittelbare Verteidigung der Stadt. Der Berichte aus der Sicht der Belagerten gibt es genug. Heldenmut beim Halten der Schanzen und Ravelins wird bezeugt, aber auch Heldentaten der Bürger. In den Berichten der Türken liest man es anders. Die Wahrheit wird wohl irgendwo in der Mitte liegen. Die gegen die Stadt anrennenden Türken sowohl wie die ver-

zweifelt sich wehrenden Wiener haben ihre Heldengeschichten erlebt und sie für sich bewahrt.
In der letzten Augustwoche arbeitete man in beiden Lagern bereits mit den Mitteln der psychologischen Kriegführung. Die Janitscharen, die nicht mehr verpflichtet waren, die Festung Wien zu berennen, mußten durch das Gerücht vom Tod Kaiser Leopolds zu neuen Taten animiert werden, und in Wien, wo man sich künftigen Besatzern schon auf Körpernähe nahe fühlte, lancierte man die Nachrichten vom Eintreffen des Entsatzheeres.
Und der Kampf war noch lange nicht zu Ende. Am 9. September hielt Kara Mustapha vor den Toren Wiens Musterung ab. In der Nacht auf den 10. starb in der Stadt Bürgermeister Andreas von Liebenberg – immerhin hatte man ihm noch Nachricht von der Ankunft der Vorhut des Entsatzheeres geben können, deren Leuchtraketen am 8. September vom Hermannskogel aufgestiegen und sofort vom Stephansturm aus mit Raketen beantwortet worden waren.
Die Gewißheit, daß sein Wien gerettet sei, begleitete Liebenberg in den Tod.

Das Abendland ist gerettet

Keine Zeit mehr verlieren, gnädigster Herr! Ja keine Zeit mehr verlieren!« lautete die Nachricht, die Graf Starhemberg am 10. September 1683 durch einen Reiter an den Herzog Karl von Lothringen senden ließ.
Es war gleichsam die Introduktion zum letzten, glücklichen Finale im Kampf um Wien und um den Fortbestand des Abendlandes. Seither hat es auch Zeiten gegeben, in denen man lebhaft an diese einstige Funktion Österreichs erinnern wollte und es wieder Ostmark nannte, und in der Gegenwart ist Wien, seltsam genug, wiederum in eine Lage geraten, in der man immerhin behaupten kann, es befinde sich am äußersten Rand eines politischen Bereiches. Nur sind heute figurative Begriffe wie Festung oder Bollwerk nicht mehr angebracht, darf sich die Stadt am ehesten noch als eine »Drehscheibe zwischen Ost und West« sehen.
Die flehentliche Botschaft vom 10. September ging an den Mann, der faktisch Oberbefehlshaber des beinahe vollständig aufmarschierten Entsatzheeres war und von dessen Ankunft auch die Belagerer schon Kenntnis hatten.
Die Stärke der einander gegenüberstehenden Armeen wird in den Geschichtswerken nie völlig übereinstimmend angegeben. Ziemlich verläßlich scheint jene Angabe, die die Mannstärke der Kaiserlichen mit 84.800 beziffert (nach neuesten Schätzungen waren es wahrscheinlich nur 76.000), davon 38.700 Mann Infanterie und 46.100 Reiter mit 186 Kanonen. Die Aufteilung der Nationalitäten sah so aus: 27.100 Österreicher, 26.600 Polen, 11.400 Sachsen, 11.300 Bayern, 8.400 Franken und Schwaben. Kara Mustapha hatte zu diesem Zeitpunkt, die Hilfsvölker eingerechnet, noch einen Heertroß von 173.700 Mann um sich. Die Besatzung von Wien hatte kaum noch nennenswerte Stärke, Verwundete und Kranke waren in der Überzahl.
Die in der Gegend des Kahlenberges Zusammengezogenen waren frisch und beutehungrig, im türkischen Lager dagegen war die Demoralisation gewachsen und auch durch drastische Maßnahmen gegen christliche Gefangene nicht zu beseitigen. Denn Drastik war Ingrediens bei allen Handlungen Kara Mustaphas.
So lesen sich die Tagesberichte über die Tätigkeit des Großwesirs einerseits wie ein Katalog von Durchhalteparolen, anderseits wie ein Buch harter Gerichtsbarkeit. Immer wieder ist die Rede von Bestrafung Angriffsunwilliger oder der Tötung ganzer Hundertschaften von Gefangenen. Der Großwesir soll – nach zeitgenössischen Quellen – zum Auftakt der Entscheidungsschlacht 30.000 Christensklaven haben töten lassen. Die Berichte von den Aktivitäten der Christen in diesen allerletzten Tagen, wie sie im türkischen Lager kolportiert wurden, etwa, daß die »gottlosen Giauren« die Streitscharen des Islams »wie die wildgewordenen Schweine« angriffen, sind eindeutig – man entsinne sich der Heeresberichte aus jüngster Vergangenheit – dem Vokabular des Unterlegenen entnommen.
Die große Schlacht selbst, der für alle Zeiten wirkende Umschwung der Lage Wiens, ist oft geschildert worden. Die christlichen Heerführer versam-

Der Kapuzinerpater Marco d'Aviano las auf dem Kahlenberg, heute Leopoldsberg, vor Beginn der Entsatzschlacht die Messe. Mit den die Türken verfolgenden Heeren ging er dann mit bis Belgrad. Er wurde 1912 seliggesprochen.

melten sich bei der Kapelle auf dem Leopoldsberg (er hieß damals Kahlenberg) und hörten die Messe, die der Kapuzinerpater Marco d'Aviano las. Der Kaiser war dem ferngeblieben, der Priester hatte ihn dazu bewegt, zum Besten der Sache nicht an die Spitze des Heeres zu treten, das dann ohne die Polen hätte in den Kampf gehen müssen. Marco d'Aviano segnete das Heer, die Feldherren hielten kurze Reden, Sobieski hieß seinen Sohn niederknien und schlug ihn zur Erinnerung an den großen Tag in seinem Leben zum Ritter. Jeder wußte, welche Bedeutung die kommende Schlacht hatte.

An diesem Tag wurde Wien befreit, die gesamte Streitmacht der Türken in die Flucht geschlagen. Die Berichte in aller Welt nennen die Namen von Wiener Vororten und die Stunde ihrer Eroberung, Nußdorf, Döbling sind plötzlich Begriffe, die jedem Abendländer geläufig zu sein haben. Kara Mustapha, keineswegs feige, sondern im letzten Moment bereit, in eigener Person dem Feind entgegenzutreten, mußte sich auf Drängen seiner Ratgeber »eineinhalb Stunden vor Sonnenuntergang« dazu entschließen, mit der Heiligen Fahne den bereits flüchtenden Scharen in Richtung Raab zu folgen. Er hatte mitgekämpft, als die Christen ins Zeltlager eindrangen, schließlich beim Scharfrichterzelt ankamen und auf das daneben errichtete Schatzzelt ihre Fahne hefteten. Er hatte versucht, einiges vom wertvollen Inhalt der Zelte seines Lagers in Sicherheit zu bringen, aber es war nicht mehr möglich gewesen. »Jedermann im Heere packte nur sein leichteres Gepäck zusammen ... Die Giauren aber bemächtigten sich der Zelte, des Schatzes, der Munition und des Kriegsgerätes und sämtlicher dreihundert kleinen und großen Geschütze. Auch der Privatschatz des Großwesirs und sein ganzes Eigentum blieb in seinen Zelten zurück; nur solche Kleinigkeiten, die man in den Brustbausch stecken und unter den Arm nehmen konnte, wurden gerettet ... Etwa zehntausend Mann, die vom Kampf erschöpft und durch Schüsse aus den Geschützen, Flinten und Mörsern oder gar durch Steinwürfe verwundet und kampfunfähig waren oder gar den Arm oder das Bein verloren hatten, wurden unverzüglich erschlagen. Die vielen Tausend Gefangenen, die die Giauren vorfanden, befreiten diese von ihren Fesseln, und die Reichtümer, die sie erbeuteten, lassen sich gar nicht beschreiben. Allah bewahre uns vor Unheil – es war das eine Niederlage und eine Katastrophe, wie sie das Reich seit seinem Bestande noch niemals erlitten hatte!«

Folgende Doppelseite: Vor der Zeltstadt Kara Mustaphas konterfeite der zeitgenössische Zeichner die Sieger von Wien: 1: Kaiser Leopold I., 2: Polenkönig Sobieski, 3: Sobieskis Sohn, 4: Herzog von Lothringen, 5: Kurfürst von Bayern, 6: Kurfürst von Sachsen, 7: Graf Starhemberg, 8: Fürst von Waldegg.

8
7
5
1

Dies ein Auszug aus dem Schlachtbericht von türkischer Seite. Die Freudenausbrüche der Sieger, der Freudentaumel der befreiten Wiener – davon gibt es Schilderungen, die ergreifender nicht sein können. Insgesamt zählten die Sieger 10.000 bis 15.000 erschlagene Feinde, nicht nur 300, sondern 370 erbeutete Kanonen und 15.000 Gezelte. Sobieski, der als Oberbefehlshaber in die Schlacht gezogen war, machte von seinem Vorrecht Gebrauch und nahm die Zeltstadt Kara Mustaphas für sich in Anspruch. Was sich im prunkvollen Bereich, der dem Großwesir als Domizil gedient hatte, fand, wurde persönliches Eigentum des Polen. Doch blieb genug Beute für die anderen. Schöne Stücke davon sind heute im Heeresgeschichtlichen Museum aufbewahrt, tatsächlich finden sich dort heute mehr Roßschweife als in Istanbul.
Wäre es nach dem Willen des Herzogs von Lothringen gegangen, man hätte die flüchtenden Türken noch in der einbrechenden Dunkelheit verfolgt und aus einem überwältigenden Sieg einen von unvorstellbarem Ausmaß gemacht. Mit dem Bemerken, die Flucht könnte auch eine List sein, lehnte aber Sobieski die Verfolgung ab und erreichte so, daß seine Soldaten als erste das eroberte Lager plündern konnten – und außerdem, daß seine Befehlsgewalt unangetastet blieb. Spätere Generationen von Geschichtsschreibern haben immer wieder darauf hingewiesen, daß er ohne den Lothringer Wien keinesfalls entsetzt hätte und trotzdem der große Beutemacher dieser Schlacht war.
Am Tag darauf, einem Montag, öffneten sich die Stadttore für immer. Die Bewohner der Vorstädte strömten in ihre Quartiere zurück und fanden, obgleich ihnen das Plündern keineswegs gestattet war, unermeßliche Schätze vor, die zurückgeblieben waren. In den Kellern nicht völlig zerstörter Häuser Vorräte, von denen sie lange leben konnten, unzählige Herden von Büffeln, Ochsen, Kamelen und Maultieren, 10.000 Schafe und neben Korn, Zucker und Reis auch die Kaffeelager der Türken, die diese hatten zurücklassen müssen.
Auch dieser Tag war noch ein Tag des Triumphes für den Polenkönig, denn er allein hielt feierlichen Einzug in die Stadt. Der Herzog von Lothringen führte seine Armee aus dem ungesunden Türkenlager in die Gegend von St. Marx, und der Kaiser traf erst tags darauf, am 14. September, in Wien ein. Für nur zwei Tage blieb er in seiner verwüsteten Stadt und zog sich dann nach Linz zurück, wo er den Zeitpunkt abwartete, da die kaiserliche Burg wieder bewohnbar sein würde.
Über der allgemeinen Freude vergaß der Kaiser keineswegs, Starhemberg zum Feldmarschall zu ernennen und ihm ein finanzielles Ehrengeschenk zu machen. Die Stadt dankte ihrem Kommandanten auch durch eine Ehrengabe und indem sie seinen Palast in der Stadt »auf ewig« von allen Abgaben befreite. Für die Wiener Bürger aber hatte Kaiser Leopold außer einigen Titeln, Ehrenketten und Denkmünzen wenig substantiellen Trost zu spenden. Er fand, die Befreiung von der Türkengefahr sei allein schon ein Geschenk, und hatte damit nicht so unrecht, denn die Heerscharen der Kurfürsten waren nur für gutes Geld in den Kampf gezogen. Und davon hatten die Habsburger allemal zu wenig.
Blieben die erteilten Hoffreiheiten für die ersten Wiener Kaffeesieder, die angeordneten Dankprozessionen und die Tatsache, daß Wien wieder Residenzstadt des Kaisers wurde und damit Mittelpunkt eines Reiches, das durch die Siege im Osten an Macht und Ansehen gewann. Das schenkte der Kaiser »seinen« Wienern.

Der Heiligen Dreifaltigkeit

Die Aufzählung der Meister, die an der Schaffung der Pestsäule am Graben, eines jedem Wiener oder Wien-Besucher bekannten Denkmals, mitgewirkt haben, ist zugleich die Aufzählung wesentlicher bildender Künstler des österreichischen Barock.
Setzen wir sie in willkürlicher Reihenfolge untereinander:
Matthias Rauchmiller, wahrscheinlich ein Tiroler, geboren 1645, seit 1676 in Wien nachweisbar, ist als Maler, Architekt und Bildhauer bekanntgeworden. Von ihm stammt beispielsweise aus dem Jahr 1681 die Statuette des Johannes Nepomuk – der damals erst seliggesprochen war –, nach der vorerst ein großes Holzmodell und dann die Gußfigur für

Die Pestsäule am Graben in ihrer endgültigen Gestalt, so, wie sie 1693 vom Kaiser der Öffentlichkeit übergeben wurde. Eine Vielzahl von Künstlern hatte sich am Entstehen beteiligt: von Johann Bernhard Fischer von Erlach stammte der Sockel, die Wolkenpyramide entwarf Lodovico Burnacini, und für die Reliefs und die figuralen Details zeichnete eine Reihe von Bildhauern verantwortlich.

10
9
8
7
4
5
5

10
10

die Karlsbrücke in Prag gefertigt wurden. Rauchmiller lieferte den ersten Entwurf der Pestsäule. Nach dessen Umarbeitung durch andere Architekten und Bildhauer ist von ihm immerhin die Grundidee geblieben und drei Engel – ein sitzender mit Buch, zwei stehende mit Laute und Posaune –, die er selbst für die endgültig festgelegte Säule anfertigte.

Joseph Frühwirth, 1640 in Wien geboren, »des Aeusseren Raths auch Hoff Bildthauer«, muß hier angeführt werden, weil er 1679 die provisorische hölzerne Votivsäule entwarf, die auf dem Graben stand, bis die endgültige fertig war. Für diese arbeitete er dann allerdings auch: die sechs oberen Reliefs des Postaments stammen von ihm, sechs nicht mehr existierende Figuren; und zwei der Engel, die man noch sehen kann, einen stehenden mit Herzogshut und einen sitzenden mit Fackel, hat er ebenfalls gehauen.

Paul Strudel, 1648 in Südtirol geboren, gestorben 1708, wahrscheinlich erst »um 1680« nach Wien gekommen, ist als Schöpfer der lebensgroßen Statuen von Habsburger Fürsten bekannt, die in der Nationalbibliothek und in Laxenburg stehen. Für die Säule am Graben hat er mehr gearbeitet als fast alle seine Kollegen – man schreibt ihm das Modell zum Guß der Dreifaltigkeit zu, ferner die Figur Leopolds I., die Gruppe Glaube, Pest und Engel, den Engel mit der Krone und die drei eine Inschrift tragenden Engel.

Als nächsten nennen wir Ignaz Bendl, der von 1692 bis 1708 nachweislich in Wien gearbeitet hat. Für die Pestsäule vollendete er sechs Reliefs, die Fischer von Erlach hatte »modellieren und aus dem Groben ausschlagen lassen«.

Zu diesen vier bedeutenden Bildhauern, die anderswo mit großen Werken Berühmtheit erlangten, kommen nun die beiden Architekten, denen die Pestsäule ihre endgültige Gestalt verdankt: Fischer von Erlach, der nach Rauchmiller die großzügige

Vorhergehende Doppelseite: Am 29. Oktober wurde die von Joseph Frühwirth entworfene provisorische hölzerne Votivsäule feierlich eingeweiht. Auf dem Rednerpodest stand Jesuitenpater Lintschinger, ihm lauschten: sitzend der Weihbischof (4), Orden und Geistlichkeit (5) sowie auf der gedeckten Tribüne Graf von Starhemberg, die Stadtobrigkeit und der Adel (7, 8, 9,).

Planung übernahm, als der Kaiser sich entschloß, das Werk aufwendiger ausführen zu lassen, und Lodovico Burnacini als der oberste theatralische Berater des Kaisers, der nicht fehlen durfte, wenn ein Mahnmal von solcher Bedeutung entstand – seine formende Hand war bei jedem architektonischen Werk im Spiel, das zu seiner Zeit im Umkreis des Kaiserhauses entstand.

Die sorgfältig aufgezeichnete und mit Rechnungen ergänzte Baugeschichte der Pestsäule ist überaus interessant nachzulesen, zeigt sie doch, daß hier in mehreren Perioden verschiedene Künstler sie planten und gestalteten, um am Ende ein Monument zu hinterlassen, das aus einem genialen Guß geformt zu sein schien.

Als im Dezember 1679 die Winterkälte die Pest besiegt hatte, wurde sofort mit der Errichtung einer Holzsäule am Graben begonnen – der Kaiser hatte, als Wiens Häuser sich leerten und die Pestgruben sich füllten, die Errichtung einer Votivsäule zu Ehren der heiligen Dreifaltigkeit gelobt und hielt sein Gelöbnis. Matthias Rauchmiller, der den ersten Entwurf lieferte, wurde lange Zeit als der eigentliche Schöpfer der Votivsäule angesehen – er durfte Untersberger Marmor aus Salzburg bestellen, um mit der Arbeit beginnen zu können. Die Belagerung Wiens und der Tod Rauchmillers ließen die Arbeit beinahe völlig einschlafen, bis sich 1687 eine Kommission bildete, die feststellte, was bereits an Mitteln aufgewendet worden und wie wenig bisher geschehen sei. Der Kaiser wurde angerufen und reagierte positiv. Er zeigte wieder Interesse an dem Werk und wollte, da es nun einmal nicht billig zu haben war, ein noch prächtigeres, nun wohl bereits zu einer Art Monument seiner selbst aufgewertetes. Er nahm die Grundsteinlegung am 30. Juni 1687 vor.

Dergleichen spricht sich herum. Im Jahr darauf gibt es ein Gesuch des Kardinals Leopold Graf Kollonitsch, Bischof von Raab und Kolocsa, der

Lodovico Burnacini, mit der Umgestaltung der Pestsäule beauftragt, fertigte vier Bleistiftskizzen an, die genau den Werdegang der Idee mitverfolgen lassen. Links Zeichnung 3, die schon einiges von der Endfassung erkennen läßt. Christus oben bereits »zur Rechten« Gottes, unten der Kaiser kniend, von seinem Namenspatron dem Schutz der Dreifaltigkeit empfohlen. Die vierte Skizze, rechts, stimmt im Aufbau und in der Zahl und Postierung der Figuren mit dem fertigen Denkmal überein.

Damenmode um 1700, wie sie in dem Stichewerk »Neu-eröffnete Welt-Galleria« dem Publikum vorgestellt wurde.

gehört hat, daß kostbare, wesentliche Teile der Säule nicht mehr ins Konzept passen, und sich diesen »Abfall« erbittet, um aus ihm in Ofen oder anderswo selbst eine Säule setzen lassen zu können. Er erhält das Material. Zur gleichen Zeit beginnen die Querelen mit Paul Strudel, den man einen »Welschen« nennt, weil er aus Südtirol kommt.

Von Strudel sind über mehrere Jahre zahlreiche Abrechnungen erhalten – er mußte Steinmetze beschäftigen, in Salzburg nach Marmor suchen, darüber die Wiener Werkstatt ohne Arbeit lassen, und geriet immer wieder ins Kreuzfeuer der heimischen Kollegenschaft. Aus Eingaben und deren Beantwortung geht immerhin hervor, daß an der Säule vielerlei Werkstätten Wiens verdienten – Juweliere, Goldschmiede, ein Hofziseleur, ein Stuckgießer, ein Windenmacher, ein Tischler, ein Schlosser, dazu Maurer, Zimmerer und viele andere.

Fischer von Erlach, der den Sockel der Säule neu konzipierte und für sie auch selbst zu arbeiten begann, gab die Modellierarbeit allerdings wieder auf, als andere, ihm wichtigere Aufträge kamen. Joseph Frühwirth, Ignaz Bendl, Adam Kracker, Matthias Gunst sind als »hiesige Bildhauer« genannt, die an seiner Stelle Figuren lieferten. Burnacini kam erst hinzu, als es darum ging, die heilige Dreifaltigkeit neu zu gestalten. Der Theatralingenieur lieferte den Entwurf der Wolkenpyramide, die Ausführung lag wieder bei den bereits genannten Künstlern.

1693 endlich konnte der Kaiser die Einweihung der Säule feiern lassen. Beschreibungen deuten darauf hin, daß man anfangs das von so vielen Personen und in mehreren Entwicklungsstufen zusammengeklitterte Werk als die »Invention« des Kaisers selbst erklärte. Die ersten populären Geschichten um die Errichtung der Säule kreisten um Fischer von Erlach und Burnacini, die ja tatsächlich damit zu tun gehabt hatten. Und eine Zeit, die Burnacini nicht mehr kannte, machte es sich noch leichter und bezeichnete die Säule als das alleinige Werk Fischers.

Zehn Jahre nach der Einweihung gab es einen Unfall bei der Pestsäule, als man während der Erneuerung des Fundaments ein Gerüst über den ausgehobenen Graben rund um das Denkmal gebaut hatte. Matthias Fuhrmann berichtet 1737 in seinem »Alt- und Neu Wienn« darüber:

»Den 29. Octob. begabe sich in Wien, bei der damahls gehaltenen gewöhnlichen Procession von der St. Peters=Kirche zur Heil. Dreyfaltigkeit=Säulen, wegen der im Jahr 1679 von Gott gnädig abgewendeten Pest, ein unglücklicher Zufall, welcher leicht zu einem noch grössern Unglück, wenn die Göttliche Güte nicht so groß gewesen, hätte ausschlagen können. Dann als der Kayser, nebst dem Ertz=Hertzog Carl und der gantzen Hof=Staat, wegen dieser Solennität, bey der St. Peters=Kirchen zu Wagen angelangt, um von dar hernach zu

Vorhergehende Doppelseite: das Bild des Grabens mit dem Grünzeugmarkt, um 1715, nach einem Stich von Delsenbach. Die etwas idealisierte Szene will alle Volksschichten mit dem für sie typischen Verhalten ins Bild bringen. Die beiden Brunnen haben 1681 von Johann Frühwirth das auf dem Stich gezeigte Aussehen erhalten.

Rechts: und noch einmal der Graben, ein Vierteljahrhundert später. Die Kuppel der Peterskirche und die Dreifaltigkeitssäule verliehen dem Szenarium der Erbhuldigung Maria Theresias kräftige Akzente.

DEO
PATRI
CREA
TORI.

Fusse in Procession nach gedachter H. Dreyfaltigkeit=Säulen zu gehen, brach das Gerüste, welches über das neue Fundament, so man damahls von Grund neu aufbauete, und worüber man in die Kirchen gehen müssen, ein, da dann bey 50. Personen, worunter verschiedene nahe vor der Herrschafft hergehende Cavaliers, Pagen und Hof=Bediente des Ertz=Hertzogs, tieff in den Grund hinunter fielen, deren einige getödtet, und viele hart verwundet worden. Welcher Zufall die höchsten Herrschafften leicht mit hätte betreffen können, absonderlich wenn das Gerüste nur einen Augenblick länger gehalten, und der Ertz=Hertzog nicht mehr als einen Schritt vor den einfallenden Gerüste stehen geblieben. Ist also dieses billich vor eine besondere Göttliche Beschirmung der Kayserlichen Familie geachtet, und deßwegen ein Danck=Fest angestellet worden.«

Die Pestsäule ist zweifellos eines der charakteristischesten Werke des Barock in Wien, »deutsche« Arbeit und »italienische« Phantasie ergänzten einander hier zum theatralischen Ereignis. Der um die Mitte des neunzehnten Jahrhunderts geäußerte Wunsch, man möge »diesen Kitsch« doch endlich entfernen, wurde glücklicherweise nicht erfüllt. Die Fülle und der Reichtum der barocken Phantasie werden einem beim Betrachten der Säule augenfällig demonstriert, und man bekommt eine Vorstellung davon, wie die Denkmäler auf Zeit, die Castra doloris und die Triumphbögen, deren es im barokken Wien immer mehrere zu bewundern gab, ausgesehen haben mögen.

DAS
BAROCKE
WIEN

Wien-Impressionen einer Lady

Vom September 1716 bis zum folgenden Jänner beherbergt Wien – mit Unterbrechungen – einen Gast, an den man sich noch Jahrhunderte später erinnern wird. Lady Montague, eine Dame, die sich ohne weitere Großtaten allein dadurch in der Geschichtsschreibung findet, daß sie Reisebriefe an Freundinnen und Briefpartner in London schreibt und dabei so anschaulich über Land, Leute und Sitten ihrer neuen Gegenden tratscht, daß tatsächlich einprägsame und haltbare Bilder entstehen. Ihre Briefe, in immer neuen Auflagen herausgegeben, erzählen wenig von historischen Ereignissen, sehr viel aber, und das auf ungewöhnliche Weise, von wichtigen Persönlichkeiten und von Gewohnheiten, wie sie nur eine weltkluge, neugierige Dame bemerken und als buchenswert notieren kann.

Die Wiener Stadtbibliothek bewahrt die Briefe der Lady in drei sehr alten Ausgaben auf und in einer erst in unserem Jahrhundert erschienenen; in dieser allerdings haben die Benützer die bemerkenswertesten Passagen mit dicken Strichen angezeichnet. Und jeder Leser von Viennensia-Literatur kennt diese Stellen bereits, denn er hat sie in vielen Wien-Büchern gelesen. Er erfährt so einiges über die Technik des Abschreibens und Zitierens. Denn wer immer über das Wien jener Zeit schreibt, der bezieht sich unwillkürlich auf diese dick angestrichenen Stellen in den Montague-Briefen, weil er schon allein dadurch Kolorit schaffen kann.

So kommt diese Frau – die gewiß von reizvollem Äußeren gewesen sein muß, denn kaum in Wien angekommen, bietet sich ihr sofort ein Herr der Gesellschaft als »Cicisbeo« an, wird abgewiesen und will ihr daraufhin einen »Ersatzmann« vermitteln – dank ihrer scharfen Beobachtungsgabe und ihrer spitzen Feder »in die Geschichte« und ist, obgleich ansonsten ohne besondere Verdienste, aus ihr nicht mehr wegzudenken: weil sie einprägsam über Haartrachten, Mode, theatralische Feste und Spielereien in Wiens Gesellschaft berichtet und man wirklich nur sie zu zitieren braucht, um ein lebendiges Bild jener einen Wiener Saison zu vermitteln.

Kostproben? Lady Montague, Frau des englischen Botschafters und mit Empfehlungen an allerhöchste Kreise versehen, kommt Anfang September 1716 in Wien an, und es fällt ihr zuerst einmal auf, wie klein, eng und verwinkelt die Stadt ist. Schon in ihrem ersten Brief heißt es:

»Die Stadt, welche die Ehre genießt, des Kaisers Residenz zu sein, hat den Erwartungen, die ich mir von ihr machte, durchaus nicht entsprochen und blieb weit hinter dem, was ich zu finden glaubte, zurück. Die Straßen sind sehr schmal und so enge, daß man die schönen Fassaden der Paläste nicht gut zu sehen vermag, obwohl viele von ihnen sehr sehenswert sind. Sie sind alle aus weißem Stein erbaut, wahrhaft prachtvoll und von ganz außergewöhnlicher Höhe. Da die Stadt für die Menge Menschen, die in ihr zu leben wünschen, viel zu klein ist, scheinen die Baumeister zu beabsichtigen, diesem Übel dadurch abzuhelfen, daß sie eine Stadt auf die andre türmen, so daß die meisten Häuser fünf, manche sogar sechs Stockwerke haben.«

Und a tempo bemerkt sie, daß sich daher in ein und demselben Haus Staatsminister und Handwerker wohnlich eingerichtet haben, oft nur durch eine Scheidewand voneinander getrennt. Freilich, die Pracht der Gemächer vornehmer Damen merkt sie ebenso wie den Aufwand, der mit Frisuren und Kleidern getrieben wird. Doch notiert sie auch, daß selbst die großen Treppen in den Häusern »so gemein und kothig« sind wie die Straßen, da sie nun einmal von allen Bewohnern gemeinsam benützt werden.

Das Wien der Fresser und starken Esser macht ihr rasch großen Eindruck, sie wird mehr als einmal mit fünfzig Gerichten bewirtet, alle auf Silber aufgetragen, der Nachtisch auf feinstem Porzellan, und

»Von außergewöhnlicher Höhe« seien Wiens Häuser, berichtete Lady Montague und meinte damit solche wie das siebengeschossige Märklein-Haus, auch Hohes Haus genannt, auf dem Tiefen Graben. Wiens Baumeister bauten mangels an Platz in die Höhe. Das Märklein-Haus allerdings entstand erst 15 Jahre nach Lady Montagues Wien-Besuch.

»Der Jungfrau-Narr«, Illustration zu Abraham a Sancta Clara: Ein reine Jungfrau möcht' ich haben/ allein das sind gar rare Gaben/ Ein Blume, die man selten bricht/ Monsieur, ihr meritiert es nicht/ Denn wer zuvor schon viel probieret/ dem wird nichts Reines zugeführet.

»Complimentier-Narr«, Illustration zu Abraham a Sancta Clara: Ich kann mit meinem Compliment/ fast nie gelangen zu dem End/ Ich gratulier' und condolier'/ mit Reverenz, jetzt deprecier/ Wenn ich die ganze Red vollbracht/ der großen Falschheit jeder lacht.

sie hat oft neben ihrem Gedeck eine Weinkarte mit achtzehn angeführten Weinen gefunden.

In ihrem ersten Brief nimmt sie vorweg, was hundertfünfzig Jahre später erst geschieht: »Und wenn der Kaiser es richtig fände zu erlauben, daß die Tore der Stadt niedergelegt und die Vorstädte mit ihr verbunden würden, so hätte er eine der größten und schönstgebauten Städte Europas.«

Nimmt man an, daß ihr dieser Gedanke nicht zugeflogen ist, sondern ihr bei ihren Wiener Gesprächen suggeriert wurde, so darf man erstens staunen, wie fortschrittlich man bereits 1716 dachte, und zweitens anmerken, wie langsam sich in Wien Ideen in die Tat umsetzen lassen. Denn die Basteien fielen erst lange nach dem Biedermeier, nach einer Periode der Reaktion auf die Revolution 1848, und Wien wurde erst im letzten Drittel des neunzehnten Jahrhunderts eine der größten und schönstgebauten Städte Europas.

Wo Lady Montague ohne Konkurrenz in der Beschreibung Wiener Verhältnisse ist, betrifft es das Gebiet der Haartracht. »Ich kann es mir nicht versagen, Ihnen an dieser Stelle die hiesigen Moden ein wenig zu beschreiben, die ungeheuerlich sind und mehr gegen den gesunden Menschenverstand und jegliche Vernunft verstoßen, als Sie es sich vorzustellen vermögen. Sie errichten hier auf ihren Köpfen ganze Gebäude von Gaze, ungefähr eine Elle hoch, die aus drei bis vier Stockwerken bestehen und die sie mit zahllosen Ellen schwerer Bänder stützen. Zur Unterlage dieses Aufbaues dient ein Ding, das sie Bourle nennen, dieses gleicht in Form und Gestalt genau jenen Rollen, welche unsere vorsichtigen Milchmädchen benützen, um ihre Milcheimer darauf zu stellen, nur noch viermal so groß. Diese Maschinerie bedecken sie mit ihrem eigenen Haar, dem sie eine große Menge falschen Haares beimengen, da es als besondere Schönheit gilt, einen so großen Kopf zu haben, daß er in ein mittelgroßes Faß nicht hineingeht. Das Haar wird, um die Mischung zu verbergen, verschwenderisch gepudert und mit drei bis vier Reihen großer Haar-

Vorhergehende Doppelseite: Über die Steinerne Brücke, die spätere Elisabethbrücke, die vor der Einwölbung des Wienflusses die Wiedner Hauptstraße mit der Kärntner Straße verband, und durchs Kärntner Tor hinein in die Stadt bewegte sich der prächtige Wagenzug anläßlich des öffentlichen Einzuges des französischen Botschafters, des Marquis de Mirepoix, am 12. Oktober 1738. Ein anonymer zeitgenössischer Maler hat das Ereignis festgehalten.

nadeln, die mit Diamanten und Perlen, mit roten, grünen und gelben Steinen besetzt sind und zwei bis drei Zoll vom Kopf abstehen, festgehalten. Es erfordert sicherlich ebensoviel Kunst und Übung, den Kopf mit dieser Last aufrecht zu tragen, als am Maifest mit dem Blumengewinde zu tanzen.«
Ihre recht boshaften Bemerkungen spart sie sich überall dort, wo es um Damen des Hofes geht – sie schwärmt für das Erzhaus und zeigt sich glücklich über die Ansprache, derer sie gewürdigt wird. Sehr viel weniger gut kommen bei ihr die Frauen insgesamt und die dazugehörigen Kavaliere weg. Mit viel Heiterkeit beschreibt sie die Wiener Sitte, eine Frau erst um die Vierzig als reife Schönheit anzusehen und einer verheirateten Frau gleichsam als standesgemäß einen ständigen, allgemein anerkannten Liebhaber zu gönnen, der dann auch für ihre Bedürfnisse aufzukommen hat, ihren gesellschaftlichen Rang untermauert und bei allen Gelegenheiten gleichberechtigt neben dem Ehemann auftritt – eine Situation, wie Lady Montague sie nirgendwo auf ihren Reisen vorgefunden hat und hier in Wien als ein Kuriosum ansieht. Diese Wiener Sitte allerdings hält sich – wieder gäbe es hübsche Zitate – bis in das ausgehende neunzehnte Jahrhundert.
Die Erheiterung der Dame wird verständlich, wenn man weiß, daß sie 1716 erst achtzehn Jahre alt ist, in Wien also als hochgeborenes Kind, nicht aber als Frau oder gar als interessante Frau angesehen wird. Und sie weiß sehr wohl, was sie sagt, wenn sie ihrer Freundin nach London schreibt, sie habe hier eine Stadt gefunden, in die sie mit vierzig gern zurückkehren würde, weil sie dann – oder gerade dann – erst den rechten Anreiz für die Wiener Kavaliere darstellen werde.
Ganz nebenbei: Sie stirbt 1762 in London, ohne nach Wien zurückgekehrt zu sein; ihre Briefe erscheinen im Jahr darauf und finden zuerst als Dokument ihrer Eindrücke in der Türkei Beachtung, wo ihr Mann Botschafter gewesen ist. Erst später entdeckt man, daß auch Schilderungen des barokken Wien darunter sind, und von da an wird Lady Mary Wortley Montague in die Reihe derer aufgenommen, die man als Zeugen der großen barocken Vergangenheit Wiens immer wieder gern zitiert. Womit nach all den Zitaten undankbarerweise zu bedenken gegeben wird, daß wir ein Gutteil unserer Zeit- und Milieuschilderung aus den Briefen – einer verwöhnten Gesellschaftsdame beziehen.

Essen und Trinken

Den Feinschmeckern unter den Lesern soll wenigstens ein Kapitelchen gewidmet sein. Wie hat man im barokken Wien gegessen? Was trank man? Und was waren die beliebtesten Gerichte? Alles Fragen, die in einer Zeit, in der man endlich wieder davon spricht, daß es eine Eßkultur gibt, durchaus interessant sind.
Man aß, so man von Adel oder begütert war, ausführlich und mit zeremoniellem Prunk. Bei Hof gab es die Schaumähler, die sich an den ganz Europa in Staunen versetzenden Tafelfreuden Ludwigs XIV. orientierten; in Wien allerdings wandelte man das französische und spanische Zeremoniell insoferne ab, als man sich gern privat und familiär gab und nur bei offiziellen Anlässen den Prunk entfaltete, den man in Paris jeden Tag zeigte.
Bei Hof und an den Miniaturhöfen der Aristokratie war es selbstverständlich, teuer und unter viel Assistenz zu essen – nicht nur die als Bediente gehalte-

»Der Sauff-Narr«, Illustration zu Abraham a Sancta Clara: Wer ja zum Narren werden soll/ der sauf sich täglich wie ich voll/ Der Stärkste Wein erschreckt mich nicht/ er färbt mir nur das Angesicht/ Man sieht mir's an der Nasen an/ daß ich so trefflich trinken kann.

nen Musikanten mußten aufspielen, auch die dem Haus assoziierten »Höflinge« oder Diener hatten als Staffage dazusein. Was Ludwig XIV. bis zum Exzeß betrieb, nämlich sogar das Volk in geziemender Entfernung an seinen Mahlzeiten teilnehmen zu lassen, das war in Wien ganz selten üblich. Daß aber bei Hof die diversen Hofämter auch tatsächlich ausgeübt wurden und auch der Adel sich Mundschenk und Vorkoster hielt, mag man sich ruhig vorstellen.

Gleichzeitig ist zu bedenken, daß selbst die Herrscher unter sanitären Gegebenheiten lebten, die wir heute nicht mehr kennen wollen. Daß also, um bei Tisch zu bleiben, die kunstvoll ziselierten Silberhauben auf den Speiseschüsseln nicht nur deshalb vorhanden waren, um den Braten auf seinem langen Weg von der Küche an die kaiserliche Tafel warm zu halten, sondern auch – dies ein Zitat – »daß aus den Perücken der Diener kein Puder oder anderer Wust in das Essen falle«.

Die Badefreudigkeit des Mittelalters ist im Barock in Vergessenheit geraten, jedermann zeigt eine auffällige Wasserscheu, man verwendet nicht Seife, sondern wohlriechenden Puder, und der Deckel über dem Braten ist also ein notwendiges Utensil. Die Dienerschaft hält sich zudem lange nicht so sauber wie die Herrschaft, ein Blick in die Küchen der Hofburg oder der Favorita wäre nicht gerade erfreulich gewesen für heutige Augen.

Gegessen wird lange und in ausführlicher Weise, dazwischen pflegt man die Kunst der Konversation. Jedes Mahl ist immer auch eine Art Dienst und daher anstrengend.

Dem reichen Bürger, der es sich jedoch nicht mehr leisten konnte, höfische Eßbräuche zu kopieren, war das Essen deshalb nicht weniger wichtig. Immerhin schielte auch er nach den Kochtöpfen des Adels – bereits 1724 erschien in Wien ein »gantz neues und nutzbares Koch-Buch«, das laut Titel »von einer Hoch-Adelichen Persohn zusammengetragen« worden war. Die Sitte, Rezepte für den Bürgerstand zu edieren und sich deren Herkunft aus adeligen Kreisen zu rühmen, hielt sich in Wien bis zum Ende der Monarchie; immer wieder hatten sich die Verfasser berühmter Kochbücher entweder als adelig zu bezeichnen oder zumindest darzulegen, daß sie in adeligen Häusern aufgekocht hätten. Und selbst Franz Joseph machte mit seinen beinahe spartanischen Gerichten Mode und wurde als Vorbild angesehen.

Liest man Rezepte aus der Zeit, so muß man sich vergegenwärtigen, daß etliche Gemüsearten, die wir heute zu den Grundnahrungsmitteln zählen, kaum bekannt oder noch nicht genutzt waren. Die Kartoffel zum Beispiel war erst von 1750 an allgemein als Nahrungsmittel in Verwendung, vorher galt sie entweder als giftig oder als Zierpflanze, war jedenfalls nicht, was sie heute ist. Andererseits war – in einer nicht verschmutzten Umwelt – das Angebot an Fleisch und vor allem an billigen Fischsorten reicher, als wir uns das vorstellen können. Ein richtiges Volksnahrungsmittel waren zum Beispiel die Krebse, die billig waren wie heute die Kartoffeln; aber auch Hechte und Forellen, die in reicher Auswahl angeboten wurden, konnte sich jedermann leisten.

Ein einfaches Register eines Kochbuches vom Beginn des 18. Jahrhunderts nennt als Grundnahrungsmittel Brotgetreide, Fische, Krebse, Fleisch und Eier. Daß die Mehlspeisen sehr süß und nahrhaft gewesen sein müssen, beweisen die Rezepte. Ein Gugelhupf-Rezept gibt, was Köchinnen allerdings in Rage versetzten kann, als Zutaten 20 Eidotter, ein halbes Pfund Butter, ein halbes Seitel Obers und 3 Löffel Germ auf 3 Vierting Mehl an.

Ein Wiener Menü aus der Zeit vor der Einführung der Kartoffel sei hier vollständig angeführt.

Man begann mit einer »Erbsen-Suppen«:

»Siede die Erbsen mit Persil (Petersil) und gerösten Brod-Rinden, treibe es durch, brenne es mit Zwiffel-Einbrenn ein, daß es die rechte Dicke bekommt, säure es mit Wein oder Essig, gewürzt und auf gebähtes Brod angericht.«

Dann gab es einen »Lämmernen Haasen«:

»Schneid einem Lämpel den Leib mit den vordern Füssen hinweg, spick ihn mit kleinen Speck/brate ihn/und mach ein Sardellen-Suppen darunter.«

Die Sardellen-Suppen aber bereitete man wie folgt:

»Nimb Sardellen/so vil du meinst/wasch wohl auß/und thue den Ruckgrad darvon/laß einen frischen süssen Butter bey gleichen 2 Ayr (Eiern) groß

Vorhergehende Doppelseite: Paul Troger malte 1738 im Marmorsaal des Stiftes Geras das Deckenfresko »Wunderbare Brotvermehrung«. In Wien wohnte der große Barockmaler zwar, doch wirkte er zumeist in den niederösterreichischen Stiften. Für den Hof arbeitete er in Schönbrunn (Kapelle) und in der Hofburg in Innsbruck.

Dem Theatralingenieur Burnacini verdanken wir zahlreiche Genrezeichnungen, die uns wertvollen Aufschluß über das Leben in jener Zeit geben. Hier hat er eine bäuerliche Hochzeitstafel mit seinem Stift festgehalten.

warm werden / leg die ausgewaschenen Sardellen darein / laß ein wenig sieden / nimb von einen frischen Lemoni den Safft / ein wenig Pfeffer / Muscatblühe / wann alles unter einander gesotten hat / so treibs durch ein Sib / daß die kleinen Kräten davon kommen / gieß die Suppen auff das Gebrattene / es sey, was es will.«

Als dritten Gang nennt das Wiener Menü einen gekochten »Hirschen-Zemmer«, das ist das Rückenstück mit der ganzen Lende. Dazu wurde eine süße Brühe aus Wein, Zimt, Lebzelten, Zucker und Muskat gegeben.

Danach empfahl man eine Mehlspeise, ein »Kästen-Koch«, Kastanien mit Butter, Eiern, gestoßenen Mandeln, gesiebtem Zucker, Zitronenschalen in einer Form langsam gebacken.

Abschließend verordnete die Speisenfolge einen Hecht in polnischer Suppe, die ebenfalls wert ist, beschrieben zu werden: Gute Erbsenbrühe, Wein, Essig, Zwiebeleinbrenn, gewaschene Zibeben, langgeschnittene Mandeln, Zitronenschale, Zucker. In dieser Suppe wurde der Hecht als eine Art Nachspeise serviert.

Man sollte sich, natürlich, auch noch mit den Essensgewohnheiten und den Speisen der untersten Schicht in Wien befassen – ein Bild ist unscharf, wenn es nur die hübsche Oberfläche zeigt.

Nun, nach den Berichten aßen auch die Handwerker gut und viel, nach unseren Maßstäben sogar sehr viel. Und wo man hinsieht, ist vom Wein und vom Bier die Rede – es wurde viel und heftig getrunken, die Biererzeugung muß längst ein einträgliches Geschäft gewesen sein, sonst wäre sie nicht mit einer Steuer belegt worden. Und Wein wuchs rings um Wien, so viel, daß man ihn an besonderen Festtagen wirklich aus den Brunnen fließen ließ und keinesfalls nur symbolisch, wie man heute vielleicht denken möchte.

Wer deftige Bemerkungen über die Freßlust der Wiener lesen will, der sei an Abraham a Sancta Clara verwiesen; und wer meint, es handle sich dabei um Übertreibungen, der irrt. Kulinarisch gesehen, war Wien eine glückliche und gesunde Stadt, die in einem gesegneten Land lag und auch von ihren Feinden nahm, was die an orientalischen Gewürzen anzubieten hatten. Die Reichen wußten sich ihre Speisen mit viel Mühe zu verzieren und mit kandierten Blüten zu bestecken; die Armen nahmen mit dem Fleisch allein vorlieb.

»Wirthschaften«

Wenn man sich heute verkleidet und im Fasching auf Maskenbällen in exotischer Aufmachung erscheint, es besonders spaßig findet, in Bauerntracht oder nur mit Lumpen bekleidet aufzutreten, dann denkt man wohl kaum daran, daß man damit einer uralten Tradition Folge leistet, die in der Barockzeit noch viel lebendiger war und mehr gepflegt wurde als heute.

Die Freude am Theatralischen ebenso wie an der Kostümierung zeigte sich vor allem bei den großen »Wirthschaften«, die keineswegs nur am Wiener Hof, sondern in ganz Europa abgehalten wurden, deren sehr genaue Beschreibungen aber auch aus Wien erhalten sind.

Eine »Wirthschaft« bildete oft die Krönung des Faschings und war ein Maskenfest, bei dem nach genau vorgeschriebener Ordnung die Häupter aller Adelsfamilien erschienen und das Kaiserpaar selbst als Wirt und Wirtin mit an der Tafel saß. Es wurde Wert auf bäuerliche Kleidung gelegt – freilich der vornehmsten Art – und darauf, daß das Fest abliefe, als handle es sich um eine Bauernhochzeit. Weshalb diese Feste sehr oft »Bauernhochzeit« betitelt waren und die Gäste eben als »Hochzeitsgäste« in Erscheinung traten.

Das Gästeverzeichnis, stets im »Wiener Diarium« abgedruckt, nannte die auftretenden Typen und die Namen derer, die sich ihrer darstellerisch annahmen: Zum Hochzeitspaar, das keineswegs vom Kaiser und dessen Gemahlin, sondern von einem besonders ausgewählten adeligen Paar dargestellt wurde, gesellten sich »Nachtwächter, Hausknecht, Spielmann, Koch, Schulmann, Caplan, Dorfjud, Herrschaftspfleger« und jeweils Trachtenpaare aller

Vorhergehende Doppelseite: Klosterneuburg, wie es Anfang des 17. Jahrhunderts aussah. Gemalt hat das Bild Josef Orient (eigentlich Urindt), der Vizedirektor der Akademie war und 1747 74jährig in Wien starb. Nach allgemein üblicher Sitte ließ er seine Landschaften von anderen Malern mit Figuren staffieren. Seine diesbezüglichen Mitarbeiter waren Franz de Paula Ferg und Franz Christoph Janneck.

Nationalitäten. Eine Sitzordnung zum Beispiel nennt nicht nur Ungarn, Franzosen oder Polacken, sondern auch »alte Römer«, »Persianer«, »Chineser« und »Egypter«. Dazu kamen Jäger, ein Pilgram, ein Soldat und auch noch ein »Sclav«. Wobei jeder Typ die ihm angemessene Begleiterin zugeteilt bekam und man offenbar, in genauer Einhaltung der Regeln – und ein wenig auch zum Gaudium der Teilnehmer –, die Ehepaare trennte und junge Leute, die man als mögliche Ehepaare ansah, zu Pärchen erklärte. Auf einer erhaltenen Sitzordnung finden sich so gut wie alle berühmten Adelsnamen der Zeit unter den »Darstellern«, und die lange Liste der Teilnehmer gibt zugleich eine Vorstellung davon, was sich der Hof dergleichen Feste kosten ließ.

Im Juni 1698 war der russische Zar inkognito nach Wien gekommen. Er wurde vom Kaiser »Am Tabor« empfangen, und Tag für Tag wurde ihm ein Fest gegeben, darunter auch »eine kostbare Wirthschaft, dergleichen wohl niemalen gesehen worden, so in Verkleidung allerhand Nationen, und folgenden Fürsten, Fürstinnen, Grafen, Gräfinnen, Cavaliers und Damen bestanden, welche ihre Stellungen durch Glückswurff überkommen« – das heißt also, daß ausgewürfelt worden war, wer bei diesem Fest wen darzustellen hatte.

Der hohe russische Gast erwürfelte sich einen »Frießländischen Bauern« und ein Fräulein Johanna von Thurn zur Begleiterin. Zu seiner Linken saßen an der Tafel: als englischer Bauer der Graf von Thurn, als schwäbische Bauern der Graf von Windisch-Graetz mit der Gräfin Feld-Marschallin

Starhemberg, zu seiner Rechten ein Paar hannoveranischer Bauern, dargestellt vom Grafen Carl von Wallenstein und dem Fräulein Josefa von Wallenstein. Dazwischen – in unmittelbarer Nähe der kaiserlichen Wirte – hatte das Los ein Marktschreier-Pärchen gesetzt; ein Graf von Rappach und ein Fräulein von Mollard stellten es dar.
Zum Gaudium der Gäste waren an den anderen Tischen auch Herren solo zugelassen. Sie mußten »Diener, so kein Frauenzimmer bey sich gehabt« darstellen oder, was allgemein mit Jubel und Heiterkeit begrüßt wurde, als Figuren der Wiener Volkskomödie auftreten: »Rauchfängkehrer und Thorwärter, dargestellt von den Grafen von Martinitz und von Leslie«.
Der Phantasiereichtum der Speisenfolge, der Tafelmusik, der Tänze, die man gemeinsam absolvierte, ist heute von Beschreibungen und Bildern abzulesen. Als hätte es an der Wende zum 18. Jahrhundert weder Sorgen noch Kriege, weder Pestilenz noch andere Krankheit gegeben, vergnügte man sich und gab sich zudem noch äußerst leutselig. Denn daß die Majestäten sich in volkstümliche Tracht kleideten, war keine Herablassung, war kein Spaß, der dem Volk als greuliche Verspottung erscheinen mußte. Es sollte vielmehr daran erinnern, daß auch der Kaiser ein Hausvater und ein Familienvater war, sollte den Sinn des patriarchalischen Systems verdeutlichen, die Sorge, die auf dem Herrscher ganz zuletzt lastete, die Sorge für die Stadt, für alle Untertanen. Fürwahr, sie alle waren in Gottes, dann aber auch gleich in ihres Fürsten Hand. Und sollten sich da auch geborgen fühlen.

Die österreichische Theatersammlung bewahrt diese Figurinen des Hoftheatralikers Burnacini auf, die er für den Gebrauch auf der Bühne entwarf. Der unten abgebildete »Kayser als Wirt« jedoch dürfte sich auf eine der »Wirthschaften« beziehen, bei denen der Kaiser und die Kaiserin als Wirt und Wirtin die Gäste zu empfangen hatten.

Das Schlos Herrnals.
A. Das schlos Herrnals
B. Der sall Darin man Bredigt
C. Die Kirch zue S. Bartolme
D. das Pfarr und schuel haus
E. der bach als da von das schlos den namen hat.
F. der hoffstadl
G. der ober steg
H. der under steg
I. der Peter brunnen
K. der weg Nah S. Ulrich
L. die wiener stras
M. der weg in Nessl bach
N. Kalenberg
O. Siechenals
P. wäring
Q. Türcken schanz
R. dornbach
S. Ottacring
T. St. Lambrecht
V. Herrnalsischer Gottsack

Häuser und ihre Besitzer

Wien vor der letzten Türkenbelagerung unterschied sich in seiner flächenmäßigen Ausdehnung vom mittelalterlichen Wien kaum, war sonst aber stark verändert. Wie sehr sich die ständige Anwesenheit des Kaisers auf das Gesicht der Stadt auswirkte, zeigt sich allein schon daran. In Parenthese muß man allerdings sagen: eines Kaisers, der zwar als besonders musisch galt, sich jedoch der Baukunst nicht verschrieben hatte und im Gegensatz zu vielen anderen Herrschern kein Interesse zeigte, seine Residenzstadt von Grund auf neu zu bauen.

Das unterscheidet nämlich den »Musiker« Leopold vom »Architekten« Franz Joseph, seinem späten Nachfahren: Während das barocke Wien ganz von selbst und nach den Bedürfnissen der Zeit sich entwickelte, wobei der Kaiser dabei keineswegs regelnd eingriff, entwarf zwei Jahrhunderte später der Kaiser, ebenfalls nach den Bedürfnissen der Zeit, doch auch nach seinen eigenen Vorstellungen, ein neues Wien.

Das barocke Wien verändert also innerhalb der Stadtmauern, die bis 1683 dicht bleiben, sein Gesicht rasch und gründlich. Die Bürger wissen, daß die ständig wachsende Hofhaltung in der Hofburg immer mehr Hofbeamte und Staatsdiener erforderlich macht, die alle als potentielle Mieter gelten dürfen, und richten sich danach. Die geistlichen Orden ziehen ebenfalls die Konsequenz, indem sie ihren Besitz innerhalb der Stadtmauern beinahe zur Gänze als Mietobjekte nutzen und ihre sonstigen Interessen hinaus in die Umgebung der Stadt verlegen. Die Adeligen selbst begreifen es und reagieren, indem sie sich mit Wohnungen von feudalem Zuschnitt, wenn auch in unmittelbarer Nachbarschaft von Bürgern und Handwerkern, begnügen und anderswo im Reich ihre Sommersitze bauen.

In Matthäus Merians »Topographia Provinciarum Austriacarum«, die 1649 erschien, befindet sich auch diese Ansicht des Vorortes Hernals, die erste übrigens, die wir von einem Wiener Vorort besitzen. Das Schloß Hernals, das dem protestantischen Freiherrn von Jörger gehörte, stand an der Stelle des späteren Hernalser Kalvarienbergs.

Eine sehr genaue wissenschaftliche Untersuchung gibt an, wie sehr sich die Wohnstruktur Wiens innerhalb eines Jahrhunderts bis 1664 änderte. »Die Veränderung der Hausbesitzstrukturen« ist die Tabelle überschrieben, die uns nachweist, daß einzig der Kaiser selbst in hundert Jahren nicht erweiterte – ihm gehörten 1566 zwei Gebäude, und diese beiden waren auch hundert Jahre später in seinem Besitz. Der gesamte andere Hausbesitz in Wien war einer ebenso tiefgreifenden wie interessanten Wandlung unterworfen.

Die Stadt selbst gewann zwei Häuser hinzu, die Universität verlor zugunsten der geistlichen Besitzungen viel. Die Zahl der adeligen Hausbesitzer – die sich im Lauf der Jahre die Häuser kauften, in denen sie vorerst nur Mieter gewesen waren – verdoppelte sich. Die Beamten des Hofes und Landes standen ihnen in nichts nach und erhöhten ihren Hausbesitz von 88 auf 185 Häuser. Das städtische Bürgertum dagegen verlor an Anteilen, und zwar gründlich: 921 Häuser waren laut Statistik des Jahres 1566 in seinem Besitz gewesen, nur noch 633 waren es hundert Jahre später.

Man muß anmerken, daß es sich dabei um kleine, oft sogar sehr kleine Häuser handelte, anderseits der weiträumige Heiligenkreuzerhof – im Besitz der Geistlichkeit – als ein einziges Objekt zählte. Daß also Zahlen nichts gelten. Trotzdem ist eindeutig, daß die bürgerlichen Bewohner Wiens, zu denen auch die Handwerker zu zählen sind, ihren Besitz an den Adel und die Hofbeamten abgaben.

Die Statistik erfordert also eine entsprechende Interpretation: Vor allem die Klöster erweiterten ihren Besitzstand auf Kosten des Bürgertums, breiteten sich aus, legten aber gleichzeitig Häuser zusammen, so daß es den Anschein hat, als wären viele Bürgerhäuser verschwunden und nicht in fremden Besitz übergegangen.

Ebenso interessant ist es, sich eine Statistik anzusehen, die nur die Veränderungen innerhalb des bürgerlichen Hausbesitzes angibt. Die Zahlen sind immer die von 1664:

Ärzte, Bader, Barbiere und Apotheker hielten sich in Wien gut, sie besaßen 45 Häuser und waren ein Berufsstand, der gleichmäßig beschäftigt blieb. Besonders aufstrebend war der Stand der Kaufleute, der sich verdoppelte, während sich der der einfachen Krämer auf ein Drittel reduzierte. Total verschwunden waren die vordem in Wien ansässig gewesenen Futterhändler, gut dagegen hielten sich die Eisenhändler. Insgesamt waren noch 87 Häuser im Besitz des Handels.

Unter den Wirten und Branntweinern waren 30 so wohlhabend, daß sie im eigenen Haus lebten; von den Köchen erfreuten sich immerhin noch 12 des Hausbesitzes. Schuster, Schneider und Hutmacher hielten sich, Sattler, Schmiede und Goldschmiede blieben relativ wohlhabend, einen Aufschwung nahmen die Baumeister, die an der baulichen Veränderung der Stadt natürlich hübsch verdienten. Buchbinder und Buchdrucker, Maler und Glaser kamen, in Grenzen, ebenfalls zu Hausbesitz. Alle Vertreter des holzverarbeitenden Gewerbes wanderten hingegen in die Vorstädte ab.

Das barocke Wien, das wir meinen, wenn wir heute davon reden, ist zweifellos erst nach 1683 entstanden und in seinen schönsten Zeugnissen vor allem dort erhalten, wo damals die von den Türken verwüsteten Vorstädte lagen. Einige Beispiele aus dem barocken Wien aus der Zeit vor dem letzten Türkensturm gibt es aber noch – wenn auch nur in der Innenstadt. Etwa den Heiligenkreuzerhof, der damals schon als großzügig angelegter Stiftshof zum Quartier adeliger oder beamteter Diener des Kaisers bestimmt war. In den Höfen waren die Wagen der Mieter untergebracht und keineswegs das Vieh, Wendeltreppen führten zu den Wohnungen, die auch nach unseren Begriffen recht groß waren.

Die meisten Häuser der Innenstadt sind entweder 1683 oder in den Jahren danach verschwunden. Daß sie zum Teil schon ziemlich hoch gebaut waren, weiß man immerhin. Fünf Stockwerke waren zulässig; die Bauordnung und die Tatsache, daß man durch Befreiung von Abgaben den Anreiz zu Umbau oder Neubau schuf, ließ viele Wiener Hausbesitzer aufstocken. Wer aber sucht, der findet

Der Heiligenkreuzerhof um 1720, wie er seit seiner frühbarocken Umgestaltung (1659–1676) aussah, gezeichnet von Salomon Kleiner. Im Hintergrund das Tor zur Schönlaterngasse. Rechts die Bernhardskapelle, die, neu erbaut, 1662 eingeweiht wurde. Die heutige Kapelle erhielt ihre Form 1730. Jenseits des Häusertraktes zur Schönlaterngasse erheben sich Schiff und Türme der Jesuitenkirche.

b.
a

– zum Beispiel am Petersplatz, gleich beim Graben – erhaltene und sogar renovierte barocke Bürgerhäuser.

Als 1730 die Stadt 130.000 Einwohner zählte, wird allein die Zahl des Hofpersonals mit 2.050 Personen angegeben, die allerdings mit ihren Familien etwa 10.000 ausmachten. Sie lebten ausschließlich vom Hof und gaben anderen, bei denen sie eingemietet waren, einkauften, arbeiten ließen, ebenfalls das Gefühl, von der Gnade und dem Geldsäckel des Hofes abhängig zu sein.

Diese Entwicklung, deren Endpunkt damit schon angedeutet ist, begann allerspätestens unter Leopold I. dank der Baupolitik, die der Hofquartiermeister Graf Starhemberg verfolgte, der jeden Umbau, jeden Neubau lebhaft begrüßte und unterstützte und der einmal drastisch erklärte, ihm sei es lieber, wenn die »Wanzenkobeln« der Wiener nicht nur neue Fassaden bekämen, sondern von Grund auf neu gebaut würden.

Wir müssen uns also unter dem barocken Wien der Frühphase eine noch mittelalterliche Stadt vorstellen, eine sehr enge Stadt, die mit ihren »Basteihäusern« bis unmittelbar an die Mauern reichte und größere Plätze nirgendwo zuließ. Sie war eine Festungsstadt, das »Bollwerk der Christenheit« gegen die Türken. Ihre Bewohner wußten das und hatten zudem weder die Lust noch die Mittel, jene Bauwut zu entfalten, die dann nach 1683 ausbrach.

Und der Kaiser, der musizierte und Feste feierte, mußte alle seine sonstigen Geldmittel in die Kriegszüge stecken und dachte nicht daran, der Residenzstadt zusätzlichen Glanz zu verleihen – wie sich diese seiner Anwesenheit und Hofhaltung wegen veränderte, das überließ er ihr. Die Wiener, die vom Kaiser abhängig waren, durften mit dessen Unterstützung kaum rechnen. Als er nach dem Sieg über die Türken wieder in die schwergeprüfte Stadt einzog, hatte er für die Bewohner nur Ermahnungen und Titel bereit, Entschädigungen ließ er keine auszahlen.

Ein besonders schönes Barockwohnhaus war das Schönbrunnerhaus in den Tuchlauben 8. Rechts Blick in die Tuchlauben Richtung Graben. Der Bau wurde erst 1899 demoliert. Salomon Kleiners Zeichnung zeigt das Haus um das Jahr 1733.

Allerlei Volk

in Ratgeber in allen Lebenslagen, 1715 in drei großformatigen Bänden erschienen, vermittelt interessante Einblicke in Leben und Lebensumstände in Wien am Beginn des 18. Jahrhunderts. Daß der Ratgeber nicht für die unteren Schichten gedacht war, von denen niemand annahm, daß sie Rat in einem Buch suchen würden, ist selbstverständlich. Vielmehr handelte es sich um ein Kompendium alles Wissenswerten für den bereits vorhandenen, nicht unbegüterten Mittelstand.

Der Ratsuchende erfuhr hier alles über die Umgangsformen, die Verteilung der Gewichte in der Ehe, den Stand der Medizin oder auch der Gartenbaukunst, über die Pflichten eines »Haus-Vatters« und anderes mehr. Er las zudem von der wohlbegründeten Ordnung, die auf Erden herrscht, vom Besitztum und wie man's erhält und mehrt, von Kauf, Einantwortung, Einstandrecht, und das alles deutet darauf hin, daß Grund und Boden über allem anderen standen. Und erst auf dem Umweg über das Eigentum kommt der Autor auch auf die Menschen zu sprechen, die bewohnen, bebauen, bearbeiten.

Der Autor dieser »Georgica Curiosa Aucta« wendet sich in seiner »Zuschrifft« vornehmlich an die Stände im Erzherzogtum Österreich, läßt in vielen Zusätzen durchblicken, daß er Patriot ist und sein Publikum nach seinem Wunsche ein österreichisches.

Eine kleine Kapitelfolge ist einem Bündel von Menschengruppen gewidmet, die man heute wohl als Minderheiten und Unterprivilegierte bezeichnen würde und die der Autor gleich in einem zu behandeln wünscht. »Von den Juden«, »Von den Widertäuffern«, »Von den Zigeunern«, »Von den Bettlern und Gart-Brüdern« heißt es da, und einige Zitate daraus machen deutlich, welche Einstellung man sozusagen offiziell gegenüber diesen Menschen zu haben hatte:

»Ob die Juden zu gedulten / oder / als Gotteslästerer und Feinde des Herrn Christi / gäntzlich abzuschaffen / wird von vielen in Zweiffel gezogen. Der Nutz aber und Vortheil / den die Obrigkeiten von ihnen geniessen / macht / daß man an vielen Orten ihnen Unterhalt gönnet / und sie gar mit gewissen Privilegien versiehet / und dann vor diesem / an etlichen Orten in Oesterreich / und noch in Böhmen / Mäh-

Oben: Leben und Treiben auf dem alten Roßmarkt, heute Stock im Eisen-Platz, um 1733. In der Bildmitte zweigt die Kärntner Straße rechts ab, links geht es zum Stephansplatz. Die Häuserzeile ist »modern« für damals, nämlich barock.

Rechts: Bettler. Der Holzschnitt von Ludwig Businich überlieferte späteren Generationen, was für die Wiener damals ein gewohntes Bild war. Die Bettlerplage war groß; rasch kam man ins Elend und in den Schuldturm.

ren / Polen / Schlesien / auch zu Frankfurt am Mayn / und etlichen anderen Reichs-Städten und Orten zu sehen ist / weil eine Herrschaft an einem Ort / wo man kaum zwantzig Christen-Familien bewohnet machen kan / hundert jüdische kan erhalten / die ihnen mehr Steuern / als 200 Christliche Untersassen zu thun pflegen / zu dem / wann etliche unter ihnen verarmen / daß sie keine Steuer geben können / müssen die reichen Juden solche (dem Reichs-Abschied nach) für sie herschiessen.«

Kein freundliches Wort folgt, jedoch alle Vorwürfe, die bis in unser Jahrhundert gegen die Juden vorgebracht worden sind. Der Grundsatz jedoch, daß sie nützlich seien, darf versöhnlich stimmen; auf Geld und Gut versessene Hausväter ließen den Juden

Links: »Der Sänftenträger« als Illustration in einer Schrift des Abraham a Sancta Clara. Kein rauher Stein dürfe ihm zuwider sein, heißt es im Legendentext.

Rechts: Das Selbstbildnis mit Frau und Sohn ist das Hauptwerk des in Wien von 1709 bis 1726 tätigen Jan Kupetzky. Er war einer der bevorzugten Porträtisten des Hofes und der Aristokratie. Das Bild entstand um 1718, und ein Freund des Malers äußerte sich darüber, es sei schwer für einen Maler, zu sagen, ob er Rembrandt oder Van Dyck darin mehr bewundern müsse.

wenigstens Gelegenheit zum Entrichten von Steuern.

Die Wiedertäufer, als Sekte mit äußerstem Mißtrauen angesehen, werden in ähnlicher Weise behandelt. Ihren Glauben nennt man einen »einfältigen Aberglauben«, sie selber »verstockte Gesindlein«. Ihr Fleiß aber und ihre Ordnungsliebe werden bewundert. Es gibt nicht viele von ihnen in Österreich, und sie gelten als gute Steuerzahler. Der christliche Hausvater darf sich damit trösten, daß sie, weil sie die Landesgesetze befolgen, wie Christen leben, was immer auch ihr Glaube ihnen sonst noch vorschreiben mag.

Ganz anders sieht man 1717 die Zigeuner, an denen man kein gutes Haar läßt. Sie fallen seuchenartig in Gebiete ein, stehlen Vieh, wissen mit dem Feuer umzugehen, haben eine eigene Sprache, werden mit »Türckischen Kundschafftern« verglichen und müssen daher vertrieben werden. »Also sind diese Leute/wo sie (wie sie unverschämt pflegen) in eine Gegend einbrechen wollen/mit Hülffe der Lands-Fürstlichen Obrigkeit/Beystand und Zusammenhaltung der Nachbarschafft/zu verjagen/und sich vor ihnen/als Dieben und Zauberern/auf das beste zu hüten.«

Bettler schließlich, deren es damals im Überfluß gibt, die von einer Stadt zur anderen getrieben werden, für die niemand die Verantwortung übernehmen will, werden in dem Buch ebenfalls nicht geschätzt. Denn auch sie fallen in Gegenden ein, gelten als eine Landplage. »Wider solche dienet die Zucht-Häuser/darinnen man dieser losen Vögel Kranckheit und erdichte Schäden trefflich kurieren kan.« Zum besseren Verständnis: Zucht-Häuser waren damals keine Haftanstalten in unserem Sinn, sondern Orte, wo gearbeitet werden mußte, wo man »Zucht« quasi erlernen mußte.

Wiens Stadtbild war, Berichten und Statistiken zufolge, geprägt von Bettlern. Allein angesichts der bestehenden Einrichtungen, die es gab, um diese Leute entweder in ihre Heimatgemeinden abzuschieben oder in Spitälern unterzubringen, um sie zu speisen oder sie mit einem Abzeichen zu versehen, das ihnen erlaubte, ihrem Beruf, der Bettelei, nachzugehen, muß man diesen Eindruck gewinnen.

Sogleich aber ist zu unterscheiden, was in unseren Augen heute ein Bettler ist und was alles um 1700 einer war. Da waren vor allem alle jene Familien, die beim Türkensturm ihre Habe verloren und in den Jahren des Aufschwungs nach 1683 es nicht verstanden hatten, mit den anderen mitzuhalten. Sie waren ohne Land, ohne Beschäftigung, zogen umher, waren meist in der Nähe eines Klosters anzutreffen, wo sie auf Speise hoffen durften, oder gerieten in Gefahr, in ein Zucht-Haus eingewiesen zu werden. Die Zucht-Häuser und die Spitäler, welch letztere nur nebstbei auch Krankenhäuser im heutigen Sinn waren, dienten in erster Linie als Obdach für Verarmte und Mittellose. Sie waren ohne gesicherte finanzielle Basis, ehe ihnen anstelle frommer Stiftungen gewisse Einnahmen aus Steuern zuflossen.

Die Stadt, nur für die Bewohner innerhalb der Mauern zuständig, jedoch auch von den Bettlern aus den Vorstädten heimgesucht, mußte den Grundherrschaften der Vorstädte die Pflicht auferlegen, Spitäler zu errichten oder einzurichten, und

hatte danach um so mehr für die große Zahl derer zu sorgen, die gewiß nicht der Geburtsurkunde nach Wiener waren, aber anderswo nicht unterzubringen waren. Nachfragen in den mutmaßlichen Heimatgemeinden ergaben selten zufriedenstellende Antwort, denn jede Gemeinde wußte, daß sie sich des Gemeindekindes, zu dem sie sich bekannte, auch annehmen mußte.

Also stand an der Spitze derer, die sich regelmäßig der Armen annahmen, der Kaiser selbst, der aus der Hofalmosenkasse Beträge anweisen ließ. Doch finden sich in den Aufstellungen über die finanziellen Hilfsquellen der Armenhäuser bald auch Beträge aus regelmäßig veranstalteten Sammlungen der reichen Bürger Wiens oder der Vorstädte, der Inhalt der Sammelbüchsen, die an hohen Feiertagen in den Kirchen aufgestellt wurden, und schließlich auch die »Bewilligung von Aufschlägen« bei verschiedenen Konsumartikeln, eine Art Luxussteuer, die schon zu Beginn des 18. Jahrhunderts eingehoben wurde.

Bereits ab 1671 erhielt das Zucht-Haus einen Groschen »von dem Gelde, welches denen Komödianten, Glückshafnern und anderen dergleichen Leute und für ihre Quote zu nehmen gestattet wird, von den öffentlichen Spiel- und Kegelplätzen ein Fünftheil des Bestandes, von jedem ausländischen Kartenspiel ein Groschen, von jedem inländischen Kartenspiel ein Kreuzer und von einem Pfund Tabak ein Groschen«.

Von 1694 an erhält das Großarmenhaus in der Alser Straße den »Bier-Aufschlag« in den Vorstädten,

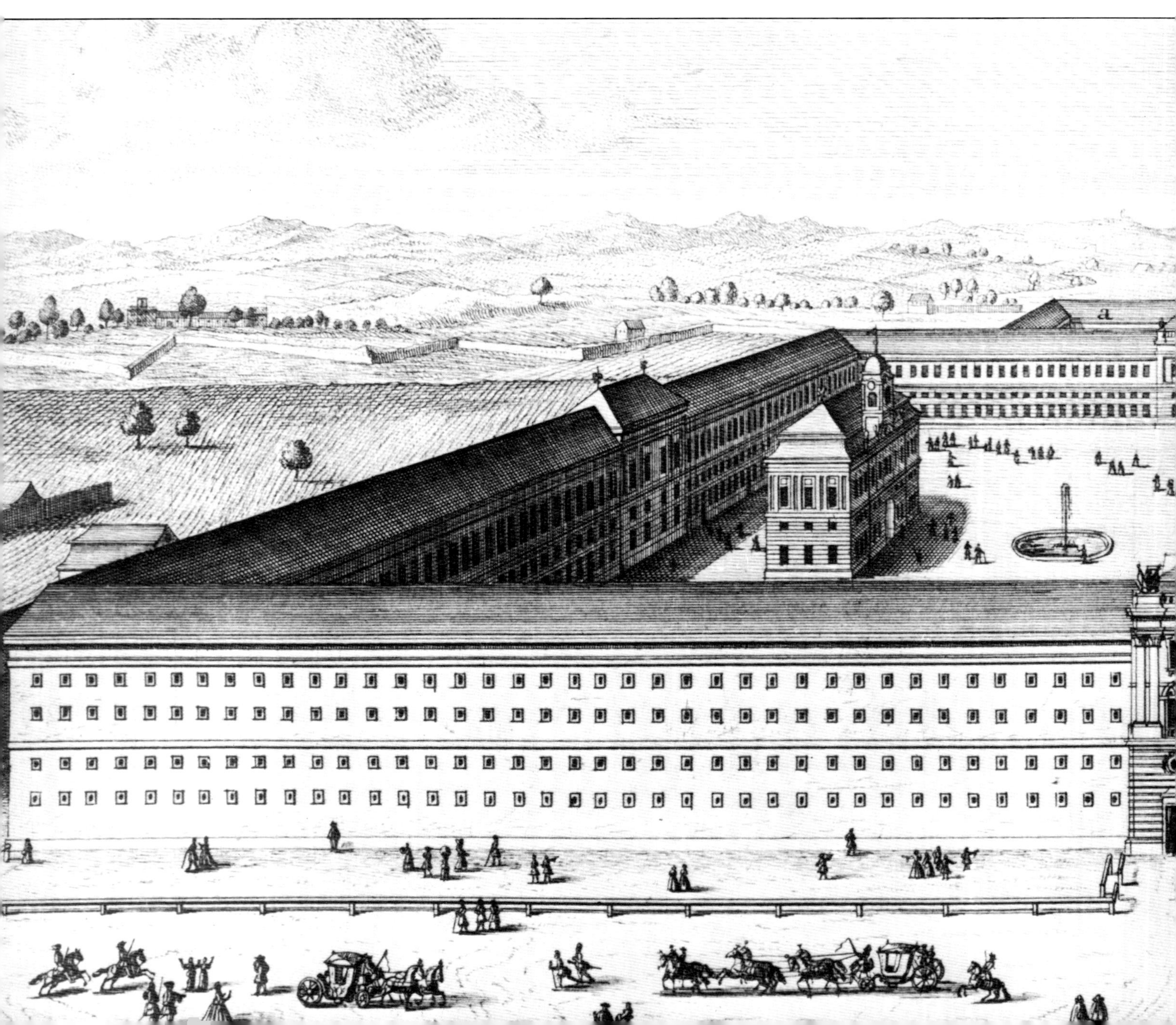

also eine Art Getränkesteuer. Ab 1697 wird zugunsten des Großarmenhauses eine Steuer auf die städtischen Lohnwagen eingehoben; ein Jahr später gibt es eine Steuer auf Bau- und Brennholz, und 1703 muß der kaiserliche Kammerdiener Rauchmüller, der ein Privileg auf Lohnsessel hat, also ein Großunternehmer in Sänften ist, eine Steuer an dieses Haus abführen.

Nebenbei: Verliehene Privilegien sind, sofern sie vom Kaiser kommen, der Stadt nicht gerade angenehm, werden sie doch ganz nach dem Gutdünken des Herrschers verliehen und verursachen Unordnung im Wirtschaftsgefüge der Stadt – die bürgerlichen Kaffeesieder kämpfen dann gegen die Armenier, die der Kaiser mit einer Hoffreiheit für den Kaffeeausschank belohnt hat, und finden kein Mittel gegen sie; und einer, der beinahe ein Monopol auf gemietete Tragsessel hat, ist selbstverständlich ein Kammerdiener des Kaisers, der es sich in einer günstigen Stunde »gerichtet« hat – wie zwei Jahrhunderte später Karl Kraus über einen solchen Fall geschrieben hätte.

Vorbildlich für Europa muß der Komplex des Großarmenhauses – das ursprüngliche Soldatenspital, vergrößert um die Thavonatsche Armenhausstiftung – in der Alser Straße gewesen sein. Das Mittelrisalit hat Johann Bernhard Fischer von Erlach entworfen.

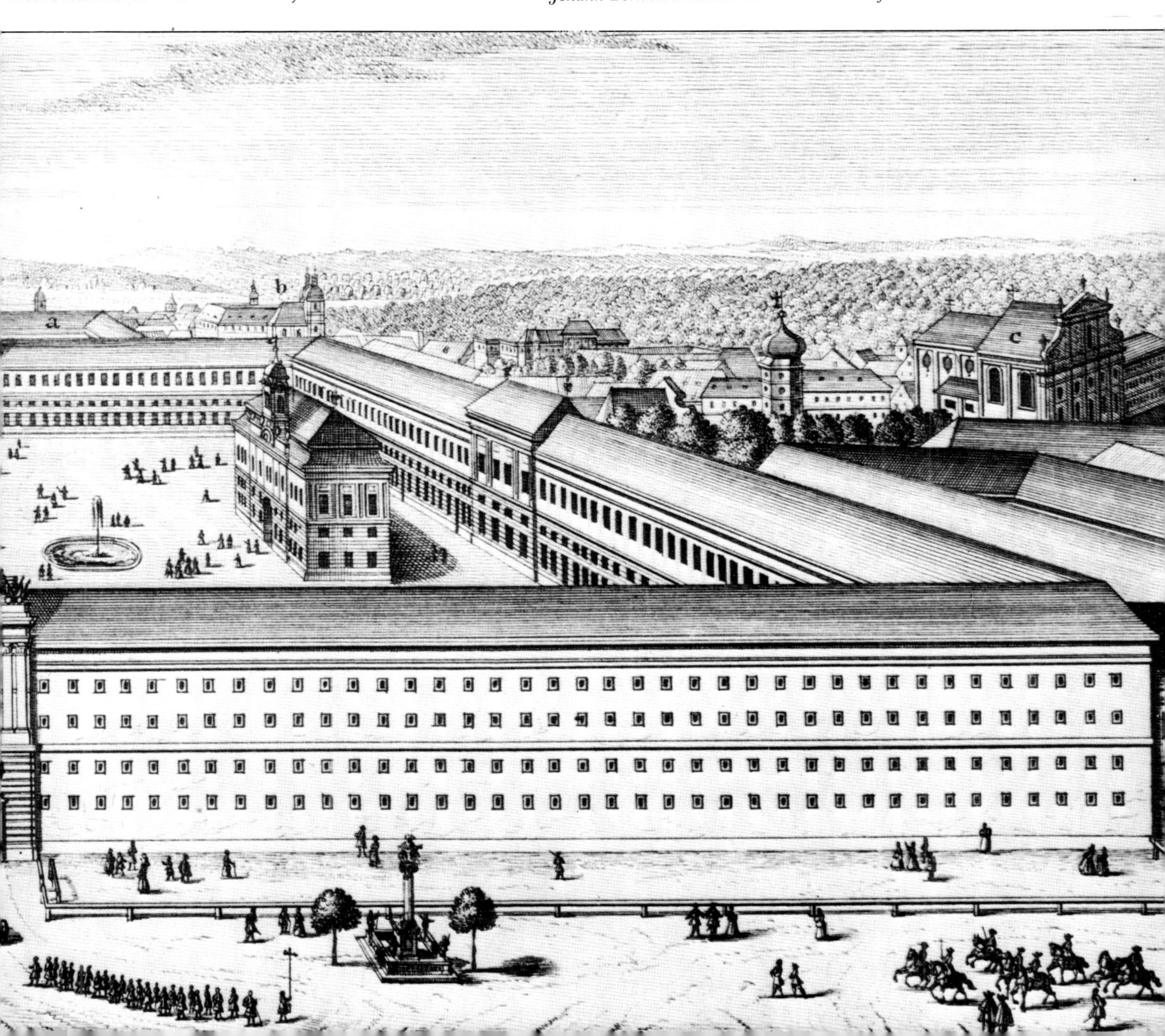

Grafendorff
Vnterrohrbach
Drestorff
Flandorff
Spillern
Kreitznstain
loimdorff
Hofelein
Stainapriggl
Korneyburg
Klain Engerstorff
Konigsprunn
Eberstorff
Ober Kritzndorff
S. Veith
Duttendorff
S. Veith
Hagenbrunn
Vnter Kritzndorff
Pisenberg
Stäminerstorff
Kirrling
S: Iacob
S: mörten
langen Entzerstorff
Ietlstorff
Gerastorff
Closter Neyburg
Weidling
Ietlsee
Deutsch
Kalenperg
Closter
S: Iosephi
Siessenbrunn
Eypoltau
Salmanstorff
Siferig
Neistifft
Nussdorff
Heiligstatt
Tabor
Durnbach
Pohlstorff
Weinhaus
Kagaran
Hädersdorff
Allerkling
Rossau
Praitensee
Hernals
Waring
Hirschstotten
S. Vlrich
Schlagbrugg
Hietldorff
Paungarten
Guntendorff
laimgrub
Auhof
Hakking
S. Veith
Hietzing
Aparn
Esling
WIENN
laintz
Huntsturn
in Bratter
Speising
Shönbrunn
S. Margrett
Hotzendorff
fauoritta
maur
Altmannstorff
S. Marx
Engelburg
Liesing
Ralspurg
Erla
Kleinysidl
Radaun
Atzgerstorff
Stainhof
Simmering
Intzerstorff
Oberlaa
Liechtenstain
Petramstorff
Sibenhirten
Vnterlaa
Neygebey
Fesendorff
Albern
Brunn
Leopoldsdorff
Lantzendorff
Eberstorff
Entzerstorff
Schwöcha
Neydorff
Hochau
Zwölfaxing
Bidermanstorf
Modling
Himberg
Pellendorff
Rauchenwart
Laxenburg
WIE
Talling
Gumpolts Kirchen

In Ansätzen findet sich bereits, wenn auch großzügiger gehandhabt und ausgelegt, das heutige Steuerwesen mit allen seinen Maßnahmen und Gegenmaßnahmen. Der Monarch, der Staat, die Stadtverwaltung haben Verpflichtungen und können diesen nur nachkommen, indem sie diejenigen, denen gegenüber sie diese Verpflichtungen haben, in den Kreislauf des Geldes einbeziehen. Die vorhin erwähnte Summe aus dem Bier-Aufschlag wird in vereinfachter Weise sehr bald dem Großarmenhaus pauschal gegeben; den Aufschlag selbst behält die Stadtverwaltung. Ob sie dabei einen Gewinn oder einen Verlust hatte, ist nicht überliefert. Und um die einfließenden Gelder zu verteilen, müssen Kommissionen eingesetzt werden, in denen Vertreter der öffentlichen Körperschaften sitzen, wobei es zu Reibereien zwischen diesen Körperschaften kommt, wenn eine von ihnen, etwa die Kirche, sich unterrepräsentiert fühlt oder wenn eine Kommission verdächtigt wird, die Gelder nicht widmungsgemäß verteilt zu haben.

Später gibt es Aufschläge bei Rindfleisch, eine Steuer für jeden sich zur Marktzeit in der Gegend aufhaltenden Juden, 1740 endlich auch einen Aufschlag bei Kaffee, Tee und Schokolade – also eine Getränkesteuer, die beinahe schon einer Luxussteuer unserer Tage gleichkommt. Man kann aus diesen Abgaben unschwer entnehmen, was an Nahrungs- und Genußmitteln so populär ist, daß es besteuernswert wird – vierzig und einige Jahre nach der Erfindung des Wiener Kaffehauses ist dieses zu einer Institution geworden, und in Zeiten, die wir uns als gräßlich für die Menschen der unteren Schichten vorstellen müssen, werden Fleisch und Bier besteuert, weil sie zu den meistkonsumierten Artikeln gehören.

Das Großarmenhaus – an der Stelle des heutigen Allgemeinen Krankenhauses in der Alser Straße –, 1693 erbaut, bis 1725 auf fünf Höfe erweitert, ist anfangs eine Versorgungsstätte für verarmte Solda-

Wien und Umgebung, Kartenausschnitt aus Merians Topographie von 1649. Interessant für den Betrachter sind die Donauarme bei Wien, die das Gebiet des heutigen 20. Bezirks in zahlreiche Inseln aufspalteten. Daran änderte sich bis zur Mitte des 19. Jahrhunderts nichts. Die Karte gibt den wahren Zustand nur grob wieder.

Die zeitgenössische Genrezeichnung wollte dem Leser der »Weltlichen Mißbräuche« die Zustände im Schuldturm vor Augen führen. Die moralisierende Art der Darstellung aktueller Verhältnisse war typisch für das damalige Europa.

ten aus den Türkenkriegen. Der Baugrund, auf dem nach und nach die einzelnen Komplexe entstehen, entstammt der Stiftung eines Johann Theophil Franck, der 1586 in seinem Testament sieben Grundstücke einem Soldatenspital widmete. Diese wurden ein Jahrhundert später um die Thavonatsche Stiftung erweitert. 1693 begann man mit dem Bau, und man gab von allem Anfang an nicht nur Militär-Invaliden, sondern auch Zivilen, darunter Studenten und Kindern, Obdach. In der Folge brachte man die unter, die vom Land in die Stadt hereinströmten, also nicht zum Burgfrieden der Stadt gehörten. Bettler und Müßiggänger, soweit sie arbeitsfähig waren, wurden mit Spinnen beschäftigt, Studenten waren verpflichtet, unter Aufsicht eines Präfekten auch wirklich ihren Studien nachzugehen. Daneben gab es bereits eine kleine Abteilung für Kranke und Wöchnerinnen. Um eine Vorstellung vom Fassungsraum des Hauses zu haben: 1696 werden 1.000 Personen, 1700 bereits 1.200 Arme und Studenten, 1706 schon 1.500 und schließlich 1724 nicht weniger als 1.740 Personen als Insassen angeführt. Die Invaliden und Armen hatten Unterkunft, anfangs freie Kost, später ein Taggeld und immer auch Anstaltskleidung. Die Kranken erhielten kein Taggeld, aber vollständige Verpflegung. Kinder wurden bis zum siebenten Jahr gratis verpflegt, Gebärende »bis nach erlangter Gesundheit«, Arme, die bestimmte Arbeit verrichten konnten, wurden dafür entschädigt.

Man kann sich vorstellen, wie lebhaft und laut es in diesem Armenhaus zuging. Es wurden Märkte abgehalten, Lieferanten aus der Umgebung durften ihre Waren anbieten; es kam zu Auseinandersetzungen mit den Hausverwaltern, die die Grundnahrungsmittel nicht teurer anbieten durften, als sie in anderen Spitälern den Insassen verkauft wurden. Daß selbstverständlich etliche Leute sich an dem Verteilungssystem zu bereichern suchten, darf niemanden wundern. Nicht nur die Verwaltung der Armenkassen, sondern auch die übrigen Ämter waren noch keineswegs zu dem geworden, was man später als »österreichisches Beamtentum« so hoch schätzte. Daß ein Staatsdiener sich ganz offiziell durch Annahme von Bestechungsgeldern bereicherte oder im Schutz seines Amtes einen Nebenverdienst hatte, war nichts Ungewöhnliches. Die erstaunte Frage eines Kaisers, warum einer seiner hohen Beamten arm aus seinem Amte scheide, wird oft zitiert – der Ochs sei doch an der Krippe gewesen, warum habe er nicht gefressen? Welche Ansicht sich jedermann zu eigen machte, wenn es um Staatsbeamte ging.

Wie viele Arme und Bettler es in der Stadt gab, kann man an den Zahlen ablesen. Für das Jahr 1710 nimmt man für Wien mit den Vorstädten 113.800 Seelen als Einwohnerschaft an. Im Großarmenhaus allein, das nur das größte von allen bestehenden war, zählte man im selben Jahr 1.600 Betreute. Schon diese Ziffer zeigt, ein welch hoher Anteil der Stadtbevölkerung gezwungen war, von der Wohltätigkeit der anderen zu leben. Die Berichte der Zeitgenossen, daß die Straßen von Lumpenpack wimmelten, waren also sicher keine Übertreibungen.

Das wirft die Frage nach der öffentlichen Sicherheit jener Tage auf. Sie war, sieht man sich die Zahlen

Die Sicherheit in Stadt und Land war nicht gewährleistet; das zeigt zumindest Lodovico Burnacinis Handzeichnung eines räuberischen Überfalls auf Bauern beim Trunk im Hof.

an, wahrscheinlich nicht geringer als in modernen Zeiten. Raufhändel kamen häufiger vor, und in ihrem Gefolge selbstverständlich auch Totschlag. Eine Statistik weist nach, daß diese Art von Delikt vorwiegend unter Bediensteten, Lakaien, Heiducken zu suchen war. Den Totenschauprotokollen entnimmt man, daß im Zeitraum von 1656 bis 1771 allein 50 Lakaien ihr Leben einbüßten, daß von 1651 bis 1717 immerhin 12 Kammerdiener gewaltsam zu Tode kamen, daß von 1656 bis 1714 auch 9 Pagen umgebracht wurden und im gleichen Zeitraum 7 Heiducken. Aber auch die Handwerker, damals bewaffnete Bürger, konnten kräftig zuschlagen und trugen ihre Händel vorwiegend mit Studenten und Soldaten aus.

Die Tatsache, daß nicht nur die Soldaten Waffen bei sich trugen, führte 1682 erstmals zu dem Verbot für die »dienende Klasse«, bewaffnet aus dem Haus zu gehen. Dieses Verbot mußte 1722 in Erinnerung gebracht werden.

Die »Tumulte«, von denen etliche dokumentarisch festgehalten sind, trugen sich vornehmlich in der Gegend ums Comoedienhaus zu. Verschiedentlich wird auch berichtet, daß sich die Tumultuanten gegen die Verhaftung durch die Rumor-Wache zur Wehr setzten, ja gegen diese geschlossen vorgingen, mitunter bereits Verhaftete wieder befreiten.

Will man den Verzeichnissen und Protokollen Glauben schenken, dann kehrte mit Beginn der Regierungszeit Maria Theresias mehr Ruhe und Ordnung in die Stadt ein. Es gab weniger Raufhändel, weniger Totschlag, weniger Verbrechen. Kaffeesieder wie Wasserbrenner mußten um ihre Konzessionen zittern, falls sie die Sperrstunde nicht einhielten.

Die Wiener haben diese Verordnungen der Kaiserin zweifellos gebraucht; ihre »Munterkeit« mußte offenbar der Gelegenheit beraubt werden, sich auszutoben.

»Türkenspiele«

ie Idee, historische Ereignisse zu vermarkten, hat man keineswegs erst im angeblich so kommerziell orientierten zwanzigsten Jahrhundert gehabt. Beispielsweise ist die letzte, glorreich bestandene Belagerung Wiens durch die Türken und die Errettung der Stadt durch eine große Entsatzschlacht noch im Jahr der Belagerung selbst, also 1683, Stoff eines Komödienspiels und in den folgenden Jahren mehrfach Vorwurf für mehr oder weniger erfolgreiche Spektakel gewesen.

Daß diese nicht als dichterische Werke auf uns gekommen sind, sondern dank der Vorliebe einiger Historiker für Absurdes, darf nicht wundern. Nur selten sind es die aktuellen Dramatisierungen großer Ereignisse, die die Nachwelt als die großen, bewahrenswerten schätzt. Und so kennt heute auch niemand mehr

»Die erbärmliche Belagerung und der erfreuliche Entsatz der Kayserl. Residenz-Stadt Wien«

von Matthäus Luther aus dem Jahr 1683,

»Das entsetzte Wien«

von Weißenfels, gleichfalls aus dem Jahr 1683, ferner die

»Comoedia, Genannt die Heroische Judith, Wie sie dem tyrannischen Holoferni auf das Haupt mit seinem eigenen Schwerdt abgehauen/und dadurch die Stadt Bethuliam von solch grausamen Feind erledigt: Gedeutet auff das Durchlauchtigste Hauß Oesterreich/Wie es das Ottomanische Reich besieget/und die Stadt Wien mit heroischer Hand in Freyheit gesetzt/und denen Barbaren als in dero Irrthum/und wüthen Trunckenen/die Häupter abgeschlagen«

Links und rechts oben: Die Türken wurden von Wien vertrieben, doch auf der Bühne wollte man sie sehen. Burnacini entsprach der Nachfrage und entwarf Türken-Figurinen, desgleichen taten andere Theatraliker. Die Türkin links stammt von Lodovico Burnacini, den türkischen Feldherrn rechts hat Antonio Daniele Bertoli, Mitarbeiter der Galli-Bibiena, entworfen. Wobei hinzugefügt werden muß, daß Burnacini, was das Aussehen einer Türkin betraf, auf bloße Vermutungen angewiesen war.

aus dem Jahr 1685 und all die anderen »Türkenspiele«, die noch aufgeführt wurden.

Schon wenn man den langen Titel des Spektakels aus dem Jahr 1685 liest, wird die Methode des Autors klar. Da wird ein anderer historischer Vorwurf, ein biblischer sogar, hergenommen, um als Sinnbild für das darzustellende Ereignis der jüngsten Vergangenheit zu dienen – und nicht zuletzt eine Serie von aufregenden szenischen Verwandlungen zu ermöglichen. Zwischen diesen gab es humoristische Einlagen. An den entsprechenden Stellen findet sich im erhaltenen Textbuch die Anweisung: »Folget ein Schertz-Spiel.« Was darin vorging, ist nicht überliefert. Unter den handelnden Personen gibt es einen Schalksnarren Morio, des-

Wie groß der Kostümaufwand auf der Barockbühne war, zeigen die Kopfbedeckungen verschiedenster Art, die allesamt Lodovico Burnacini, möglicherweise für eine einzige Inszenierung, entwarf.

sen ständigen Begleiter Thraso und einen »Aufwickler« mit Namen Naso – diese drei waren ausschließlich in den Zwischenspielen beschäftigt, haben also das Publikum, dem vielleicht die Zusammenhänge zwischen Judith, Holofernes, dem belagerten Wien und dem siegreichen Hause Habsburg trotz Prolog nicht klar waren, in guter Stimmung gehalten.

Präzisere Erklärungen darf der Leser nicht erwarten. Die Herausgeber der erhalten gebliebenen Texte wissen auch nur zu berichten, was in den einschlägigen Dokumenten steht.

Lucas von Bostel heißt beispielsweise der Mann, der in Hamburg mit dem Stück »Cara Mustapha« 1686 große Erfolge hatte. Dem Publikum versprach man 50 »Veränderungen der Schaubühne, Maschinen und Vorstellungen«, doch ist nicht mehr zu eruieren, was im einzelnen passierte. Auch die Texte erhaltener Rollenbücher sind unvollständig, soweit es die »ernste« Handlung angeht. Zumeist sind nur die Gesänge notiert, der Gang der

Handlung aber müßte mit viel Phantasie und Einfühlungsvermögen rekonstruiert werden.
Immerhin, es treten in allen »Türkenspielen« die auch heute als wesentlich geltenden Personen der Geschichte auf. Und daneben als wohl historisch, nach neuerer Forschung doch als eher nicht ganz gesichert geltende Randfiguren wie Georg Franz Kolschitzky samt seinem Diener, »in türkischen Kleidern«. Die Regieanweisung erklärt ihn uns als den Mann, »welcher durch das feindliche Lager die erste Kundschaft zur Kayserlichen Haubt-Armata und von dar wieder glücklich zu ruck gebracht« – und ganz so einfach war das ja wieder auch nicht.
Am Rande und bloß um Ordnung zu halten in der Literaturgeschichte: Der Autor Weißenfels, der »Das entsetzte Wien« geschrieben hat, wird von Fachleuten als ein Weissenfelsischer Hofdichter angegeben und soll Jacob Riemer geheißen haben. Doch wem nützt solche Kenntnis schon?
Die »Türkenspiele« hielten der Zeit nicht stand. Sie wurden zu rasch geschrieben und hatten zu revuehaften Charakter. Sie verschwanden von den Bühnen, sobald jedermann sie einmal miterlebt hatte. Sie sind mehr in Vergessenheit geraten als die Barockopern, sind verstaubter als die Komödien von Stranitzky, die auch niemand mehr kennt, die aber nachgewirkt haben in den Wiener Volksstücken der folgenden Zeit. In diese Schilderung einer Epoche sind sie nur hineingeraten, weil sie uns daran erinnern, daß man 1683 auf den Wunsch des Publikums, sich an Türkengreuel und siegenden Österreichern zu erfreuen, prompt reagierte – ganz im Stil des heutigen Showbusiness.

Szene im Türkenlager, im Hintergrund eine befestigte Stadt: solches erwartete sich der Besucher eines »Türkenspiels«. Der Bühnenbildentwurf stammt von Burnacini, der sich bei seiner Arbeit auf authentisches Wissen stützen konnte.

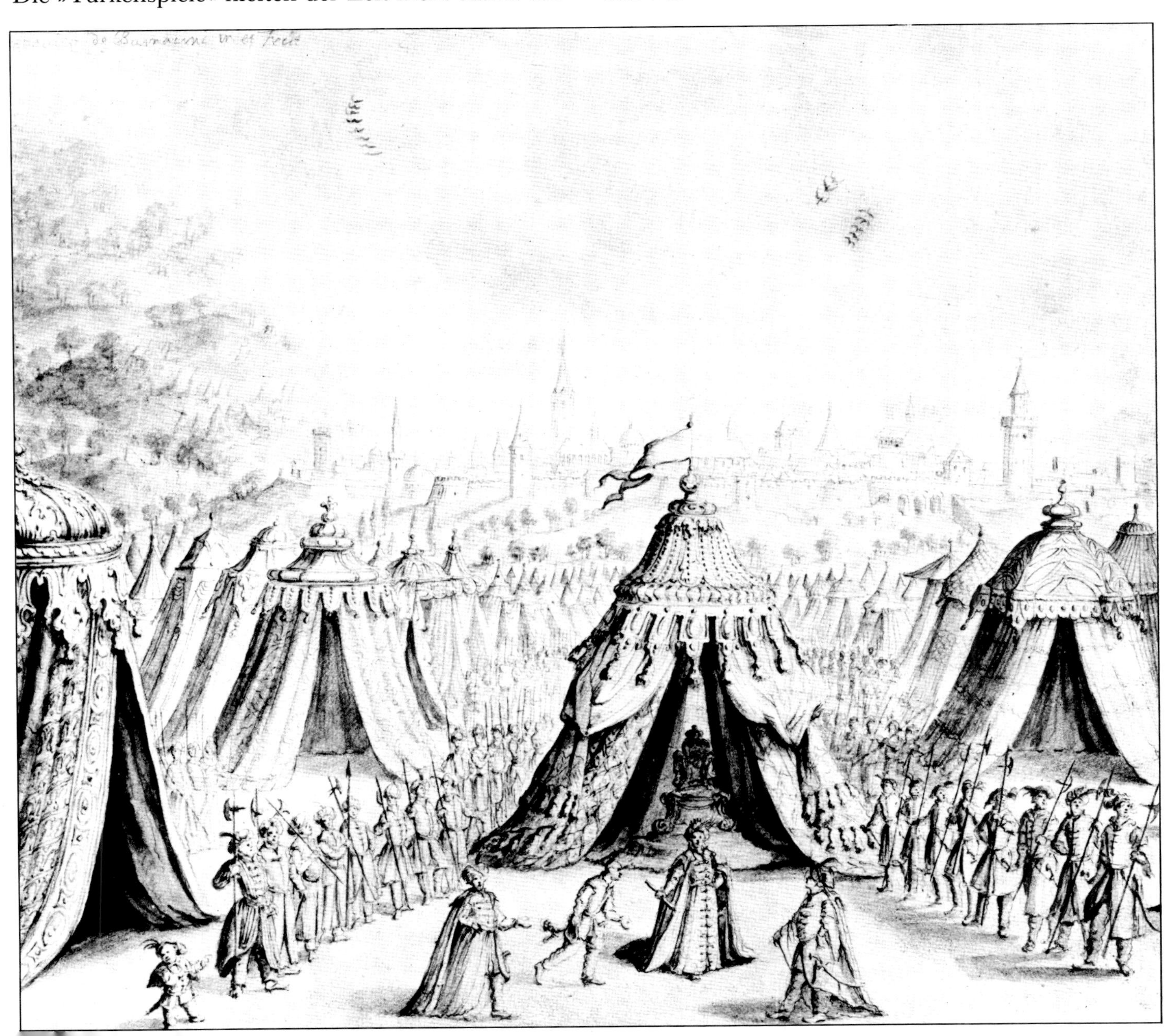

Das Wiener Kaffeehaus

Wenn es eine Institution gibt, die der Wiener unbesehen als typisch für seine Stadt erklärt, dann ist es das Kaffeehaus. Und jeder einigermaßen Belesene will auch wissen, wie dieses erfunden wurde. Die Legende, in vielen Büchern und sogar in historischen Standardwerken nachzulesen, sei hier in kürzester Form wiedergegeben: Als die Türken vor Wien entscheidend geschlagen waren, erhielt der tapfere Botengänger Georg Franz Kolschitzky, der sich mehrfach durchs Türkenlager gewagt hatte, zum Dank die Kaffeebohnen, die die Türken zurückgelassen hatten. Mit diesem »Anfangskapital« gründete er ein Wiener Kaffeehaus, das sehr großen Zulauf hatte.

An dieser Legende hat man trotz einer Schrift aus dem Jahre 1747, die eindeutig die wahren Vorgänge klarlegte, festgehalten, obwohl manche Historiker betonten, weder 1683 noch im folgenden Jahr habe es in Wien ein Kaffeehaus gegeben und Georg Franz Kolschitzky habe damals und auch später keine Kaffeesiederei betrieben.

Was den »Raizen« Kolschitzky betrifft, so weiß man gar nicht sicher, ob er ein Raize, also ein Serbe orthodoxen Glaubens, war. Seine Herkunft ist ungewiß, es läßt sich nur nachweisen, daß er um 1640 in Sambor, Polen, geboren wurde. »Sein« Kaffeehaus hingegen hat seinen Niederschlag in vielen Berichten und zeitgenössischen Publikationen gefunden.

Im »Neu ausgelegten Curiosen Tändelmarckt« von 1734 etwa liest man, wer dazumal warum ins Kaffeehaus ging. »Wer jetziger Zeit in denen Staats- und Zeitungs-Sachen passionierte Gemüther nach der Kunst will erkennen lernen, derselbe verfüge sich nur in die Caffee-Gewölber, alldorten wird er hören die merkwürdigste Abentheuren und Mißgeburthen der aberwirtzigsten Köpffe, die possierlichste Mährlein und Schwenke, allerhand raisonement über die politische Welt-Händl, großsprechende Propheten über das Vornehmen und Dessein hoher Monarchen, tausenderley Cammer-Stratagemata etc. wird aber bey allen solchen Blenderwerk eben so wenig abnehmen als ein Tauber bey einer Comedi, wann die Lühen hinweg gerechnet werden.« Das heißt, in unsere moderne Sprache übersetzt, daß 1734 in den Wiener Kaffeehäusern Gerüchte und sinnlose politische Debatten zu erlauschen waren, daß man sich ins Kaffeehaus verfügte, um unterhalten zu werden und als unterhaltsam zu gelten.

In einem noch weiter zurückliegenden Bericht aus dem Jahr 1706, »Mémoires de la Cour de Vienne«, liest man ganz Ähnliches über die Kaffeehausbesucher, aber auch einiges über die Kaffeehäuser selbst. »Die Stadt Wien ist voll Kaffeehäuser, wo die Novellisten oder diejenigen, so sich um Zeitungen bewerben, wie an anderen Orten zusammen kommen, die Gazetten lesen und sich darüber un-

»Das Kaffeehaus braucht mit Bedacht, was Reue macht«, steht unter der Illustration zu Abraham a Sancta Claras »Etwas für alle« (Bild links). Doch der Prediger konnte den Kaffeehaus-Boom nicht verhindern. Die Raizen waren zumeist die Cafetiers. Georg Franz Kolschitzky (rechts), während der Belagerung Kundschafter zwischen Starhemberg und dem Herzog von Lothringen, gilt fälschlich als der erste Wiener Kaffehausbesitzer.

ser Kleidung und
bewaffnet gienge
aus Wienn den 13
Augusti durch das Tür
kische Lager biß er
zu J. Herzogl Durchl.
auß Lothring: komen
und brachte von dar die
erwünschte Kundschafft
zurück den 17. dito
A° 1683

Links: »Der Wein- und Bierschenk«, Illustration zu Abraham a Sancta Clara.

Rechts: Bei einem Besuch in Wien 1744 malte der Weltenbummler Jean Etienne Liotard (geb. 1702 in Genf, gest. 1789 ebd.), der als Porträtist, Pastell- und Emailmaler überall die feinste Kundschaft hatte, ein im Hause Liechtenstein Schokolade servierendes Stubenmädchen. Das Mädchen wurde übrigens später vom Fürsten geehelicht.

terreden. Einige von diesen Häusern sind im besseren Rufe als die anderen, weil stets solche Zeitungsdoctores hineinkommen, welche mit einer angezweifelten Versicherung von den wichtigsten Anschlägen urteilen und mit ihren Meinungen allezeit in den politischen Überlegungen die anderen übertreffen, was ihnen eine so große Hochachtung zuwege bringt, daß viele ihretwegen dahinkommen, um sich mit Märchen und Narrenpossen zu bereichern, welche sie hernach kreuzweise durch die Stadt wiederum an den Mann bringen. Es ist nicht zu glauben, wie groß die Freiheit ist, welche man sich in diesen Wäschereien gibt, wo man nicht allein ohne Bescheidenheit die Aufführung der Generale und Minister, sondern auch sogar das Leben des Kaisers selbst durchzieht, welchem ein großer Teil dieser Müßiggänger nicht gar zugeneigt zu sein öffentlich an den Tag legt.«

Das heißt also, daß im Kaffeehaus Politik gemacht wurde und zugleich die Atmosphäre herrschte, welche die orientalischen Märchenerzähler um sich verbreiten. Womit wir bereits ganz nahe am Ursprung dieser Institution angelangt sind.

Denn die ersten Kaffeesieder waren wirklich Orientalen, »Raizen« und Armenier, lange vor der Türkenbelagerung in Wien anzutreffen und bei den Wienern keineswegs beliebt. Sie waren zumeist Handelsleute, besonders geschickt und mindestens so gehaßt wie die Juden. Ihre Lage wurde zusehends besser, nachdem der Kaiser ihre Konkurrenten, die Juden, aus der Stadt vertrieben hatte, und verschlechterte sich wieder, als der Kaiser es für nötig hielt, wenigstens einigen finanziell gutgestellten jüdischen Familien zu gestatten, nach Wien zurückzukehren.

Die Raizen trieben Handel mit dem Osten, waren dank kluger Familienpolitik auch immer mit Heimatrecht in Belgrad oder noch weiter südöstlich ausgestattet, verstanden die Sprache der Türken und waren daher prädestinierte Spione – jeweils im Dienste des besser Zahlenden. Sie hatten unter ihren jüdischen Konkurrenten zu leiden, vor allem aber unter den Angriffen der Wiener Kaufleute, denen sie mit ihren Geschäftspraktiken ein Dorn im Auge waren. Ihr oft zitierter Wahlspruch »Kommst du in eine Stadt und du siehst, daß man dort den Hut verkehrt trägt, halte es ebenso« half ihnen nicht. Denn er bedeutete nicht Annahme der Bräuche des Gastlandes, also Assimilation, sondern bloß Tarnung.

1678, also drei Jahre nach der Rückkehr der Juden, wurde eine Austreibung der Raizen aus Wien offiziell unternommen. Das Dekret vom 6. Juni dieses Jahres ist für uns deshalb interessant, weil darin jene genannt sind, die bleiben durften – weil sie entweder reiche Handelsleute waren oder der Regierung wichtig scheinende Spione. Georg Franz Kolschitzky ist unter ihnen, aber auch der wirklich erste Wiener Kaffeesieder, der Armenier Johannes

Vorhergehende Doppelseite: Blick auf Wien vor dem Burgtor, 1719, nach einer Zeichnung von Delsenbach. 1: Schotten-Turm, 2: Minoritenkirche, 3: Peterskirche, 4: Michaelerkirche, 5: St. Stephan, 6: der Leopoldinische Trakt der Hofburg, 7: Dorotheerkirche, 8: Augustinerkirche, 9: Annakirche, 10: Bürgerspital, zwischen Lobkowitzplatz und Kärntner Straße.

Diodato, in einem anderen Dokument als »ein gewisser Griech Nammens Theodat« bezeichnet.
Wir wollen uns der Schreibweise bedienen, an die sich die ehrbaren »Wiener Geschichtsblätter« halten. Johannes Diodato also, 1678 in Wien belassen, Händler mit Waren aller Art und nach beiden Richtungen – Wachs, Häute und Lebendvieh nach Wien; Tuch, Metallwaren und Wiener Krämerei nach Belgrad – und sicherlich Schmuggler nach beiden Richtungen, hatte von sich reden gemacht, weil auch er 1683 wichtige Nachrichten durch den türkischen Belagerungsring schleuste und dabei nicht vergaß, auf seinen Vorteil zu sehen. Nach dem Ende der Türkennot verkaufte er in seinen Gewölben auf dem Schlachtfeld aufgelesene türkische Waffen und wurde später ebenso als Händler türkischer Sklaven bekannt. 1685 erhielt er, wie bald auch einige andere Armenier, zum Dank für seine Verdienste um die Stadt, die Hoffreiheit, »solches orientalische Getränkh zu verkauffen«. Er wurde, da er diese Hoffreiheit keineswegs nur in einem Gewölbe nutzte, zum ersten Kaffeesieder Wiens und zum noch reicheren Mann. Denn die Hoffreiheit räumte ihm vor allem auch das Monopol auf den Kaffeeausschank für die Zeit von zwanzig Jahren ein. Das war allerdings, wie man sich unschwer denken kann, ein Monopol, das nicht einmal ein Jahr lang zu halten war. Die Türken hatten Unmengen von Kaffee zurückgelassen, genügend Armenier und Raizen gab es in der Stadt, die sich auf die Zubereitung des Getränks verstanden, und ge-

Rechts: Die Orientalen, vor allem Raizen und Armenier, waren wegen ihrer Geschäftstüchtigkeit beim Volk verhaßt. Ihre malerischen Trachten – wie die des rechts abgebildeten Armeniers – trugen aber sicherlich zur Belebung des Stadtbildes bei.

Unten: Nicht weniger malerisch war allerdings die Mode der Damen und Herren um 1725.

nügend Kundschaft ebenfalls. Die Klagen von Johannes Diodato, sein Verlangen, man möge doch alle seine Konkurrenten entfernen, waren sicherlich heftig – und vergebens. Während der zwanzig Jahre, die eigentlich ihm allein hätten gehören sollen, machten zahlreiche andere, darunter auch »bürgerliche« Unternehmer, Kaffeesiedereien auf. Ihnen allen, die keineswegs Kolschitzky hießen, sondern bald italienische, bald gut wienerische Namen hatten, war der Hauch von Orient, der um das Getränk schwebte, eine willkommene Reklame.

Es ließe sich denken, daß der besiegte Feind für die Wiener ein derart verabscheuenswertes Thema geworden sei, daß fortan alles Türkische verachtet wurde. Das Gegenteil ist wahr: die jahrzehntelange Nachbarschaft hatte im Wiener viel Verständnis für gewisse orientalische Bräuche geweckt. In einer Grenzstadt hat man allemal für die Angewohnheiten des Feindnachbarn die nötige Einfühlung, sofern es sich um Dinge des täglichen Lebens handelt. Der Beispiele dafür gäbe es viele – das Kaffeehaus jedenfalls, das sich lange vor 1683 in London und Venedig etabliert hatte, wurde dennoch von Wien aus zu einem Weltbegriff, und die Legende, es sei hier für den Westen »erfunden« worden, hat demnach wenigstens für die Wiener weiterhin ihre Berechtigung.

Man darf sich allerdings unter den ersten Gewölben, in denen Kaffee angeboten wurde, keine großartigen Etablissements vorstellen. Die erfolgreichsten befanden sich in der Nähe der Mauthäuser, das berühmteste bei der Schlagbrücke (nächst der heutigen Schwedenbrücke), und waren Bretterbuden oder kleine Lokale, in denen auch Tee, Erfrischungen und Alkoholika angeboten wurden. Eigenartigerweise spielte man da sehr bald Billard, das Rauchen aber war ausdrücklich untersagt. Einige Lokale hatten einen eigenen Raum für Raucher, doch im allgemeinen wurden die Kaffeehäuser nicht nur wegen der dort gebotenen Unterhaltung aufgesucht, sondern auch deshalb, weil die Luft besser war als in den verrauchten Beiseln der Stadt. Die Wasserpfeife, die sich auf manchen Kaffeehausschildern findet, war damals durchaus nicht üblich.

Daß die Wiener begeistert waren von der Neuheit und ein ideales Kaffeehauspublikum wurden, läßt sich an vielen Indizien ablesen. Zum Beispiel daran, daß Johannes Diodato es sich bald leisten

Oben: der Blick von der Rotenturmbastei gegen Westen, Stich nach einer Zeichnung von Salomon Kleiner, 1725. Links der Rote Turm, wo früher die Stadtmauer gewesen war.

Vorhergehende Doppelseite: Bernardo Bellotto, genannt Canaletto, malte das Wien, wie es nach der großen Bauperiode aussah. Und sein berühmtes Bild »Wien, vom Belvedere aus gesehen«, entstanden um 1760, zeigt uns ein Wien-Panorama, von dem sich etliches bis in unsere Zeit erhalten hat, so die Linie von der Karlskirche über das Palais Schwarzenberg, das Untere Belvedere bis hin zur Kirche des Salesianerklosters.

konnte, ein Gewölbe mitten in der Stadt, unmittelbar beim Stephansdom, aufzumachen. Oder auch daran, daß es schon sehr früh Kaffeehausordnungen gab, die die Sperrstunden regelten – man durfte bis zehn Uhr abends, im Winter nur bis neun, offenhalten, erkämpfte sich dann das Privileg, bis elf Uhr Gäste haben zu dürfen, ein Beweis für die Diskutierfreudigkeit der Kaffeehausbesucher.

Es fanden sich bald auch bürgerliche Kaffeesieder, die rasch um ein kaiserliches Privileg einkamen, um ihr einträgliches Gewerbe vor Eindringlingen abzusichern und um gegen die ständigen Attacken von seiten der »Wasserbrenner« gefeit zu sein, denen sie die Kundschaft abwarben.

Diese letzteren waren, wie der Name nicht sofort erkennen läßt, die Vorläufer einer Gilde, die erst in unserer Zeit langsam ausstirbt und uns unter dem Namen Branntweiner geläufig ist – diejenigen also, die harten Stoff, möglichst selbstgebrannten, dem nicht besonders feinen Publikum vorsetzten und nebstbei auch die ersten Kaffeesieder damit versorgten, denn Schnaps bekam man im Kaffeehaus selbstverständlich auch.

Die weitere Geschichte des Kaffeehauses wird von Jahrhundert zu Jahrhundert anregender und gipfelt in »im Kaffeehaus« stattgefundenen politischen und literarischen Ereignissen in der Zeit vor dem Ersten Weltkrieg. So weit wollen wir gar nicht gehen, bleiben lieber in den ersten Jahren der Regierung Maria Theresias, als alle die Sittlichkeit nicht fördernden Institutionen – und das Kaffeehaus gehörte dazu – um ihre Existenz zu kämpfen hatten, andererseits der oben erwähnte Streit zwischen Kaffeesiedern und Wasserbrennern es notwendig machte, deren Konkurrenzverhältnis zu untersuchen und in übersichtlicher Form der Kaiserin darzustellen. 1740 waren die Lamentationen der Kaffeesieder vorgetragen worden, und 1747 nun legte man der Kaiserin die Schrift vor, die ihr nicht nur die Ursache der Streitigkeiten, sondern auch das Entstehen des Konkurrenzkampfes »von der Wurzel« an beschrieb. Und darin ist, was man in allen hübschen Wien-Legenden immer verschwieg, angeführt, daß ein gewisser »Theodat« das erste Kaffeehaus in Wien eröffnete und somit ihm zu danken ist, daß ein Gewerbe entstand, das wir weiterhin als typisch wienerisch bezeichnen. Wiens Kaffeesieder aber verehren weiterhin Kolschitzky als ihren Schutzpatron. Er sei ihnen gegönnt.

Wien wird Barockstadt

Daß nach Krieg, Tod, Zerstörung der Mensch um so größere Aktivität entfaltet, hat sich auch in Wien mehrfach schon erwiesen. So nach der Pestnot 1679. Es folgte ein wirtschaftlicher Aufschwung, der von nüchternen Historikern einfach damit erklärt wird, daß die glücklichen Hinterbliebenen der Pestopfer als Erben unverhofft zu Wohlstand kamen und bereit waren, diesen durch weitere Unternehmungen noch zu vergrößern, sei es durch Hausbau oder durch Gründung von Handwerksbetrieben. Spätestens nach fünf Jahren hatte Wien durch Zuzug von außen den zahlenmäßigen Verlust an Menschen wettgemacht.

Nicht minder lebens- und zukunftsfreudig reagierten die Wiener auf die überstandene Türkennot. Durch die nunmehr endgültig beseitigte Gefahr einer Invasion wurde die Gegend der Vorstädte zum Baugebiet, und sowohl der Adel als auch die Bürgerschaft machten von der Möglichkeit eifrig Gebrauch. Die folgende Periode des Aufbaus hob den allgemeinen Besitz- und Wohlstand.

In dem Ring zwischen den Basteien und dem »Linienwall«, dessen Errichtung 1704 von Prinz Eugen und einer Hofkommission empfohlen wurde, entstanden viele große Bauten, allerdings schon lange vor 1704, faktisch von dem Augenblick an, da man sicher wußte, daß die Türken nie mehr so nahe an die einstige Grenzfestung Wien herankommen würden. Die Liste der Palais, die da außerhalb der Stadtmauern – wenn auch in einem Gebiet, das eigentlich schon als zur Stadt gehörig empfunden wurde – erbaut wurden, ist stolz und für den Wiener heute durchaus interessant – er kann die meisten besichtigen, er braucht bloß die Bezirke zwischen Ring und Gürtel zu durchwandern, wird sie in großer Zahl und gut erhalten dort vorfinden. Sie machen Wien immer noch zur Barockstadt.

Lukas von Hildebrandt entwarf das Palais Schwarzenberg (der Fürst erwarb den vom Grafen Fondi in Auftrag gegebenen Bau erst zwei Jahre nach der Fertigstellung); 1697 begann man zu

Fassade des Stadtpalastes des Prinzen Eugen in der Himmelpfortgasse, Zeichnung von Delsenbach, um 1715. Fischer von Erlach konzipierte sieben Achsen des Gebäudes (mit dem Tor links), Lukas von Hildebrandt fügte weitere fünf Achsen hinzu.

bauen, 1704 stand der Rohbau, 1714 war das Werk vollendet. Zur selben Zeit etwa entstand das Winterpalais des Prinzen Eugen in der Himmelpfortgasse nach den Plänen Fischers von Erlach. (1691 hatte Prinz Eugen ein Haus erworben und den Architekten mit dessen Um- und Ausbau betraut. Ab 1708 hatte Lukas von Hildebrandt die Bauleitung.) Der Liechtensteinische Sommerpalast in der Roßau entstand zwischen 1691 und 1711; die Umgestaltung des Alten Rathauses in der Wipplingerstraße erfolgte zwischen 1699 und 1706. 1706 begann man nach einem Entwurf Lukas von Hildebrandts mit dem Bau des Gartenpalais der Schönborn und war damit 1711 fertig; das Palais in der Laudongasse beherbergt heute das Volkskundemuseum. 1708 begann man nach dem Entwurf Fischers von Erlach die Böhmische Hofkanzlei in der Wipplingerstraße zu bauen, in die Jahre 1710 bis 1712 fällt die Erbauung des Palais Trautson, 1714 konnte mit dem Bau des Unteren Belvedere begonnen werden, von 1716 an baute man an der Karlskirche, ab 1721 am Oberen Belvedere.

Canaletto: Seitenfassade des Liechtenstein-Palais in der Roßau. Das Palais erbaute Domenico Martinelli 1691–1711, dazu entwarf Fischer von Erlach ein Belvedere als Abschluß des Gartens. Dahinter rechts die von 1714–1718 erbaute Liechtentaler Kirche.

Die Liste ist nach Gusto zusammengestellt und ließe sich beliebig verlängern. Mit einiger Vollständigkeit würde sie den Leser ermüden, den Rahmen des Buches sprengen. Wer die barocken Bauten Wiens sehen will, der gehe offenen Auges durch die Stadt, schon beim Besuch von Ämtern oder Galerien wird er unweigerlich auf sie stoßen, denn sie bieten heute fast alle staatlichen oder kulturellen Institutionen Obdach.
Freilich entstanden nicht nur Adelsplätze und neue Bürgerhäuser, auch Kirchen wurden in der Inneren Stadt und in den Vorstädten neu erbaut oder in dem barocken Prunk erneuert, der ihnen über die Jahrhunderte dann erhalten blieb. Auch da ist's völlig unmöglich, anders als nach Gusto das eine oder andere Beispiel anzudeuten – und doch für jeden Wiener unschwer möglich, sich von dem Einfluß zu überzeugen, den die neue große Zeit auf die Bauherren und die Baukünstler hatte.

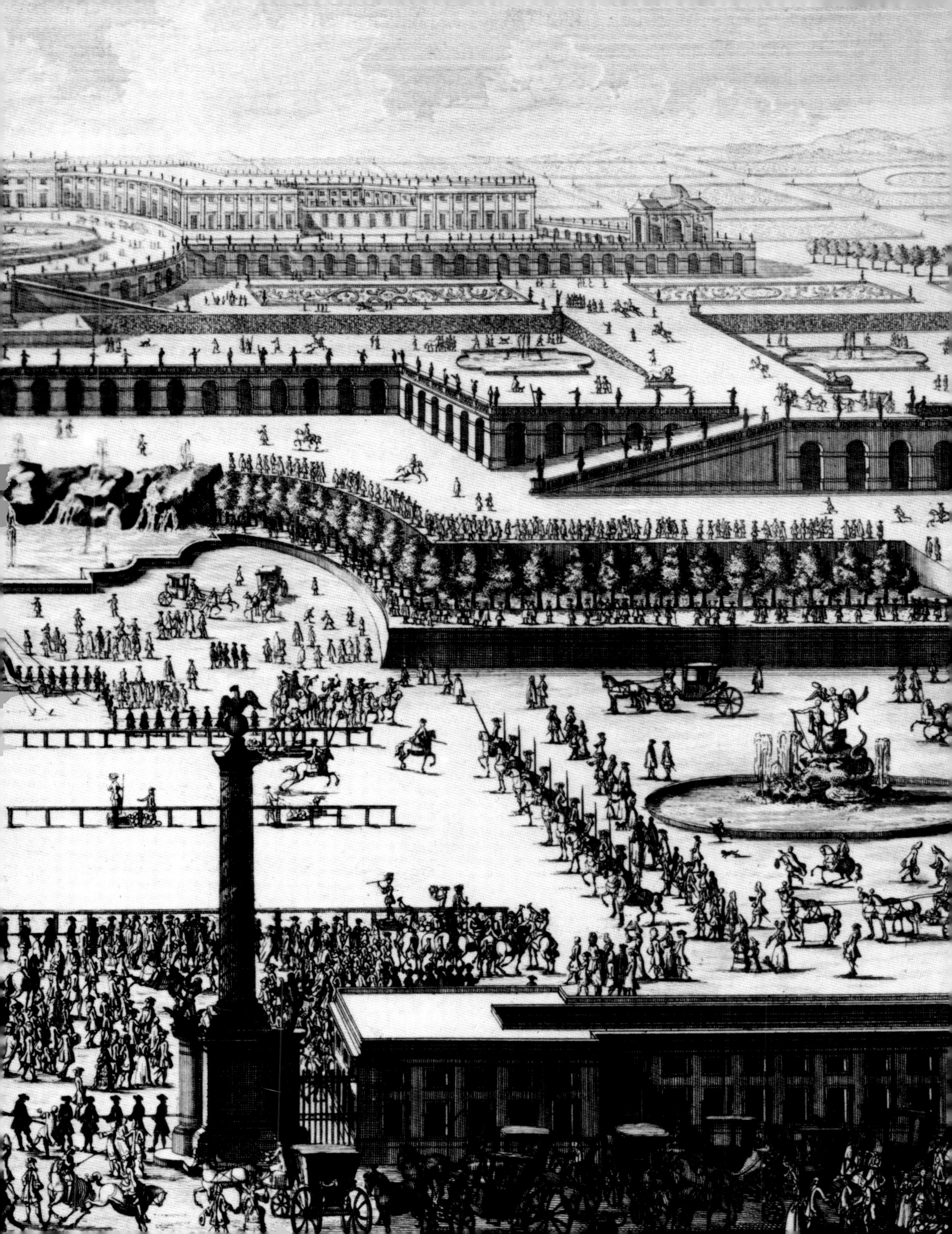

Die Pfarrkirche in der Leopoldstadt, 1670 anstelle der Synagoge erbaut, war der Türkenbelagerung zum Opfer gefallen – man baute sie neu, vergrößerte sie 1722 nach Plänen eines österreichischen Architekten und ließ Martin Altomonte das Gemälde über dem Hochaltar schaffen: »St. Leopold als Beschützer Wiens«. Die Kirche der Barmherzigen Brüder auf der Taborstraße wurde gleichfalls nach der Befreiung Wiens erbaut; den Hochaltar schmückt ein Ölbild von Daniel Gran, der 1736 »Die Taufe Jesu« für die Kirche malte.

Peter von Strudel schuf das Altarbild für die Kirche auf der Landstraße, auf deren später aufgelassenem Friedhof man Georg Raphael Donner bestattete. Anton Maulbertsch schuf die Fresken für die Pfarrkirche Maria Treu in der Josefstadt, eine der schönsten Barockkirchen Wiens. Martin Altomonte malte das Hochaltarbild der St. Bernhardskapelle im Heiligenkreuzerhof, deren Skulpturen der Seitenaltäre von Giovanni Giuliani, dem Lehrer Donners, stammen. Die Pfarrkirche St. Peter als eines der Hauptwerke Johann Bernhard Fischers von Erlach darf nicht vergessen werden – Johann Michael Rottmayr schuf die Deckenfresken, Johann Georg Schmidt (der »Wiener Schmidt«) malte die Evangelisten und Kirchenväter, Antonio Bibiena die Scheinarchitektur der Chordecke, Martin Altomonte das Altargemälde.

Aber auch die Kirchen weit draußen wurden, nachdem die Türken geschlagen waren, neu errichtet oder wenigstens innen neu instand gesetzt – die spätgotische Hietzinger Pfarrkirche ist voll von Meisterwerken der Barockzeit und ein typisches Beispiel für die tiefe Frömmigkeit, die Volk und Adel dieser Zeit fühlten. Das Gotteshaus hatte der Legende nach ein Gnadenbild, das seit der ersten Türkenbelagerung 1529 bekannt war; es wurde nach der Abwendung aller Türkengefahren immer

Vorhergehende Doppelseite: Der Entwurf »Schönbrunn I«, den Johann Bernhard Fischer von Erlach dem Kaiser vor 1695 vorlegte, hätte Versailles in den Schatten gestellt. Das Schloß sollte dort stehen, wo heute die Gloriette den Kamm des Hügels ziert. Trotz Befürwortung durch König Joseph siegte der Realitätssinn des kaiserlichen Vaters: es blieb beim Entwurf.

wieder zum Ziel von Wallfahrten: Für das Jahr 1735 gibt man siebzig Prozessionen an und 6.000 Messen, die allein in dieser Kirche gelesen wurden. Maria Theresia selbst war eine der Pilgerinnen, die sich immer wieder in der Pfarrkirche Mariä Geburt einfanden.

Daß Wien als Zentrum eines katholischen Landes auch eine Stadt voll Kirchen und religiösen Kunstwerken war, begreift sich leicht. Die vorläufig vollständigste Aufzählung der Gotteshäuser und ihrer Schätze, erst in unserem Jahrhundert erschienen, wird dieser Tatsache schon im Titel gerecht. Sie heißt »Heiliges Wien«, und auf beinahe jeder ihrer Seiten finden sich Schöpfungen von Künstlern und Architekten der Barockzeit.

Bei der Türkenbelagerung wurde, nebst allem anderen, auch das Schönbrunner Jagdschloß niedergebrannt. Für den Bau eines neuen Sommerpalastes, an den man bald darauf dachte, wurde Fischer von Erlach die Planung übertragen. Dessen 1692/93 vorgelegte Pläne waren aber derart gewaltig, daß Kaiser Leopold ihnen zwar die Bewunderung nicht versagte, die Realisierung jedoch wegen des großen Aufwandes, der erforderlich gewesen wäre, ablehnte. Franz Joseph reagierte Generationen später ähnlich, als er durchaus bereit war, durch Schleifung der Stadtmauern und den Bau der Ringstraße seiner Residenzstadt großstädtischen Glanz zu geben, sich aber weigerte, die Hofburg durch gewaltige Zubauten über die Ringstraße hinweg und unter Einschluß der beiden Hofmuseen zu einem Monumentalbau umgestalten zu lassen.

Das von Fischer von Erlach erdachte Schönbrunn, das selbst Versailles an Größe und Schönheit ausgestochen hätte, ist in Plänen und Ansichten erhalten. Das kleinere, unter Leopolds und später Josephs Ägide gebaute Schönbrunn kann man heute besichtigen.

Fischer von Erlach hat in einem großen Lehrwerk dargestellt, was er an vorhandener Architektur für

Linke Seite: 1719 erschien in Augsburg ein großes Ansichtenwerk des jüngeren Fischer von Erlach: »Prospecte und Abriße einiger Gebäude von Wien«. Auf dem Titelblatt war ein Panorama der Stadt zu sehen.

Unten: die Böhmische Hofkanzlei in der Wipplingerstraße vor ihrer Erweiterung. Sie wurde 1714 nach Plänen von Johann Bernhard Fischer von Erlach – sozusagen als »Prunkstück« eines vorwiegend gotischen Viertels – fertiggestellt. Stich nach Salomon Kleiner 1725.

wesentlich und bewahrenswert hielt. In diesen »Entwurf einer historischen Architektur« nahm er von eigenem Schaffen neben anderem die Karlskirche, das Palais Trautson, das Winterpalais des Prinzen Eugen und seine beiden Schönbrunn-Entwürfe auf.

Das Schloß selbst sollte dort stehen, wo heute die Gloriette den Hügelkamm ziert. In steinernen Kaskaden sollte der Hügel abfallen zum riesigen Platz – eine imponierende, allerdings auch überdimensionierte Vision, die da der Architekt dem Kaiser präsentierte. Und der Schloßpark hätte sich nach Fischers Plänen auf dem Südhang gegen Hetzendorf hin erstreckt, gegen die Stadt zu wäre alles Architektur, Säulengänge und eine Serie von Wasserspielen gewesen.

Die Bescheidung angesichts dieses Großprojekts hat nicht unbedingt etwas mit Sparsamkeit zu tun. Die Barockmonarchen waren ebenso wie ihre Fürsten von der Bauwut gepackt und dachten nicht daran, wo das Geld für derlei Pläne herkam. Eher entsprang sie einem ausgeprägten Sinn für die Realität: das vorhandene Lustschloß Favorita sollte durch ein überdimensioniertes Schönbrunn nicht nutzlos werden.

Man ließ also Fischer von Erlach einen zweiten Entwurf, »Schönbrunn II«, liefern. Auch nach diesem wäre die Anlage prunkvoll gewesen, vor allem aber eine Huldigung für Joseph I. Der Baubeginn fällt in das Jahr 1696. Man baute zügig bis 1700, der Spanische Erbfolgekrieg verhinderte fürs erste die Vollendung. Nikolaus Pacassi hat dann – schon unter Maria Theresia – die endgültige Ausgestaltung von Schönbrunn, vor allem der Innenräume, vorgenommen. Bis 1750 war der Bau vollendet, einschließlich des neu geplanten Schloßtheaters.

Von Fischers ursprünglichen Absichten, die nach dem Zeitgeschmack mit entsprechender Großzügigkeit realisiert wurden, ist der weitläufige Park übriggeblieben, der noch Jahrzehnte nach seiner Anlegung immer neue Möglichkeiten der Gestaltung eröffnete. Gartenarchitekten aus ganz Europa

Das Gartenpalais, für Leopold Donat Graf Trautson 1710–1712 erbaut, ist der bedeutendste Profanbau Johann Bernhard Fischers von Erlach. Das Palais in der Museumstraße erwarb 1760 Maria Theresia und wies es der Ungarischen Garde zu. Die Ansicht gewährt auch einen Einblick in das Stadtleben. Zwei Aussätzige warnen mit Schellen die Passanten vor der Gefahr der Ansteckung.

Dem eben heiliggesprochenen Johannes Nepomuk war zwischen 1721 und 1733 ein Monument auf dem Schanzel nahe dem Rotenturmtor errichtet worden. Vermutlicher Planer: Lukas von Hildebrandt. Auf Salomon Kleiners Zeichnung aus dem Jahr 1733 ist rechts die Strom-Maut zu erkennen. Schon 1741 wurde das »von vielen Gutthätern« errichtete Monument demoliert.

wurden beschäftigt, Bildhauer beauftragt, Brunnen und Skulpturen zu schaffen.
Fischer von Erlach aber brauchte sich bei der Planung der Hofbibliothek, mit der ihn drei Jahrzehnte später Kaiser Karl VI. beauftragte, keinerlei Zurückhaltung aufzuerlegen. Der Kaiser, dessen Standbild in der Mitte des wohl schönsten Büchersaales der Welt steht, hat sich mit diesem Bau ein Denkmal geschaffen, wie es nach ihm kein österreichischer Herrscher mehr zuwege brachte. Und auch für die Füllung der Regale brauchte er sich nicht zu sorgen. Denn zu der Bibliothek Leopolds I., die schon damals als weltberühmte und reichhaltige Sammlung galt, kam später die des Prinzen Eugen hinzu, die an Reichtum und an Schönheit der Bindearbeiten ohne Vorbild war.
Die Bauherren jener Zeit haben ihre Großaufträge gewiß im Bewußtsein erteilt, damit auch Arbeit für die Untertanen zu beschaffen. Auch die Zeitgenossen sahen es so. In der Leichenrede auf den Prinzen Eugen etwa wurde gewürdigt, daß der Prinz mit seinen Prunkbauten nicht nur den Ruhm der Stadt, des Reiches und seines Kaisers gemehrt, sondern auch ungezählten Menschen zu bescheidenem Wohlstand verholfen habe. Daß die fürstlichen Herren einander in Briefen immer wieder versicherten, daß das allgemeine Baufieber sie zugrunde richte, ist wohl nur reine Floskel gewesen. Sie lieferten sich ihm allzu freudig aus.

Kaiser Joseph I. im Alter von sechs Jahren, nach einem Gemälde von Benjamin von Block. Deutlich erkennt man auf der Tischdecke die über und unter dem Erzherzogshut eingestickte Inschrift: VIVAT IOSEPHUS ACHIDVX AVSTRIAE.

Joseph I., »der Sanguiniker«

Fischer von Erlach stand am Beginn und am Ende des öffentlichen Lebens dieses Kaisers. Für den Thronfolger Joseph entwarf er anläßlich der Rückkehr desselben von der Krönung zum Römischen König im Jahr 1690 mehrere Triumphpforten, Bauwerke also für wenige Tage. Und als Joseph von der Bühne des Lebens abtrat, entwarf er für ihn 1711 in der Augustinerkirche das Castrum doloris, wieder ein Bauwerk auf Zeit.

Und lange vor seinem Regierungsantritt hatte der junge Thronfolger von dem Architekten täglich eine Stunde Architekturunterricht erhalten. Wäre der begabte Habsburgerkaiser nicht so früh gestorben, er wäre zweifellos einer der Hauptauftraggeber für Fischer von Erlach geworden, der durch das Dahinscheiden seines Gönners keinen Schaden litt, denn er war auch nach 1711 ein vielbeschäftigter Mann, baute für Josephs Nachfolger die Akademie der Wissenschaften, die Hofbibliothek, den Hofmarstall.

Der junge König, der 1705 seinem schon durch Jahre kranken und amtsmüden Vater in der Regentschaft folgte, war nicht unvorbereitet. Er hatte feste Vorststellungen von der Ausübung seiner Geschäfte, war von nationaler Gesinnung, daher für eine stärkere Bindung an Deutschland, und tolerant gegenüber den Protestanten in Schlesien. Diese von seinem Vorgänger abweichenden Ansichten mußten ihren Niederschlag finden in einer neuen Zusammensetzung seines Beraterstabes.

Ebenso wie in seinen Ansichten unterschied Joseph sich auch in Aussehen und Temperament von seinem Vater. Er wird als jung und schön beschrieben, mit weniger stark ausgeprägter Unterlippe, er ist blond und voll Grazie. Er liebt die Frauen, die Jagd, die Musik und den Tanz. Man lobt allgemein seinen weiblich-zarten Teint und sein sanguinisches Temperament: ». . . Er war ungemein heftig und aufbrausend, aber ebenso schnell wieder besänftigt, mit allen Donnerkeilen der Majestät bewaffnet, wenn der Moment es erforderte, und wenn der lästige Moment vorüber war, wieder ungemein herablassend, mitteilsam, der glänzendste Gesell-

Oben: Kaiser Joseph I. kniet, auf der Heimkehr von der Jagd, vor der Monstranz nieder. Der Künstler will damit auf die auf Rudolf I. zurückgehende habsburgische Frömmigkeit verweisen.

Rechts: das Castrum doloris, das Johann Bernhard Fischer von Erlach 1711 für Joseph I. in der Augustinerkirche errichtete.

Linke Seite
Oben: Jan Kupetzký malte den jungen Kaiser Joseph. Der Monarch wurde allgemein als jung und schön beschrieben, mit weniger stark ausgeprägter Habsburger-Lippe. Das Bild bestätigt diese Aussagen.
Unten: eine der Triumphpforten, die man dem von der Krönung zum Römischen König heimkehrenden Joseph 1690 errichtete. Johann Bernhard Fischer von Erlach fertigte den Entwurf an.

schafter und in den Audienzen von einer Geduld, daß er jedem, dem er eine Bitte versagen mußte, die Gründe der Verweigerung mit einer fast brüderlichen Teilnahme und Umständlichkeit auseinandersetzte . . .«

Er ist klug in der Bestellung der Hofämter, Prinz Eugen ist bei ihm nicht nur Persona grata, sondern hat alle Rechte eines »heimlichen Kaisers«. Ganz ohne Zweifel wäre es für Österreich von unschätzbarem Nutzen gewesen, hätte er länger regieren können. Andererseits, Joseph hätte die spanischen Erbfolgekriege durchzukämpfen gehabt, die faktisch mit seinem Tod endeten, enden mußten in dem Augenblick, da König Karl III. von Spanien zu Kaiser Karl VI. wurde. Die Gedanken also, was Österreich unter dem Zepter eines glücklichen Sanguinikers hätte werden können, sind unnütz.

Am Sarg des früh Dahingeschiedenen standen betroffen, die unter ihm glücklich gewesen und für Österreich gestritten hatten. Sie wußten, was auf sie zukam: ein neuer Regent, Karl, der nach Spanien entsandte zweite Sohn Kaiser Leopolds, der nun mit spanischen Freunden, spanischen Ratgebern und strengen spanischen Sitten nach Wien heimkehren würde, um König und Kaiser zu werden.

Fischer von Erlach gab Joseph mit seinem Castrum doloris die letzte Ehre, und der zweite Stern am Architektenhimmel Wiens gesellte sich hinzu, Lukas von Hildebrandt, und lieferte einen Entwurf für den Sarkophag in der Kapuzinergruft. Und Wien tat ein übriges, indem es eine Ansammlung von Vorstädten, in denen zu Josephs Zeiten nicht nur barocke Palais, sondern auch barocke Bürgerhäuser entstanden waren, nach ihm benannte. Wien hatte neben der Leopoldstadt nun auch eine Josephstadt.

Der edle Ritter

Am 14. August 1683 wurde im kaiserlichen Hoflager zu Passau Prinz Eugen von Savoyen dem Kaiser Leopold vorgestellt. Er war frühestens am 10. August, wahrscheinlich aber erst zwei Tage vor dem großen Augenblick dort eingetroffen.

Als er in Paris zur Flucht in Richtung Passau aufbrach, hatte er noch einen Reisegefährten gehabt, seinen Vetter Louis-Armand Prinz Conti. Die beiden verschwanden in der Nacht auf den 27. Juli aus Paris; ihre Absichten waren klar, ihnen nachgesandte Boten erreichten sie allerdings nicht mehr in Frankreich. Doch in einem Gasthaus in Frankfurt am Main wurden sie von einem Gesandten des Königs von Frankreich, Herrn de Xantrailles, den man sonst als »besten Trictracspieler seiner Zeit« kannte, abgefangen, der versuchte, sie zur Rückkehr zu bewegen. Conti, dessen Besitz von Konfiskation bedroht war, ließ sich überreden umzukehren. Seinem standhafteren Vetter gab er Geld und einen Ring auf die Weiterreise mit. Prinz Eugen hatte in Frankreich nichts, was man ihm hätte nehmen können.

Nach eigenen Angaben besaß er noch 12 Louisdor, als er in Passau eintraf, und hatte nichts zu bieten als seinen aufrichtigen, guten Willen, als er dem Habsburger sein Gesuch überreichte. Er wolle künftig alle seine Kräfte zu der kaiserlichen Majestät und des hohen Erzhauses Österreich Wohlfahrt und Wachstum mit unerschrockenem Mut und bis

Vorhergehende Doppelseite: So etwa sah eine kaiserliche Parforcejagd in den Marchauen aus. Kaiser Joseph I. in Begleitung auch von Damen, die ihre einspännigen Cabrolets selbst steuern, Philipp Ferdinand von Hamilton begann nach 1730 das Gemälde, Martin von Meytens vollendete es 1752. Es hängt heute im Rösselzimmer des Schlosses Schönbrunn.

Rechts oben: das Wappen des Prinzen Eugen. Die beiden Löwen flankieren das Hauswappen der Savoyer.
Rechts unten: Salomon Kleiner zeichnete vor 1733 das Bilderzimmer im ersten Stock des Oberen Belvedere. Von der Gemäldesammlung des Prinzen Eugen ging nach dessen Tod vieles nach Dresden und Turin.

auf den letzten Blutstropfen anwenden und aufopfern – dies der ungefähre Wortlaut des Gesuches, an dem Prinz Eugen sein Leben lang, und vorbildlicher als irgendein Kriegsherr und Staatsmann vor ihm, festhalten sollte.

Die Türken berannten Wien, und Edelleute aus ganz Europa meldeten sich bei Leopold I., auf Ruhm und Ruhmestaten erpicht. Der junge Flüchtling aus Paris erhoffte sich ein Regiment, nämlich das seines kurz zuvor im Kampf gegen die Türken gefallenen Bruders Ludwig. Er hatte aber keinerlei Kriegserfahrung aufzuweisen und erhielt bloß die Erlaubnis, sich beim Oberbefehlshaber des kaiserlichen Heeres, dem Herzog Karl von Lothringen, zu melden und an dem bevorstehenden Feldzug als Volontär teilzunehmen. Bei seinem Aufbruch in Paris hatte er, wie man dem König meldete, einen großen Degen mitgenommen. Die Historiker wollen wissen, daß er mit diesem Degen auch in seinen ersten Kampf zog.

Man darf dem Datum dieser Audienz in Passau historische Bedeutung zuerkennen und es auch als ein wesentliches Datum für Wien ansehen. Denn als Schlachtenheld und Titelfigur des Lieds vom edlen Ritter mag er europäisches Format haben – doch daneben war er der typische »zuagraste« Wiener, und sein Ruhm als Bauherr, Freund der Künste und Sammler von Kunstschätzen kam der Stadt zugute, die er zu seiner Wahlheimat erkor. In Wien kann man vor allem diesen seinen Ruhm pflegen.

Die Lebensbeschreibung des Prinzen Eugen füllt, nimmt man die gründlichste Biographie her, fünf Bände und läßt sich in ein Porträt von wenigen Seiten kaum fassen. Aus der Fülle von Daten und Fakten aber ist ein faszinierendes, immer noch von Geheimnis umwehtes Psychogramm herauszuschälen.

Es gibt nur wenige Briefe persönlichen Inhalts und keinerlei Selbstzeugnisse, es gibt fingierte Schriften, die lange en vogue und zitabel waren, und es gibt Berichte von Zeitgenossen, die einander widersprechen. Den Lebenslauf des Helden kann man beschreiben, ihn selbst aber nur sehr vage und umrißhaft darstellen.

Das beginnt schon mit den indiskreten Mitteilungen über seine Jugend. Er soll – und niemand widerspricht dem ernsthaft – sich in Paris »sittlicher Verfehlungen« schuldig gemacht haben. Man berichtete, er habe »die Dame agiert«, und erzählte sich noch Jahre später von ihm, er »incommodiere« sich nicht mit Damen, »ein paar schöne Pagen wären besser seine Sache«. Sicher sind das Indiskretionen, die kaum ins Gewicht fielen. Doch mußte Eugen, der weiblicher Verlockung gegenüber weniger Schwäche zeigte, gegen Gefahren, wie sie gro-

Solche kunstvollen Ledereinbände mit dem Savoyer-Wappen ließ sich Prinz Eugen für seine Bücher anfertigen. Der türkische Gesandte behauptete, der Prinz lasse seine Bücher in Janitscharenhaut binden.

Links: Der kaiserliche Hofmaler Jacob van Schuppen, seit 1716 in Wien tätig, porträtierte den Türkenbesieger Prinz Eugen.

In Festbeleuchtung präsentierte sich die Böhmische Hofkanzlei anläßlich des durch Prinz Eugens erfochtene Siege geschlossenen Friedens von Passarowitz im Jahre 1718.

ßen Männern beim Umgang mit intriganten Frauen stets drohten, immun zu sein schien, Anspielungen solcher Art über sich ergehen lassen.

Nicht mehr in diese Intimsphäre, die wir ansonsten gern respektieren, gehört, daß er ein Freund der Künste wurde, ein Sammler schöner Dinge und zuletzt, als einsamer, unverheiratet gebliebener Mann, verzweifelt nach Familienmitgliedern Ausschau halten mußte, denen er seinen beträchtlichen Besitz vererben konnte.

Er war, auch das gehört zum geheimnisumwitterten Persönlichkeitsbild, was man einen »unergründlichen Menschen« nannte, behielt nach den Zeugnissen seiner engsten Vertrauten »in allen Zufällen die gewöhnliche Gleichgültigkeit des Gesichts« und verwandelte sich nur in den großen Momenten seiner Schlachten in den fanatischen und überzeugenden, mitreißend motorischen Feldherrn, der dann allerdings allein durch die Wirkung seiner Person imstande war, ganze Armeen mit neuem Mut zu beseelen, anscheinend ausweglose Situationen zu meistern und so also die Energie selbst zu sein.

Er war, das kann jeder heute an Hand seiner Porträts nachprüfen, ein kleiner, häßlicher Mann. »Ein kurz aufgeschnupftes Näschen, ziemlich langes Kinn und so kurze Oberleffzen, daß er den Mund allezeit ein wenig offen hat und zwei breite, doch weiße Zähne sehen läßt; ist nicht gar groß, schmal von Taille und hatte zu meiner Zeit, wie er hier war, schwarze platte Haare.« Das ist kein schmeichelhafter, doch offenbar getreuer Bericht der Herzogin von Orléans, und man könnte andere, ähnlich wahrheitsgetreue zitieren. Sie alle schaden dem Bild unseres Helden keineswegs.

Daß er sich dem Haus Habsburg verschrieb, wurde ihm spätestens nach seinen ersten militärischen Erfolgen durch hohe finanzielle Zuwendungen gedankt. 1691 schon hatte er ein Haus erworben. Seine flehentlichen Briefe an die »Zentrale« in Wien, in denen er den total verwahrlosten Zustand der Armee beklagte, geben uns Auskunft über seine persönlichen Sorgen als Feldherr, die er aber mit vielen anderen hohen Militärs im Dienste der Habsburger teilt. Wie andere nach ihm auch beharrte er dennoch auf seiner Treue zum Herrscherhaus.

Daß er dem heimischen Kunstverstand wenig zutraute, entsprach wohl seiner Herkunft und dem in

Wien herrschenden Geschmack. Immerhin beschäftigte er zwei aus dem Lande stammende Architekten, die zu seiner Zeit in der Hauptstadt en vogue waren. Doch seine literarischen Berater holte er sich aus Frankreich oder Deutschland, den Kustoden und Mehrer seiner Bibliothek beispielsweise aus Paris; und selbst für so unwesentliche Dinge wie Buchbinderarbeiten engagierte er Ausländer. Die Register seiner Gemäldesammlung zeigen seine Vorliebe vor allem für die Niederländer und Italiener; da finden sich berühmte Namen wie Rembrandt, Breughel und Reni. Französische Malerei lehnte er, wohl aus Ressentiment, ab.

Als er, hochbetagt und allen Anfeindungen längst entzogen, starb, brach nach der landesüblichen, typisch wienerischen großen Trauer ein Sturm der Entrüstung los, weil seine Erbin anreiste, nicht, um das Erbe anzutreten, sondern um es rasch und rücksichtslos zu Geld zu machen.

Prinz Eugen war, und das viel mehr als alle anderen Kriegshelden oder Staatsdiener irgendeiner Epoche Österreichs, der treue Diener seiner Herren, wohl der konsequenteste Untertan des habsburgischen Herrscherhauses. Er blieb ein Leben lang dem Entschluß treu, den er im Herbst des großen Türkensturms dem Kaiser Leopold unterbreitet hatte. Und Wien als die Residenzstadt wurde ihm zur zweiten Heimat. Er lebte gern hier, umgab sich mit Prunk und Zeremoniell, denn die Mittel dazu hatte er.

Seine Privatkorrespondenz fiel in die Hände seiner Nichte und ist verschollen. Erhalten geblieben ist nur die »geheime Korrespondenz«, die rein politischer Natur ist. Und Tagebuch gibt es keines. So daß die Wissenschaftler, die ihm in den folgenden Jahrhunderten auf die Spur zu kommen suchten, immer nur den Feldherrn, Sammler und Gönner fanden, nicht aber den Menschen. Der blieb ihnen, wie sie allerdings immer zugaben, ein Geheimnis.

Der »Edle Ritter«, von einem anonymen Liedermacher wirkungsvoll besungen, ist uns als ein Monument im Gedächtnis. Was Grillparzer, Hofmannsthal, Reinhold Schneider über ihn geschrieben haben, ist uns so fern und eigentlich schon ebenso unbekannt wie die Elogen und Dichtungen, die ihm in ganz Europa schon zu seinen Lebzeiten geschrieben wurden. Prinz Eugen von Savoyen hat es verstanden, sich auch als historische Person auf einen Sockel zurückzuziehen.

Bauherr des barocken Wien

Wien dankt – oder hätte wenigstens zu danken – dem Prinzen Eugen mehr als nur die kriegerischen und diplomatischen Heldentaten. Seine Bauten, seine Sammlungen haben Bestand durch die Jahrhunderte und gehören zu der Stadt, die sich glücklich schätzen darf, daß ein zugezogener Söldner der Habsburger sein verdientes Geld innerhalb ihrer Mauern in bleibenden Werten anlegte.

Prinz Eugen kam mittellos in den Dienst der Habsburger, ihm fehlte der Reichtum des eingesessenen Adels, ihm war aber auch die Raffgier des echten Condottiere fremd. Aus seinem Schlachtenruhm zog er bei weitem nicht den finanziellen Nutzen, den eine weniger vornehme Natur unschwer hätte ziehen können. Doch seine glänzende Karriere als militärischer Führer konnte nicht ohne wirtschaft-

»Der Baumeister«, Illustration zu Abraham a Sancta Clara. Doch der Prediger kann sich zur edlen Baumeisterei eine boshafte Randbemerkung nicht verkneifen: »Krieg, Feuer und Zeit verlacht der stolzen Häuser Pracht.«

liche Folgen bleiben. Acht Jahre nach seiner Ankunft in Wien hatte er genug Geld, um sein erstes Palais bauen zu lassen.

»Aus der großen Menge der herrlichsten und vortrefflichsten Paläste meritiert das schöne und unvergleichliche Palais des Prinzen Eugen in der Himmelpfortgasse mit Recht den ersten Platz, weil es die anderen alle sowohl an Schönheit als Kostbarkeit übertrifft«, schreibt unwidersprochen Johann Basilius Küchelbecker, dem man eine genaue Schilderung der kaiserlichen Residenzstadt verdankt.

Das heute beinahe vollständig restaurierte und teilweise auch im Inneren im Prunk der Zeit adaptierte Palais war die Stadtresidenz und erste architektonische Leistung des Savoyers. Fischer von Erlach hat den Bau konzipiert, 1691 war ein Haus in der Himmelpfortgasse erworben worden, und spätestens 1693 war der in Italien ausgebildete, damals jedoch in Wien schon bekannte Architekt an der Arbeit, um den Intentionen des Prinzen gerecht zu werden.

Das Palais wurde aber nicht von Fischer von Erlach vollendet, sondern von einem anderen, dem zweiten berühmten Barockbaumeister Wiens. Zeitpunkt und Grund der Übergabe der Arbeiten an Johann Lukas von Hildebrandt sind nicht dokumentiert. Der später »Gian Luca« genannte Baumeister war während der italienischen Feldzüge 1695/96 als Festungsingenieur bei der kaiserlichen Armee in Kontakt zu seinem späteren Bauherrn gekommen.

Man weiß, daß der Prinz sich stets, auch im Felde, um den Fortgang der Bauarbeiten und der Innendekorationen Gedanken machte, daß er später auch die Anlage seines großen Gartens ganz nach seinen Intentionen ausführen ließ. Er kümmerte sich um jedes Detail, das beweist die umfangreiche Korrespondenz, zwar nicht von seiner Hand, denn wegen seiner Kurzsichtigkeit diktierte er und unterschrieb die meisten Briefe nur.

Der Marmorsaal des Oberen Belvedere, nach einer Zeichnung Salomon Kleiners, 1731. Baumeister Lukas von Hildebrandt brauchte sich, was die prunkvolle Ausgestaltung seines Entwurfes anlangte, keinerlei Zurückhaltung aufzuerlegen.

Salomon Kleiner fertigte in den Jahren 1731–1740 ein großes Kupferstichwerk über das Belvedere an, dem alle drei Abbildungen entnommen sind. »Parade- und Audienz-Zimmer« ist die Abbildung oben unterschrieben; das Bild rechts oben zeigt die Menagerie, die sich an der dem heutigen Gürtel zugewendeten Parkseite befand; und auf dem Bild rechts unten hat Kleiner den »Prospekt der Haupt-Kaskaden in der Mitte des Gartens« festgehalten.

Die Baugeschichte sowohl des Stadtpalais, das der Prinz in unermüdlicher Sammlertätigkeit mit immer neuen Kunstschätzen ausstattete, wie auch der zweiten Residenz außerhalb der Stadtmauern ist erforscht. Letztere bezeichnen wir heute als Unteres und Oberes Belvedere, und von ihrer Gartenanlage sprach damals ganz Wien.

Vor allem dieser »Garten« ist in zahlreichen Dokumenten festgehalten, immer wieder findet man Bemerkungen sowohl über seine weitere Ausgestaltung wie auch über die Schwierigkeiten, die bei dessen Anlegen und Bepflanzen zu überwinden waren. Der Prinz holte Experten nach Wien, beschaffte sich sowohl Genehmigungen als auch Pläne für die Bewässerung, lieh sich den Generaldirektor der Gärten des Kurfürsten von Bayern, einen in Paris ausgebildeten Mann, und durfte bald mit Befriedigung feststellen, daß die Gartenanlage alle Welt bereits in Erstaunen versetzte, als er das »obere« Belvedere noch gar nicht in Angriff genommen hatte – ursprünglich sollte dort nur ein Gartenbelvedere stehen, doch Prinz Eugen erhielt von seinem kaiserlichen Dienstgeber nach dem militärischen Triumph bei Belgrad und dem glanzvollen Friedensschluß von Passarowitz reiche Geldgeschenke, die er in eines der schönsten Bauwerke der Zeit ummünzte.

Der Chronist und mehr noch der Kunstfreund haben die Anlage immer wieder beschrieben. Wir können uns neue Hymnen ebenso ersparen wie alle Zitate, denn der Bau kündet unverändert von der Pracht des barocken Wien, und den Garten kann der Wiener jederzeit staunend durchwandern. Daß ringsum die Stadt gleichsam aufatmend aus ihrer Enge in die Weite der bis zum letzten Türkensturm

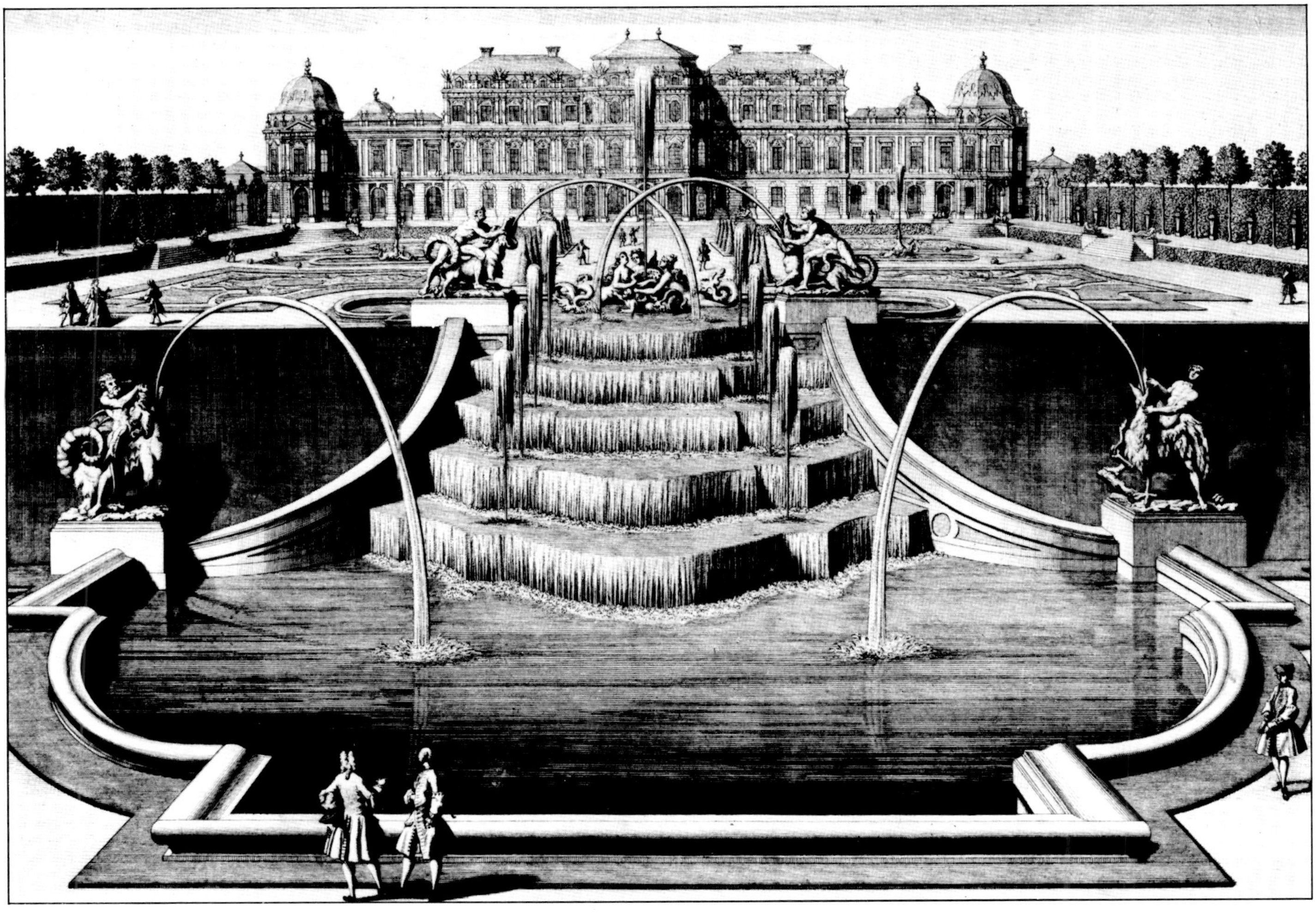

immer wieder der Verwüstung anheimfallenden Vorstädte fand, versteht sich ebenso wie die Tatsache, daß die Schwarzenberg, Schönborn und andere auch bauen ließen und dabei gleichfalls die großen Architekten der Zeit in ihre Dienste nahmen. Bleibt zu sagen, daß Prinz Eugen sie alle übertraf und sich für sein Vorstadtschloß mit sicherem Blick den schönsten Platz vor den Toren der Stadt sicherte.

Und selbstverständlich auch, daß er, der vor seinen Wiener Bauvorhaben auch in Ungarn sich einzurichten wußte, mit der Vollendung seines großen Sommersitzes nicht genug hatte, sondern das Jagdschloß Schloßhof im Marchfeld plante und bauen ließ. Wofür es wenigstens zwei Gründe gab: die Jagdleidenschaft des Prinzen und die Notwendigkeit, ein Refugium in einiger Entfernung vom Wiener Hof zu haben. Marschall Villars will um die Jahreswende 1713/14 die Anregung dazu gegeben haben und überliefert uns selbst seinen Gedankengang, wie er ihn dem Prinzen nahelegte:

»Obwohl es sicher ist, daß die von Ihnen dem Haus Österreich geleisteten großen Dienste Ihnen für immer den ersten Platz am Hofe des Kaisers sichern werden, ist es ein Gebot der Klugheit, sich eine Retraite zu schaffen, zumal Sie mir gesagt haben, daß Sie schon mitunter daran gedacht haben, sich zurückzuziehen.«

Der Rat muß dem treuen Diener eines Hofes, an dem man stets auch mit Feinden zu rechnen hatte, eingeleuchtet haben.

Ebenfalls aus Salomon Kleiners Kupferstichwerk über das Belvedere: Detailansicht der Menagerie. Dem Beschauer wurden die Namen der exotischen Tiere und Pflanzen nicht vorenthalten. Aus der genauen Beschreibung: a Aur-Ochs, b Aur-Kuhe, e Meer-Hirschl, g Caffee. Prinz Eugens Lieblingssteinadler starb erst 1809, einen Tag nachdem Napoleon ihn besichtigt hatte.

Rechts: Ein Beispiel der barocken Groteskenmalerei ist die Wanddekoration im Groteskensaal des Unteren Belvedere, die von dem 1650 als Sohn eines Goldschmieds in Augsburg geborenen Jonas Drentwett stammt. Vorbild waren die eben freigelegten Wandmalereien in Pompeji.

Fürstendiener und Philosoph

Gottfried Wilhelm Leibniz, 1646 in Leipzig geboren, gilt allgemein als »der erste deutsche Denker der Neuzeit von europäischem Rang« und als »Begründer der neuscholastischen deutschen Philosophie«. Gleichzeitig aber sagt man auch von ihm, er habe seine vielseitige politische Tätigkeit gleichsam im luftleeren Raum entfaltet, ohne Auftrag, sie habe nie zu »ernsthaften Geschäften« geführt und sei ganz »im Stile des barocken Projektenwesens« gewesen.

Was das letztere angeht, so tut man Leibniz sicherlich ein wenig unrecht, wenn man seine Bemühungen auf politischem Gebiet derart bagatellisiert. Weltpolitik war seine Sache nicht, Wissenschaftspolitik aber betrieb er, den mehrfache Besuche und umfangreicher Schriftwechsel an das barocke Wien banden, mit nachhaltigem, wenn auch zu seinen Lebzeiten noch nicht fühlbarem Erfolg.

Der uns durch Bilder als stattlich überlieferte Mann studierte in Leipzig und Jena Jurisprudenz und Philosophie, erwarb 1667 die Doktorwürde, reiste nach Paris, wo er Mathematik und Naturwissenschaften studierte, und wurde 1676 Rat und Bibliothekar in Hannover – eine Stelle, die er vier Jahrzehnte lang bekleidete.

In diesen vier Jahrzehnten aber war er immer wieder bemüht, international zu wirken, vor allem in Wien an allerhöchster Stelle seine Ideen vorzutragen, deren Verwirklichung er sich vom Kaiser erhoffte.

1687 unterbreitete er Kaiser Leopold das Projekt einer literarischen Gesellschaft und einer Halbjahreszeitschrift. Wenn Deutschland, so schrieb er, schon keinen Vergil habe, so müsse sich doch nach der Niederwerfung des Erbfeindes ein nationales Epos erwarten lassen, das nur eine »Austriade« sein könne. 1690 warb er für eine »teutsch gesinnte Union« und sah darin den Kaiser als den »Anwalt der Christenheit«.

Vor dem Türkensturm hatte er für einen Kreuzzug plädiert, den Österreich und Frankreich gemeinsam gegen die Türken unternehmen sollten. Wien reagierte nicht darauf, die Franzosen erteilten ihm eine deutliche Abfuhr. 1688 dann schrieb er eine »Antiturca« über den Entsatz von Wien, richtete eine scharfe Satire gegen Ludwig XIV. und suchte alle von protestantischer Seite kommenden konfessionellen Einwände gegen den Kaiser zu entkräften.

1687/88 wurde er dann doch für mehr als ein halbes Jahr in Wiener Dienste genommen. Er durfte in der Hofbibliothek arbeiten und für den Kaiser Denkschriften verfassen, deren Inhalt seine Überlegungen wie auch die des Monarchen wiedergaben. »Vergleichung des orientalischen und des occidentalischen Türken« hieß eine Schrift, die sich noch einmal gegen Ludwig XIV. wandte. »Geschwinde Kriegsverfassung«, »Bedenken in betreff des Münzwesens« und »Kaiserlicher Majestät und des Reichs Recht auf die Judenschaft zu Frankfurt« waren weitere Aufsätze, die Leibniz in Wien schrieb.

Immer wieder in den folgenden Jahrzehnten reist der weithin geschätzte Philosoph nach Wien. 1700 ist er Gast des Kaisers, 1702 ist er wieder da und verteidigt die Rechte Erzherzog Karls als König von Spanien. 1704 endlich beginnt er, wiederum in Wien, den Kampf um sein größtes Anliegen: er bemüht sich um die Stiftung einer Akademie der Wissenschaften.

Dieses Projekt, fortan von Leibniz immer wieder vorgetragen und, von einem gewissen Zeitpunkt an, wenngleich mit halbem Herzen, auch vom Prinzen Eugen vertreten, scheiterte zwar zu seinen Lebzeiten an den Schwierigkeiten der Finanzierung und daran, daß man immer »Wichtigeres« vorhatte, und als es schließlich doch verwirklicht wurde, allerdings erst hundert Jahre später, war es immer noch die Idee, die unbestritten Leibniz als Urheber in Anspruch nehmen durfte. Die Gründung hatten andere zustande gebracht.

Bei einem Besuch des Prinzen Eugen in Hannover im Jahre 1708, meint man, sei dieser erstmals mit Leibniz in Kontakt gekommen. Ganz eindeutig steht fest, daß 1713 ein Werk des Philosophen dem

Gottfried Wilhelm Leibniz zum Gedenken wurde dieser Stich angefertigt. Unter das Medaillon setzte man eine Laudatio des Dichters Voltaire. Darin heißt es unter anderem: ». . . er lehrte die Könige, erhellte die Weisen und, klüger als diese, wußte zu zweifeln«.

GODEFROI GUILLAUME LEIBNITZ.
Né le 3 Juillet 1646. mort le 14 Novembre 1716.
Il fut dans l'Univers connu par ses Ouvrages,
Et dans son Païs même, il se fit respecter ;
Il instruisit les Rois, il éclaira les Sages,
Plus sage qu'eux il sut douter.
VOLTAIRE.

Vorhergehende Doppelseite: Martin von Meytens und seiner Werkstatt entstammt das große Ölbild vom Einzug Isabellas von Parma in Wien 1760. In der zweiten Reihe von unten fährt der Galawagen, der für den Fürsten Joseph Wenzel von Liechtenstein zu dessen Antrittsbesuch als Botschafter in Paris am 21. Dezember 1738 nach einem Entwurf des Nicolas Pineau gebaut wurde. Der »Goldene Wagen« ist bis heute im Besitz der Familie und steht jetzt leihweise in der Wagenburg von Schönbrunn.

Prinzen vorgetragen und von diesem als »hübsch« bezeichnet wurde, 1714 dann sind zahlreiche Besuche von Leibniz beim Prinzen verbürgt. Man weiß allerdings, daß der Philosoph ein Huldigungsgedicht schreiben mußte, um neuerlich die Aufmerksamkeit des Prinzen auf sich zu lenken, Mühe hatte, mehr als nur freundliche Beachtung zu erringen, und sich erst nach mehreren Besuchen geschätzt und beinahe verstanden fühlen durfte.

Prinz Eugen, der Künstler und Philosophen um sich versammelte, wenn er in Wien residierte, bewunderte Leibniz zuletzt sehr. Er forderte von ihm eine Zusammenfassung seiner philosophischen Schriften, sammelte auch andere Manuskripte von seiner Hand und schätzte offenbar den Philosophen und Wissenschaftler mehr als den Menschen Leibniz, einen nach zeitgenössischen Berichten oft auch unangenehm untertänig-aufdringlichen Mann, der als Kind seiner Zeit Fürsten zu unterhalten hatte, selbst jedoch nie den Fürsten des Geistes hervorkehren durfte, der er war.

Man darf nicht vergessen: auch Leibniz war selbst mit seinen größten Gedanken und Vorschlägen nichts als ein Bittsteller, und es wäre falsch, sich das Verhältnis der beiden Persönlichkeiten auf der Basis der Ebenbürtigkeit vorzustellen, als das zweier unbeschwert miteinander plaudernder Herren. Der Prinz war trotz aller Anerkennung für den genialen Leibniz nicht bereit, von seinem gesellschaftlichen Podest herabzusteigen.

Ein Biograph des Prinzen will das recht kühle Verhältnis darin begründet sehen, daß Leibniz aus Deutschland kam, während doch das, was auf der Höhe der Zeit war, offenbar nur aus Frankreich und Italien erwartet werden durfte. Der Prinz wollte, wie die erhaltenen Briefe nachweisen, oft lediglich Ratschläge, den Erwerb von Büchern für seine Sammlung betreffend, bekommen und ließ an Leibniz, wenn diese einlangten, ein angemessenes Honorar auszahlen.

Leibniz starb 1716, lange bevor die von ihm so befürwortete Akademie Wirklichkeit wurde. Trotzdem blieben seine politischen Gedanken nicht ohne Wirkung, und dank der Sammlertätigkeit des Prinzen Eugen ist sein Hauptwerk in Wien in einer von ihm angefertigten kompensierten Niederschrift aufbewahrt.

Die Gedenkrede für Leibniz, von dem noch Golo Mann bewundernd schreibt, er hätte die umfassenden Kenntnisse Lockes, den wissenschaftlichen Genius Newtons, den metaphysischen Tiefsinn Spinozas, die Frömmigkeit Bossuets und die unersättliche Neugier Pierre Bayles gehabt, hielt ihm der Sekretär der französischen Akademie, Fontenelle:

»Leibniz pflegte einen ungeheuer dichten Briefwechsel. Auf die Arbeiten und Projekte aller Gelehrten Europas liebte er es einzugehen; er half mit seinen Urteilen; er ermutigte und gab selber das Beispiel ... Er war immer guter Laune, und wozu auch wäre man sonst Philosoph? ... Man wirft ihm vor, das Geld geliebt zu haben. Er hatte ein sehr beträchtliches Einkommen durch Pensionen, die der Herzog von Wolfenbüttel, der König von England, der Kaiser und der Zar ihm gaben, und lebte einfach genug dabei. Ein Philosoph kann sich, selbst wenn er reich wird, dem unnützen und prahlerischen Treiben, das er verachtet, nicht hingeben ... Bei sich zu Hause war er der absolute Herr, denn er aß allein. Die Mahlzeiten nahm er nicht zu geregelten Zeiten, sondern wenn es ihm paßte ... Sein Gedächtnis war ein ungewöhnliches und entließ die aufgeschriebenen Dinge nicht, wie es sonst der Fall zu sein pflegt. Aber das Aufschreiben war notwendig, um sie für immer in seinen Geist einzugraben.«

Theatralingenieure und Johann Joseph Fux

Für zwei Künstler des Barock wird eine Festaufführung als Höhepunkt ihres Schaffens angegeben – diese fand 1723 in Prag und nicht in Wien statt, doch beide Künstler kamen aus Wien, und für diesen einen Tag war dann halt Prag eine Außenstelle Wiens. Johann Joseph Fux, Hofkompositeur und zum Zeitpunkt dieser Aufführung schon seit 8 Jahren Hofkapellmeister, komponierte für die Krönung Kaiser Karls VI. zum König von Böhmen »Costanza e fortezza«. Karl VI. war der dritte Kaiser, dem er dienen durfte.
Man trug den Komponisten in einer Sänfte nach Prag, da er seiner Gicht wegen nicht mehr anders reisen konnte. Antonio Caldara, Vizekapellmeister bei Hof, leitete dann die Aufführung auf dem Hradschin, und Fux, der den begabten jüngeren Kollegen gern protegierte, durfte als Zuschauer in nächster Nähe des Kaisers sitzen.
Giuseppe Galli-Bibiena, von dem die Ausstattung dieser Oper stammte, muß es sich gleichfalls gefallen lassen, daß man seine Erfindungen zu dieser Aufführung als Höhepunkt seines Schaffens ansieht. Mag sein, daß er andere seiner Opernausstattungen mehr gemocht hat; uns sind jedenfalls sieben in ihren Details aufregende Stiche von den Szenenbildern auf dem Hradschin erhalten geblieben, und im Verein mit zeitgenössischen Berichten läßt sich rekonstruieren, wie grandios die Effekte gewesen sein müssen, die man da unter freiem Himmel bestaunen konnte.
Galli-Bibiena allerdings war nicht, wie Fux, Träger eines Namens, den erst er selbst berühmt gemacht hatte, sondern dem schon andere vor ihm Geltung verschafft hatten. Denn die Galli-Bibiena waren ein Geschlecht von Theatralingenieuren und Bühnenbildnern, das aus Bibiena bei Bologna stammte und dessen berühmte Abkömmlinge für den nicht Eingeweihten ebenso schwer auseinanderzuhalten sind wie die Mitglieder der Walzerdynastie Strauß.
Fux war dagegen eine Einzelerscheinung, seine Eltern waren Bauern, er selbst blieb kinderlos und mußte die Kinder eines seiner Brüder adoptieren, um sein Erbe weitergeben zu können.

Antonio Daniele Bertoli war ein Mitarbeiter der Galli-Bibiena. Von ihm stammt die Figurine eines Pagen in türkischer Kleidung. Pagen steckte man gern in türkische Kleidung – oder man hielt sich einen Mohrenknaben.

Johann Joseph Fux stammt aus Hirtenfeld bei St. Marein am Pickelbach in der Oststeiermark. Man nimmt an, daß er in einer geistlichen Schule erzogen wurde und in Wien Gönner fand, die auf seine große musikalische Begabung aufmerksam wurden.
Seine Karriere ist beispiellos; mit 36 Jahren ist er Organist an der Schottenkirche in Wien – dies schon unter der Protektion des Kaisers –, und mit 38 Jahren erhält er den Titel eines Hofkompositeurs (1698). An einem von italienischen Musikern dominierten Hof, wo Theaterbesessenheit und Musikbegeisterung das Unterhaltungsleben kennzeichnen, hat der selbst komponierende Kaiser die Größe, den Musiker aus der Steiermark zu immer wesentlicheren Aufgaben heranzuziehen. Ein

Giuseppe Galli-Bibiena hat diesen Bühnenbildentwurf eines großen Platzes mit Reiterstandbild gezeichnet. Weite des Raumes und prunkvolle Architekturen waren charakteristisch für die Bühnenbilder der Barockzeit.

Glücksfall für Fux, einen so kenntnisreichen Herrn zu haben. Und ein Glücksfall für die Musikgeschichte, denn Fux komponiert nicht nur geistliche Werke und Opern, wie es von ihm gefordert wird, sondern er schreibt in tadellosem Latein auch eine theoretische Abhandlung, die für die Generationen nach ihm das einzige kompetente Lehrbuch wird. Der »Gradus ad Parnassum« ist das Fundament, auf dem nach ihren eigenen Aussagen Vater und Sohn Mozart, die Brüder Haydn, Ludwig van Beethoven und alle anderen Großen bis hinein ins beginnende neunzehnte Jahrhundert aufbauen. Gleichzeitig ist es eine Kontrapunktlehre, die Fux selbst immer wieder regelwidrig anwendet – und somit also ein gutes Lehrwerk. Denn es gehört sich, daß schon die Kompositionslehrer selbst meinen, man dürfe ihre Regeln beugen, wenn man es als schöpferischer Mensch für notwendig hält. Fux sagt das auch in seiner Vorrede, und zwei Jahrhunderte später hält es Schönberg mit seiner Harmonielehre nicht anders.

Johann Joseph Fux, nach einem Gemälde von Nikolaus Buck, 1717. Die Allongeperücke zeigt, daß er in die Welt des Adels aufgestiegen war.

Uns scheint es aber seltsam, daß die barocken Wunderbauten der diversen Galli-Bibiena und die Musiken der damals Komponierenden Ausdruck ein- und desselben Kunststils sein sollen. Allein, man kann aus diesen unseren Schwierigkeiten auch etwas lernen. Was barocke Prachtentfaltung ist, das begreifen wir spontan, wenn wir Stiche von Opernaufführungen in den damals aus Holz aufgeführten und mit den kompliziertesten Theatermaschinerien ausgestatteten Schauspielhäusern sehen. Zu gleicher Zeit aber fällt es uns schwer, die Musik als ähnlich prunkvoll zu empfinden – denn zu aufwen-

dig und prächtig ist seither komponiert worden. Vor allem, was die Quantität anlangt, ist bei der Musik eine Steigerung bis in unser Jahrhundert zu vermerken, während die Architektur sich seit dem Barock zwar verändern, jedoch kaum noch zum Monumentaleren hin entwickeln konnte.
Und weiter ist daraus zu lernen – und dies ist ja vielleicht für den Leser eines Text-Bild-Bandes ein genüßlicher Nebeneffekt –, daß Musik eine rascher alternde Kunst ist, deren Lebensdauer nicht mit der von Literatur oder darstellender Kunst verglichen werden kann. Wenn man heute barocke Musik in der Originalbesetzung vorgesetzt bekommt, dann muß man sein Ohr erst an den Klang gewöhnen, um mehr als bloß ihren Grundcharakter zu verstehen. Steht man jedoch vor einem barocken Bau, dann hat man alsogleich die Ahnung von Glanz und Gloria, die den Architekten von einst beflügelten.
Dennoch gehörten Künstler wie der aus einem kleinen Dorf stammende Fux und die in ganz Europa wirkenden Galli-Bibiena derselben Epoche an, waren sie dem theatralischen Sinn desselben Kaiserhofes dienlich, und erst durch ihr Zusammenwirken entstanden jene Feste, von denen die Zeitgenossen mit Staunen berichteten und die Historiker nie schreiben können, ohne in poetische Nebensätze zu verfallen.
Die schon erwähnte Aufführung auf dem Prager Hradschin, so etwas wie die Krönung des Schaffens von Fux und Giuseppe Galli-Bibiena, war nur eine in einer langen Reihe von theatralischen Festen, deren Prunkentfaltung und Aufwand man sich heute nur schwer vorstellen kann. Wenn man zum Vergleich das Kunstleben unserer Zeit heranzieht, dann hat es kein künstlerisches Ereignis gegeben, das ähnlichen Glanz und ähnlichen Widerhall ins zwanzigste Jahrhundert gebracht hätte.
Wieder zeigt sich das alte Übel: Die Habsburger hatten genügend Geldmittel für Theaterleute, während es ihnen offenbar schwerfiel, ihre Armeen mit dem Nötigsten zu versehen. Die brieflichen Klagen des Prinzen Eugen waren an einen Hof gerichtet, der durchaus in der Lage war, prunkvolle Feste auszurichten. Und die damals oft geführte Beschwerde, daß – unter Leopold I. – ein fix besoldeter Kastrat eine Jahresgage von 1.800 Gulden beziehe, berühmte Primadonnen auch auf 4.000 Gulden jährlich kämen, Staatsdiener in den höchsten Rängen dagegen mit weit geringerem Salär auszukommen hätten, ist ebenfalls notierenswert. Zwar gibt es keine Budgetziffern für Theateraufführungen, doch einzelne überlieferte Beträge lassen ahnen, wie wenig Türkennot und Pest den Hof daran zu hindern vermochten, Unsummen für Theatermaschinen oder etwa für Federn an den Kostümen der Darsteller auszugeben. Bedenkt man noch, daß Burnacinis prachtvoller Theaterbau an der Stelle der heutigen Nationalbibliothek – wie bereits erwähnt – während der Türkenbelagerung abgerissen werden mußte, unmittelbar darauf wieder neu aufgeführt wurde, woraufhin er zwei Jahre darauf, 1699, einem der damals so häufigen Theaterbrände zum Opfer fiel, dann bekommt man eine Vorstellung von der Verschwendung, der man sich befleißigte, wenn es um Musiker, schöpferische wie ausübende, Theatraliker und Inszenatoren ging.
Und trotzdem, aus heutiger Sicht waren es keine verschwendeten Summen. Denn ihnen verdanken wir die Werke des Johann Joseph Fux und seine musiktheoretische Arbeit, auf dem die noch heute so genannte Wiener Klassik aufbaute. Und von den Schöpfungen Burnacinis und der Galli-Bibiena wiederum haben sich da und dort in Europa Theaterbauten erhalten, die – nach sorgsamer Restaurierung – heute nach wie vor »in Betrieb« sind.
Gemeinsamkeiten lassen sich bei dem steirischen Bauernsohn und den weltgewandten italienischen Bühneningenieuren unschwer entdecken. Die Leidenschaft zum Metier ist wohl eines der hervorstechendsten Merkmale, die diese wie auch jenen auszeichnete. Wie anders wäre die Bemerkung zu deuten, die Fux in einer autobiographischen Notiz über seine Einstellung zur Musik macht? »Zur Zeit,

Vorhergehende Doppelseite: Ferdinando Galli-Bibiena, der Vater Giuseppes, er lebte bis 1743, entwarf für eine Festaufführung dieses Szenenbild. Es wirkt wie die fast ins Monströse projizierte barocke Architektur jener Zeit.

Nach einem Entwurf Jacob van Schuppens entstand dieser Stich, der die Erstausgabe des »Gradus ad Parnassum« von Johann Joseph Fux ziert, die 1725 in Wien erschien.

PARNASSVM

Zwei Figurinen von Antonio Daniele Bertoli zeigen, wie sehr der Bühnenbildner damals seiner Zeit verhaftet war. Der Kavalier links trägt barocke Tracht, der römische Feldherr rechts kleidet sich in stilisiertem Barock.

als ich noch nicht im vollen Gebrauch meiner Vernunft war, wurde ich durch die Heftigkeit ich weiß nicht welchen Triebes hingerissen, es richtete sich all mein Sinnen und Trachten auf die Musik, und auch jetzt bin ich von einer wunderbaren Begierde, sie zu erlernen, durchglüht und wie willenlos dahin gedrängt; Tag und Nacht scheinen meine Ohren von süßen Klängen umtönt zu werden, so daß ich an der Wahrheit meines Berufs keinen Grund zu zweifeln habe.«

Dergleichen liest man im Vorwort zum »Gradus ad Parnassum«, und an anderer Stelle zeigt Fux uns, daß er durchaus imstande ist, selbstbewußt über sich Auskunft zu geben: »... Ich könnte viel Vorteilhaftiges für mich von meinem Aufkommen, Unterschiedhaftiges unterschiedlichen Dienstverrichtungen überschreiben, wenn es nicht wider die Modestie wäre, selbst meine Elogia hervorzustreichen. Indessen seie mir genug, daß ich würdig geschätzt werde, Caroli VI. erster Capellmeister zu sein.«

Seine Musiken sind dauerhaft; das früheste in Wien datierte Werk war ein Requiem, das 1697 zur Trauerfeier für die Herzogin Eleonora von Lothringen, eine geborene Erzherzogin von Österreich, geschrieben und aufgeführt wurde – es erklang wieder, als man Prinz Eugen 1736 zu Grabe trug, und nochmals 1740, beim Begräbnis von Fuxens kaiserlichem Dienstherrn. Zu seiner eigenen Beisetzung spielte man eine andere Messe; allerdings war auch sie, »In fletu solatium« überschrieben, ein Werk von Fux.

Die Familiengeschichte der Galli-Bibiena zu erzählen kann nicht Aufgabe eines einzigen Buches sein. Der Stammvater hieß Giovanni Maria der Ältere und kam aus Bologna. Francesco (1659–1739) war der erste der Sippe, der in Wien – als erster Theatralingenieur – wirkte, dann folgte sein älterer Bruder Ferdinando (1657–1743), der daraufhin seinen Sohn Giuseppe (1696–1756), den Partner von Fux, nach Wien holte. Daneben ließ er freilich auch dessen Bruder Antonio (1700–1774) arbeiten, der ebenfalls als Theatralingenieur bei Hof unterkam und außerdem für die Esterházy tätig war. Letzter Galli-Bibiena, von dem die europäische Theatergeschichte zu berichten weiß, war Carlo (1728–1787), Sohn des Giuseppe. Er arbeitete zusammen mit seinem Vater nicht nur in Wien, war vielmehr bei dessen Triumphzügen durch Europa – Bayreuth hat beispielsweise ein Theater nach Giuseppes Entwürfen – mit dabei und fand zuletzt bis nach Rußland, wo er in St. Petersburg für den Zaren inszenierte.

Über hundert Jahre Theatergeschichte sind so geprägt von einem einzigen Namen; was damals für das Theater erfunden wurde an Vorrichtungen für den Bühnenraum, das stammte alles von einem der Galli-Bibiena. Opernhäuser in Wien, Dresden, Berlin, Siena, Bologna, Turin, Mantua, Florenz, Bay-

reuth, Neapel und St. Petersburg wurden von ihnen entweder miterbaut oder ausgestattet oder zumindest zu Stätten ihrer Bühnenschöpfungen gemacht.
Zentrum ihrer Tätigkeit aber war Wien zur Zeit der drei kunstliebenden, musikalischen Kaiser, die immer neue Bühnen errichten, immer neue Spiele aufführen ließen, ungeachtet dessen, was die Zeiten mit sich brachten. Wenn auch andere Höfe in Europa durchaus bereit waren, mit Wien in Konkurrenz zu treten, Künstler es also auch dort nicht schwer hatten, Geld zu machen, so muß Wien ihnen doch wohl mehr geboten haben als gutes Einkommen – vielleicht das Gefühl, in dieser theatralischen, theaterbesessenen Stadt ihrer künstlerischen Berufung frönen zu können und neben Honorar auch noch Verständnis zu finden.

Der Hanswurst

Einer der bedeutendsten Spielleiter des barocken Ordenstheaters, Franciscus Lang aus München, appellierte an seine als Darsteller ausgewählten Zöglinge ernsthaft, sie mögen sich die berühmten Kanzelredner anhören und deren Ausdruck studieren. Und aus Wien weiß der Theaterwissenschaftler Kindermann zu berichten, die Predigten Abraham a Sancta Claras hätten immer auch berühmte Berufsschauspieler angelockt, die keineswegs um ihres Seelenheils willen, sondern auf der Suche nach neuen mimischen Effekten, die sie sich von dem in Wort und Schrift gleich gewaltigen Pater abzusehen erhofften, dessen Kanzelauftritte besuchten.
Vielleicht war unter ihnen auch ein junger Mann, dem es bestimmt war, mit einem für heutige Zeiten kaum vorstellbaren Einsatz an Ideen und Fleiß wenigstens drei Berufe mit Erfolg auszuüben: Josef Anton Stranitzky, »Zahnbrecher«, Prinzipal einer Schauspieltruppe, Schauspieler und Theaterdichter und Schriftsteller. Der Mann, dem wir eine Figur verdanken, die zuerst als ländliche Kasperlefigur gedacht war, im Lauf der Zeit jedoch zu einem wienerischen Begriff wurde: den Hanswurst nämlich.
Wie sah der Hanswurst aus? Es gibt darüber genügend zeitgenössische Berichte – und selbstverständlich auch Zeichnungen. Um 1700 jedenfalls präsentierte sich der Salzburger Bauer Hans Wurst seinem ihn bejubelnden Publikum so:
»Das ausdrucksvolle Gesicht schmückt ein kurzgehaltener schwarzer Vollbart und ein leichter Schnurrbart, die Fliege aber mangelt, so daß der Mund, welchem Witz auf Witz entströmt, in charakteristischer Weise freibleibt. Das Haupthaar ist ganz glatt zurückgekämmt und auf dem Scheitel zu einem kronenartigen Büschel zusammengebunden. Das Gewand besteht aus weiten, bis zu den Knöcheln reichenden, sich verengenden Pumphosen, welche an den Seitennähten und unten tambouriert und paspoilliert sind; außerdem hat der Hanswurst einen Ledergurt durch eine Schließe befestigt, und in demselben steckt links einem Schwerte gleich die Holzpritsche. Der blaue Brustfleck ist in der Brust-

höhe durch ein aufgenähtes grünledernes Herz geziert, neben welchem links und rechts die Anfangsbuchstaben seines Namens, H. W., erscheinen, eine Mode, die sich bis heute erhalten hat. Über dem Brustflecke und dem Hemde, dessen Krause am Halse und den Händen zu sehen ist, trägt der Hanswurst eine oben offene ›Joppe‹ mit enge schließenden Ärmeln. Sein Hut ist der bekannte grüne spitze Filz, über die Schultern hängt ein Ränzlein in Form einer dicken Wurst. Die Füße stecken in Bundschuhen.«

Man darf annehmen, daß diese genaue Beschreibung des Hanswurst, der sich zu seiner Zeit mit zwei »n« schrieb, also »Hannswurst«, dem Umstand zu verdanken ist, daß er damals eine schildernswerte Figur war, die sich von anderen Spaßmacherfiguren unterschied.

Soweit es Herrn Stranitzky anging, so unterschied er sich wirklich von den Kollegen, und selbstverständlich vor allem von denen in Italien. Und nicht nur durch die Kostümierung, nicht einmal dadurch, daß er in ländlicher Tracht erschien, sondern durch sein ganz und gar wienerisches Temperament. In welchem Stück er auch immer vorkam, er war ein Wiener. In welcher Situation er auch immer einen Witz anzubringen hatte, er wußte ihn lokalpatriotisch zu färben. Vom Hanswurst führt, grob gesprochen, eine direkte Linie zu den komischen Figuren Johann Nestroys und sogar weiter zur Operette, in der vor allem die Buffos und die Dritte-Akt-Komiker an geeigneter Stelle ein Loblied auf Wien anzustimmen hatten.

Sosehr man den Wiener als selbstzerstörerischen Menschen charakterisieren kann – er mag es nicht, wenn Zugereiste ihn kritisieren, und er kann Wagenladungen von Lob vertragen. Der zugereiste Theaterprinzipal Stranitzky wußte das, kam dem Bedürfnis nach und erwarb sich damit ein für seine Zeit beträchtliches Vermögen.

Stranitzky war, wie es einem in späteren Zeiten als »Ahnherrn Nestroys« Deklarierten geziemt, ein gebildeter Mann. Er war einer der ersten »Zahnbrecher«, der auf ein hierfür erworbenes Diplom verweisen konnte. Die Geschichte der Medizin, die sehr genau zwischen zugelassenen Heilern und Quacksalbern zu unterscheiden weiß, gibt als ersten Wiener »Zahnarzt« 1666 einen Johann Radler an, der geprüft und für würdig befunden wurde, Zähne zu ziehen, zu befestigen und zu reinigen. Und bescheinigt auch Stranitzky, er habe die nötigen Qualifikationen besessen. Womit sie ihm zugleich bescheinigt, daß er in der Geschichte der Schauspielerei sozusagen einen Markstein darstellt. Denn vor ihm gab es unter dem »wandernden Volk« immer wieder Schauspieler, die sich daneben als Wunderheiler betätigten – gefährliche Menschen, vor denen der Bürger sich hütete. Stranitzky hat, wenn man so will, durch seinen von der Universität formell bestätigten Eintritt in die Heilkunst die von ihm erfundene Hanswurst-Figur »geadelt«.

Links: In dem um 1705 in Augsburg erschienenen Kupferstichwerk des Jacques Callot: »Callots Neueingerichtetes Zwergen Kabinett« findet sich diese Darstellung des Wiener Hanswurst. Wie in der zeitgenössischen Beschreibung angegeben, trägt er die paspoillierten Pumphosen, den spitzen Filzhut und die offene Joppe und hat das Haar auf dem Scheitel zu einem kronenartigen Büschel zusammengebunden.

Rechts: Die Donau zwischen Kahlenberg – heute Leopoldsberg – und Bisamberg, ein kolorierter Kupferstich des Matthäus Merian. Das Blatt ist einem alten Atlas beigebunden.

Prospect der Tho-
nau zwischē dem Kale-
berg und Bisnberg.
Kalen berg
Kalen

Den Beruf des Zahnbrechers illustriert uns Burnacini durch seine Genrezeichnung, die wahrscheinlich zugleich Entwurf für eine Theaterszene war. Daß Zahnbrecher Stranitzky zu Pferde ordinierte, ist kaum anzunehmen.

Das Wort vom Fleiß ist schon gefallen. Der Tagesablauf des Vielseitigen ist nirgendwo beschrieben, doch man muß nur einmal überlegen, was er alles gleichzeitig tat, um zur Überzeugung zu gelangen, daß er ein überaus fleißiger Mann gewesen sein muß. Er unterhielt die den primitiven Verhältnissen der Zeit entsprechende Zahnarztpraxis. Er schrieb für sein Komödienhaus ein Stück nach dem anderen – und ließ nur seine eigene Rolle manchmal unausgeführt, gleich dem musikalischen Improvisator, der seinen Part nur andeutungsweise zu Papier bringt. Er studierte mit seinen Schauspielern die Stücke ein, in denen er selbst Hauptrollen spielte. Und er war als Theaterdirektor natürlich für die Abwicklung der finanziellen Angelegenheiten verantwortlich und mußte daher mit den Ämtern verhandeln, die es bis heute einem Theaterdirektor nicht leicht gemacht haben. Und daneben – man vermag kaum zu sagen, wann – schrieb er Traktate, populäre Schriften, Kalender, die er dann selbst an sein Publikum vertrieb.

Man kann diese Schriften, die äußerst unterhaltsam waren, getrost als Teil von Stranitzkys Werbekampagne bezeichnen. Daß ausgerechnet sie immer wieder aufgelegt wurden, schließlich Eingang in die Literaturgeschichte gefunden haben, liegt nicht an ihrem dichterischen Wert, sondern ist der Popularität ihres Autors zuzuschreiben. Denn zu Stranitzkys Zeiten erschienen derartige Schriften zuhauf – und gerieten bald in Vergessenheit.

Ein Beispiel dafür, wie sich Stranitzky in die Herzen seines Publikums hineinschrieb: »Lustige Reyß-Beschreibung / Aus Saltzburg in verschiedene Länder. Herausgegeben von Joseph Antoni Stranitzkhy / Oder den so genannten Wiennerischen Hannß Wurst« heißt ein Büchlein, das in dreizehn »Bildern« eine kolossale Reise schildert, die natürlich im Komödienhaus zu Wien endet. Die Szenenfolge ist zu albern, um zur Gänze nacherzählt zu werden. Immerhin, der um die Gunst seiner Leser – die ja auch sein Publikum darstellten

– buhlende Hanswurst Stranitzky gelangte von Salzburg nach Moskau, von dort nach Tirol, sodann nach Schweden und Grönland, wurde auf dem Heimweg in Ungarn von den Türken gefangen – um auch auf das Thema Türken zu kommen – und beendete seine Reise schließlich da, wo er hingehörte. Bild dreizehn hatte daher folgende Inhaltsangabe: »Hannß Wurst langet zu Wienn an: kommt ungefehr in das Comoedi.Hauß / suchet Dienst / wird von daselbstiger Bande als Baur auff- und angenommen / und beschliesset seine Reyß.«

Daß Stranitzky mit seiner Art von Theater in Wien Wurzel schlug, ist erwiesen. Angesichts eines Hofes, der die italienische Oper pflegte, machte er Komödie, und zwar so erfolgreich, daß auch Mitglieder des Kaiserhauses zu seinem Publikum zählten.

Zwei seiner Mitglieder sind zu erwähnen: Der Schauspieler Johann Baptist Hilverding, mit dem er sich, wie man annimmt, zuerst in Wien assoziierte. (Hilverding war der Vater des später berühmten Tänzers und Choreographen Hilverding.) Und der Schauspieler Prehauser, der später Stranitzkys Hanswurst-Rolle übernahm.

Stranitzky bezog 1708 das »Komödienhaus am Platz nächst dem alten Kärnthnerthor« und spielte dort bis zu seinem Tod im Mai 1726, ab 1718 alternierend mit einer französischen Truppe. Nach einer kurzen Übergangsphase wurde das Haus im Mai 1728 von Franz Borosini und Karl Selliers übernommen, die den jungen Tänzer Hilverding tanzen und Panomimen erfinden ließen. Daraus entwickelte sich langsam, aber in schöner Kontinuität eine eigene Wiener Schule des Tanzes, die unabhängig von der Pariser Akademie und der Entwicklung in Italien den dramatischen Theatertanz pflegte und weiterbrachte.

Stranitzky, immerhin Taufpate dieses berühmten Tänzers, starb als ein vermögender Mann. Seiner Frau und den zwölf Kindern, die ihn überlebten, hinterließ er ein Haus auf dem Salzgries, ein weiteres in Gumpendorf, Grund und Boden in Flandorf und ein ansehnliches Vermögen in barem Geld. Sein Handwerk – das des Theaters nämlich – hatte goldenen Boden gehabt. (Wenngleich man daneben auch nicht seine anderen Einkünfte vergessen darf. Bisher unerwähnt geblieben ist der Weinhandel, den er auch noch betrieb.)

Stranitzkys Fleiß wird wenig Abbruch getan, wenn man hinzufügt, daß er kaum Stoffe selbst erfand,

Der Schauspieler Gottfried Prehauser übernahm später Stranitzkys Hanswurst-Rolle. Mit ihm erreichte die Stegreifkomödie ihren Höhepunkt.

sich hingegen – wie fast alle schreibenden Schauspieler damals – Vorlagen jeglicher Art zurechtschneiderte und für sein Ensemble und seine eigene Person spielbar machte.

Es gibt über Stranitzky leider nur allzu wenig »gesicherte« Literatur. Man weiß von seinen Auftritten außerhalb Wiens, von seinen Aufenthalten in Salzburg, von wo er ja immerhin seine Hanswurst-Figur herleitete, nicht viel. Man weiß nicht, wie gut er Latein konnte und ob er des Französischen mächtig war. Dieser Striese des barocken Wien war mit Sicherheit nur eines: einer jener beliebten Schauspieler, die man in Wien heute allgemein wohlwollend als »Kasperln« bezeichnet, von denen man erwartet, daß sie von allem ein wenig wissen, jedoch nur eines wirklich erlernt haben: nämlich, wie man die Wiener in ihrer Gier nach »einem Theater« befriedigt.

K·AKAD

Das Ballett der spanischen Pferde

Am 14. September 1735 fand die erste Vorführung in der Spanischen Hofreitschule zu Wien statt. Von ihr ist so gut wie nichts überliefert, man weiß weder das »Programm« noch die Kavaliere, die an der Seite des Kaisers dieser allerersten Vorführung beiwohnen durften. Wir wissen nur, daß seither die Vorführungen der weißen Pferde in der Hofburg regelmäßig stattgefunden, alle Zeiten und Zeitenwenden überstanden und auch weiterhin ihr begeistertes Publikum haben.

Über die Entstehung des Namens dieser Institution wissen heute die wenigsten Bescheid. Nicht weil die legendären Pferde in einer Reitschule vorgeführt wurden, die unter der Regentschaft eines aus Spanien heimgekehrten Habsburgers erbaut worden war, heißt sie die »Spanische« Hofreitschule. Sondern der Pferde wegen, die lange vor Karl VI. aus Spanien kamen und damals in Europa so bekannt, gefragt und in Mode waren wie später die englischen.

Schon im 16. Jahrhundert importierte man diese spanische Rasse. Die ersten Zeugnisse über einen »Roßtumblplatz« nächst der Burg stammen aus dem Jahr 1565, und schon im Jahr 1572 ist von einem »Spanischen Reithsall« die Rede, was darauf schließen läßt, daß es damals bereits eine Winterreitschule, also einen gedeckten Platz für derlei Reitvorführungen gab. Und weil die Pferde spani-

Rechts: Damenkarussell des Wiener Hofes in der Winterreitschule am 2. Januar 1743 zur Feier der Wiedereroberung Prags. Martin von Meytens und seine Schule vollendeten das Gemälde wohl erst um 1765. In der Mitte des Vordergrundes die 26jährige Kaiserin Maria Theresia auf einem Schimmel. In der Hofloge verfolgte Kaiserinmutter Elisabeth Christine die Vorgänge. Den großartigen Raum Joseph Emanuel Fischers von Erlach schmückt an seiner Stirnseite Auerbachs Reiterbildnis Karls VI., des Bauherrn der Winterreitschule.

Vorhergehende Doppelseite: Die antiken Gebäude als Kulisse einer Theaterszene sind ein Entwurf von Giuseppe Galli-Bibiena.

scher Rasse so gefragt waren, gründete Erzherzog Karl von Innerösterreich, der Bruder von Kaiser Maximilian II. und Ahnherr der späteren Kaiser Ferdinand II. und Ferdinand III., im Jahre 1580 das Hofgestüt Lipizza im Karstgebiet, und ein Baron Khevenhüller erwarb für dieses Gestüt neun Hengste und vierundzwanzig Stuten in Spanien.

Es soll hier ganz gewiß nicht beschrieben werden, was mit diesen Pferden geschah, Pferdeliebhaber wissen die Geschichte auswendig, und denjenigen, die sich heute in den Vorführungen der Spanischen Hofreitschule drängen, wird nicht die gesamte Historie, sondern nur eines von Interesse sein: die Tatsache nämlich, daß sich weder bei den Pferden noch bei deren Aufzucht, Schulung und Präsentation in den Jahrhunderten seither etwas geändert hat. Sie sind, wie man in Wien eher despektierlich meint, ebenso alt und langlebig wie die singenden Knaben der Hofmusikkapelle – und beide werden daher im Scherz als »aus einem Stall« kommend bezeichnet. Woran nebstbei sehr viel Wahres ist, denn beide Institutionen dienten dem Ruhm des Kaiserhauses und sind immer noch Ausdruck der Freude an der Prunkentfaltung, die man in Wien weiterhin nicht missen möchte.

Die spanischen Pferde, zu denen das mit ihrem Namen in keinem Zusammenhang stehende spanische Zeremoniell am Hof der Habsburger durchaus paßte, waren auch zu den Zeiten Josephs I. wichtig für den Kaiser, der sie bei jeder Gelegenheit »verwendete«, und zwar als Reit- und Wagenpferde. Von Leopold I. stammt eine Zuchtvorschrift aus dem Jahr 1658, die von Experten immer noch als mustergültig bezeichnet wird. Im fernen Lipizza, dessen auf dem kalkreichen Boden spärlich gedeihendes Gras vorzügliche Nährkraft hatte, die von der Adria herwehende Luft hohen Salz- und Ozongehalt, wurden so viele Pferde gezüchtet, daß man Futter zukaufen mußte, dafür wiederum Pferde abgeben konnte. Und das zu Leopolds prunkvollen Zeiten, da der Pferdebedarf des Hofes sicherlich ein sehr großer war.

1681 dachte man schon einmal daran, eine neue, den Pferden würdige, also glanzvolle Winterreitschule zu bauen. Sie sollte dort stehen, wo heute die Nationalbibliothek dem Josefsplatz sein Gepräge verleiht. Und auch damals schon sollte sie als Erdgeschoß der kaiserlichen Bibliothek aufgeführt werden. 1685 wollte man mit dem Bau fertig sein. Doch die Türkenbelagerung machte die Pläne zunichte, die weiteren Gründe für die Verzögerung des Baubeginns sind nicht bekannt. Nach der Bannung der Türkengefahr baute man die niedergebrannten Theaterhäuser rasch wieder auf und ließ sich mit der Winterreitschule Zeit – tat im Endeffekt gut daran, denn so konnte Joseph Emanuel Fischer von Erlach der Erbauer werden, der nach den Plänen seines Vaters die Winterreitschule zu einem wahren Juwel der barocken Architektur machte.

Zwischen Michaelerplatz und Josefsplatz gelegen, nach außen hin schlicht und ruhig und ganz ohne den Prunk der Bauten ringsum, ist die Winterreitschule in ihrem Inneren ein von aller Welt bewundertes Bauwerk. Der Reitsaal hat die klassischen Proportionen einer Reitschule, 55 Meter Länge, 18 Meter Breite, ist in strahlendem Weiß gehalten und bis hinauf zur frei hängenden, mit Ornamenten reich verzierten Stuckdecke von herrlicher Ruhe. Erst die Säulen erzielen die Tiefenwirkung, der man sich von jeder Stelle aus hingeben kann und die auf den zeitgenössischen Darstellungen den Eindruck erweckt, der Saal sei einstmals größer gewesen. Dieses Phänomen erklärt sich zweifellos daraus, daß der Betrachter damals nicht verblendet war durch die Mammutbauten unserer Zeiten, wir hingegen gewohnt sind, Darstellungen von Architekturen in unsere Gewohnheiten von Dimension umzusetzen. Aber wir sind, wo wir heute größer bauen, doch ärmer geworden. Und tun somit gut daran, uns von der Überlieferung blenden zu lassen und anzunehmen, es habe nichts Aufwendigeres gegeben als die Barockbauten, die Karl VI. aufführen ließ.

Die Winterreitschule, deren Entstehen Maria Theresia mit großer Anteilnahme verfolgte, erhielt später noch einen Farbtupfen zu ihrem einheitlichen Weiß. Bis auf den heutigen Tag erweisen die Reiter auf den weißen Pferden Kaiser Karl VI. ihre Reverenz – nämlich dem Bild des Kaisers zu Pferd, das

Johann Gottfried Auerbach, geb. in Mühlhausen, gest. 1753 in Wien, malte für den Saal der Winterreitschule Kaiser Karl VI. auf einem Lipizzaner.

Der Saal der Winterreitschule war am 12. Januar 1744 Schauplatz eines großen Maskenballs, den Maria Theresia anläßlich der Vermählung ihrer Schwester Maria Anna mit ihrem Schwager, dem Prinzen Karl von Lothringen, veranstaltete. Die Zeichnung des Hoftheatralikers Giuseppe Galli-Bibiena könnte auch einer seiner szenischen Entwürfe sein.

gegenüber dem Eingang angebracht ist. Sie danken damit weiterhin dem Bauherrn des Saales, der alle Zeitläufte überdauert hat, und dem Gründer der Institution, deren Weiterbestand gesichert erscheint.

Maria Theresia aber, die Kaiserin, nutzte die Hofreitschule immer wieder auch zu Festen, von denen wir durch Berichte und Abbildungen wissen. Im Januar 1743 fand das berühmte Damenkarussell statt, bei dem die mitwirkenden adeligen Reiterinnen von Maria Theresia selbst angeführt wurden. Zu Pferd und auf Karussellwagen zog man in die Arena ein, verließ nach dem Wettkampf und der Verteilung der Preise die Winterreitschule und zeigte sich auf dem Weg in die Hofburg dem Volk, dem so ein Abglanz des Festes zuteil wurde.

Im Jahr darauf ließ die Kaiserin die Reitschule in einen Tanzsaal verwandeln und veranstaltete hier aus Anlaß der Hochzeitsfeierlichkeiten für ihre geliebte Schwester Erzherzogin Maria Anna einen Maskenball. Am 12. Januar 1744 fand das Fest in der mit Seidenvorhängen, Blumengirlanden und großen Kristallüstern geschmückten Winterreitschule statt. Die Chronik hält fest, daß an diesem Abend nahezu 10.000 Wachskerzen brannten, was erklärlich erscheinen läßt, daß derlei Feste für alle Teilnehmer unvergeßliche Erlebnisse darstellten. Die Hitze allerdings, die das Vergnügen begleitete, würde man heutzutage schlichtweg als unerträglich bezeichnen. Sie erforderte von den Anwesenden – die nicht umsonst in einem Reitsaal tanzten – eine wahre Roßnatur.

Der Freskant Daniel Gran

Als Daniel Gran 1730 mit der Ausmalung der kaiserlichen Bibliothek begann, war eine der wichtigsten Arbeiten für dieses Fresko, einem der gewaltigsten Zeugnisse der österreichischen Barockmalerei, längst getan. Und zwar nicht von ihm, sondern von dem kaiserlichen Rat Conrad Adolph von Albrecht.
Von diesem stammt nämlich das »Programm«, das Daniel Gran auszuführen hatte. Albrecht nannte es »Hieroglyphisch-Historisch- und Poetische Gedanken«, und diese fanden Ausdruck in den mehr als 150 Figuren, die auf dem Kuppelfresko zu bewundern sind.
Dieser Vorgang der Arbeitsteilung ist nicht allgemein bekannt, doch war es damals durchaus üblich, und die gedankliche Vorarbeit, das historische und literarische Programm eines Bildwerkes wurde höher eingeschätzt als dessen Ausführung: die Künstler, die – allein oder zusammen mit Literaten – die besten Programme verfaßten, wurden als die wahren Fürsten der Kunst angesehen. In ihren Werken sah man nicht Darstellungen historischen oder zeitgenössischen Geschehens, sondern fixierte Geschichte, Dichtung und aktuelle Anspielung. Wenn man von der Musik absieht, waren ihre Hervorbringungen Gesamtkunstwerke der Epoche.
Daniel Gran und Albrecht harmonierten miteinander; der Maler war ein gebildeter Mann und begriff alle Vorgaben seines »Programmierers«. In der

Daniel Grans musizierende Engel, obwohl nur Figurenstudie, verraten durch den Schwung der Linienführung die Meisterhand, die hier am Werke war.

Ausschnitt aus Daniel Grans Altarbild »Christus und der Hauptmann von Kapernaum«, das in der Karlskirche im 3. Seitenaltar links hängt.

Links: Daniel Grans Selbstbildnis. Es gehört zum Bestand der Stiftsgalerie der Augustinerchorherren in Herzogenburg. Seine Werke finden sich vor allem in den Stiften St. Florian, Seitenstetten, Klosterneuburg und Lilienfeld.

Kuppelmitte schwebt Göttin Fama, ihr zunächst findet sich das Medaillon des kaiserlichen Auftraggebers Karl VI. – nicht entfernter von ihr als Herkules und Apoll, womit angedeutet werden sollte, daß der Kaiser nicht nur Taten vollbracht hatte, sondern auch den Künsten hold war.

Das Fresko, hier nicht weiter zu beschreiben, immerhin jedoch vollständig zu betrachten, wenn man sich die Mühe macht und der Nationalbibliothek einen Besuch abstattet, wimmelt nur so von Tugenden, Wissenschaften, Künsten und stürzenden Lastern; es gibt einen Kriegsflügel und einen Friedensflügel, und was immer an Allegorien damals denkbar war, wurde in Bezug gebracht zum Kaiser beziehungsweise zueinander neu geordnet. Der damalige Betrachter des Freskos hat ohne

Paul Troger, wie er sich selbst darstellte. Der gebürtige Pustertaler wurde zum bevorzugten Maler der Geistlichkeit und der Orden in Niederösterreich.

Martino Altomonte, Selbstbildnis. Der Neapolitaner kam 1703 nach Wien und wurde zu bedeutenden kirchlichen Aufgaben herangezogen Werke von seiner Hand sind in St. Stephan, in der Peterskirche, im Unteren Belvedere, in der Karlskirche, in der Kirche St. Leopold im 2. Bezirk zu finden.

Zweifel größeres intellektuelles Vergnügen gehabt als der Betrachter in der Gegenwart, denn die Ideen, die Albrecht und Gran in diesen Himmel einfließen ließen, waren für einen gebildeten Mann der Zeit durchaus durchschaubar, müßten aber einem Gebildeten unserer Tage erst erklärt werden.

Der 1694 in Wien geborene Daniel Gran gehört einer Gruppe von Malern an, die in einem sachkundigen Buch als »österreichische Freskantengeneration« bezeichnet werden; sie sind alle vor 1700 geboren und waren nach den obligaten Lehrjahren in Italien erfolgreiche Maler in Österreich, die beinahe ersten, die ihre italienische Konkurrenz aus der Stadt verdrängten oder zumindest etwas zurückdrängen konnten.

Vor ihnen war, während des »Baubooms« nach 1683, die Malerei erst einmal fest in italienischer Hand; die Fürsten, die ihre Paläste in und außerhalb der Stadt erstehen ließen, waren auf italienische Künstler angewiesen. Maler wie Stukkateure wurden von Italien nach Wien geholt oder drängten sich, da sie von der günstigen Auftragslage gehört hatten, herbei. Daß die drei bedeutendsten italienischen Barockmaler der Zeit, Sebastiano Ricci, Francesco Solimena und Giuseppe Maria Crespi, in Wien beschäftigt wurden, spricht für den Geschmack und den Mut zum Neuen ihrer Wiener Auftraggeber.

Nicht die geringsten Werke stammen von diesen »Fremdarbeitern«. So hat der in Neapel geborene Martin Altomonte im Unteren Belvedere 1713 gewirkt und daneben in unzähligen Kirchen Österreichs Altarbilder hinterlassen. Francesco Solimena arbeitete ebenfalls für den Prinzen Eugen; er schuf Altarbilder für die Kapelle im Oberen Belvedere und für Schloßhof. Carlo Carlone arbeitete im Oberen Belvedere und im Palais Kinsky. Kein Italiener, aber doch Ausländer war der Konstanzer Tobias Pock, der noch vor der Türkenbelagerung in Wien wirkte. Von ihm stammt das Hochaltarbild in St. Stephan, die Steinigung des heiligen Stephan darstellend.

Ebenfalls kein Italiener war der aus Frankfurt stammende Joachim von Sandrart, der neben seiner Tätigkeit als Porträtist Altarbilder für St. Stephan und für die Schottenkirche malte.

Der erste Einheimische, der sich gegenüber dieser ausländischen Phalanx durchzusetzen vermochte, war Johann Michael Rottmayr aus Salzburg, Altersgenosse des älteren Fischer von Erlach und des Lukas von Hildebrandt, der 1702 das Deckenfresko im Stiegenhaus von Schönbrunn malte und als bedeutendstes Werk das große Kuppelfresko in der Wiener Peterskirche hinterlassen hat. Nachher ar-

Der Trientiner Andrea Pozzo, ein Meister der architektonischen Perspektivenmalerei, schuf für die Kirche S. Ignazio in Rom an der Decke des Langhauses das Gemälde einer Scheinkuppel (siehe Bild). In Wien, wo er 1709 starb, malte er 1705 ein Kuppelgewölbe an die Decke der Universitätskirche sowie die Altarblätter.

beitete er in der Melker Stiftskirche, und sein Alterswerk ist die Kuppelmalerei in der Karlskirche. Die Kunstbetrachter neigen dazu, diese zwar als großartig, doch weniger gelungen als seine anderen Leistungen anzusehen.

Zeitlich noch vor Rottmayr fällt die Tätigkeit von einem Beinahe-Österreicher, Andrea Pozzo. Er war Südtiroler, was nach damaliger Lesart selbstverständlich als ganz und gar italienisch galt. Die heimischen Künstler und Kunsthandwerker wenigstens hätten keinen Südtiroler als deutschen Kollegen angesehen, waren im Gegenteil heftigst bemüht, einen solchen als »Welschen« abzutun.

Von Pozzo, der Kaiser Leopold I. ein Lehrbuch »Perspectiva pictorum et architectorum« widmete, stammt die malerische Umgestaltung der Jesuitenkirche auf dem Universitätsplatz, vor allem aber die allgemein als Hauptwerk des österreichischen Barock geltende Ausschmückung des Festsaals im Gartenpalais des Fürsten Liechtenstein in der Roßau. Mehr als hundert Quadratmeter hat die Deckenfläche, für die Pozzo die Lösung fand, auf ihr über dem wirklichen Saal zuerst noch einen zweiten, prunkvolleren Saal zu malen und dann erst, als dritte Zone, den blauen Himmel zu setzen, den er mit den nötigen mythologischen und ikonologischen Figuren schmückte. Der Blick nach oben, den der Interessierte bis heute tun kann, führt somit durch einen wirklichen in einen gemalten Raum und von da in einen gemalten Himmel. Die Idee des Barock läßt sich kaum einprägsamer demonstrieren, als es Andrea Pozzo hier mit malerischen Mitteln getan hat.

Natürlich hat es auch Maler gegeben, die sich mit anderem als Deckenmalerei und Altarbildern beschäftigten. Porträtisten muß es zu allen Zeiten, die die Photographie noch nicht kennen, geben. Jacob F. van Schuppen galt als Maler der österreichischen Aristokratie, und der bedeutende Jan Kupecký hat in Wien einige seiner besten Porträts, so das des Prinzen Eugen, geschaffen. Auch der Schwede Martin van Meytens war auf dem Gebiet der Porträtmalerei ab 1721 in Wien tätig.

Von den Landschaftsmalern ist Anton Faistenberger erwähnenswert; der damals beliebten Blumen- und Tiermalerei widmeten sich die Kammermaler Franz Werner Tamm und Philipp Ferdinand de Hamilton. Und Jonas Drentwett, um 1650 in Augsburg geboren, war ein Vertreter der ebenfalls gepflegten Groteskenmalerei.

Ab 1705 bestand eine kaiserliche Akademie, der – wenn auch oft nur für kurze Zeit – viele der Genannten und auch andere angehörten. Es war, wie schon gesagt, ein Kommen und Gehen im Wien vor 1730, die Ausländer dominierten, die Einheimischen gewannen nur langsam an Ansehen. Daß die Höhepunkte der österreichischen Barockmalerei doch wieder an österreichische Namen geknüpft sind, darf man mit Stolz anführen. Doch Franz Anton Maulbertsch, geboren 1724, der Kremser-Schmidt, geboren 1718, arbeiteten noch nicht in unserem Berichtszeitraum, Paul Troger jedoch, geboren 1698, ab 1754 Direktor der Akademie, schuf vor 1740 seine großen Fresken für Stifte in Niederösterreich und in Wien das Altarbild der Schönbrunner Schloßkapelle.

Nach diesem Blick zurück und nach vorn, vom Standpunkt des Daniel Gran aus gesehen, dürfen wir aber in den Prunksaal der Nationalbibliothek zurückkehren und uns angesichts des staunenerregenden Himmels, der sich über uns wölbt, neuerlich mit den Prinzipien beschäftigen, nach denen die Barockmalerei sich orientierte. Es waren dies keineswegs, wie der naive Betrachter meinen möchte, Glanz und Vielfalt. Vielmehr strebte man gedankliche Tiefe an – die Ausarbeitung und die malerische Virtuosität waren durchaus zweitrangig, wurden weniger ernst genommen.

Wenn einerseits in einer Kunstgeschichte zitiert wird, die Malerei sei »als der Architektur getreue Gehilfin, welche die angelegten Werke und Gebäude ansehnlich schmücket und zieret« betrachtet worden, so muß man anderseits doch hinzufügen, daß den Malern sehr viel mehr zugemutet wurde als nur zu schmücken und zieren – man erwartete von ihnen, den universalen Künstlern, daß sie eine Art Weltbild gaben, eine zweite Schöpfung.

Als solche sind denn auch die meisten großen Werke der Deckenmalerei angelegt, und es ist keineswegs nur in der notwendigen andächtigen Form der Betrachtung gelegen, daß den Malern ihre Themen größer und wichtiger erschienen, als das je der Fall gewesen, sondern es geschah durchaus auch aus methodischer Überlegung, was sie da als Decke, als Krönung über Sälen oder Kirchenräumen an die Wände malten. Daß man die Bildwerke

Der Maler Johann Michael Rottmayr ließ sich Mitte der neunziger Jahre in Wien nieder. Nebenstehend sein »Engelskonzert mit der heiligen Cäcilie« in der Karlskirche über der Orgel.

mit zurückgeneigtem Kopf anzusehen hatte, half ihnen allerdings und hilft ihnen immer noch; der Mensch ist immer gewohnt gewesen, den Blick in die Höhe als einen bewundernden zu verstehen.

Da man dem Betrachter nicht nur bildhaft die Öffnung gegen den Himmel, die Vermählung von irdischer Architektur und himmlischer Schönheit vermitteln wollte, sondern geistige Wahrheiten, kamen die anderen Künste – die Literatur etwa – den Malern zuhilfe. Eigene Lehrwerke, die sich mit der »Auszierung der Decken« befaßten, wurden geschaffen, in Italien wie in Frankreich gab es strenge Kanons, nach denen die Maler zu arbeiten hatten – und in Wien, wo man ja von den Italienern zu lernen hatte, kamen diese bereits mit den Regelbüchern an. Dabei ging es allemal um die Invention, also um den Inhalt, und erst in zweiter Linie um die künstlerische Umsetzung des einmal gefundenen Programms.

Im Programm selbst, das genauen Regeln folgte, entschied man bis ins Detail, welche Figuren bei welchem Thema wo und in welcher Anordnung auf dem Gemälde Platz finden mußten, aber auch, in welcher Stellung und Gewandung und mit welcher Gestik sie darzustellen waren. Eine Ikonologie, die 1593 zum erstenmal gedruckt wurde, erlebte bis 1785 immer erweiterte Ausgaben in allen europäischen Ländern – Cesare Ripa, der sie schrieb, gilt als der Ahnherr und die absolute Autorität auf dem Gebiet der Deckenmalerei. Jeder Barockmaler besaß Ripas Kompendium, viele Maler waren bemüht, es zu erweitern oder abzuwandeln. Von einigen wird berichtet, sie seien gegen Ripas Ikonologie aufgetreten, hätten allerdings nichts gegen das Prinzip geäußert, vielmehr versucht, eigene Standardwerke zu schreiben.

Es mag einer Gegenwart, die sich mit der Aufnahme zeitgenössischer bildender Kunst eher schwertut, nicht begreiflich sein oder wie ein Traum anmuten: Sowohl die Künstler wie ihr Publikum fanden über Generationen Ergötzen daran, immer neue Variationen und Programme zu eigentlich sehr wenigen Grundthemen zu finden und – als Publikum – zu begreifen.

Wer sich mit der barocken Deckenmalerei befreunden will, hat's in Wien weiterhin nicht schwer. Die schönsten Beispiele sind der Öffentlichkeit zugänglich, man muß nur Zeit haben und Einfühlungsvermögen, um sich an Daniel Gran und all den anderen erfreuen zu können.

Augarten-Porzellan

Daß sich Wien in der Zeit des großen Aufschwungs zuerst einmal von italienischen Kunsthandwerkern und Malern überschwemmen ließ, war die eine Sache; daß man sich technisches »Know-how« mit nicht ganz legalen Mitteln besorgte, die andere. Mit der Hilfe eines aus Frankreich stammenden Hofkriegsagenten und mit der Erfahrung, die ein desertierter Werkmeister aus Meißen mitbrachte, richtete man eine Firma ein, die sich bald Weltruhm erwarb.

1717 erbat Claudius Innocentius du Paquier die Erlaubnis, in Wien eine Manufaktur von »indianischem« Porzellan zu errichten. Sieben Jahre nach der Gründung einer Porzellanfabrik in Meißen war es also soweit: das große Geheimnis der Porzellanherstellung, das man Jahrhunderte hindurch dem Fernen Osten nicht hatte entreißen können, war in Europa nicht mehr auf einen Ort, nicht mehr auf eine Manufaktur zu beschränken. Man brauchte bloß einen Mann aus Meißen abzuwerben, und schon konnte man auch anderswo mit der Fabrikation beginnen.

In der Tat hatte man 1710 dank Johann Friedrich Böttger in Meißen erstmals erzeugt, was auf einem anderen Kontinent längst bekannt war: das Porzellan – spätestens von da an ein Material, das für Konkurrenz, aber auch für Arbeit sorgte und das die Sammler bis heute in Aufregung hält, denn die besonderen Stücke und die verschiedenen Qualitäten geben Anlaß zu Diskussionen und bei Auktionen zu staunenerregenden Kämpfen zwischen den Bietern.

Du Paquier, der sich 1718 die erhoffte Unterstützung des Kaisers sichern konnte und ein Privileg

Eine Kaffeekanne mit bunten Chinoiserien aus der Manufaktur des Claudius Innocentius du Paquier. Das Stück entstand um 1730.

auf die alleinige Erzeugung und den Vertrieb des Porzellans in den kaiserlichen Landen erhielt, war anfangs kommerziell nicht gerade erfolgreich. Es ist das nicht leicht zu begreifen. Vom 13. Jahrhundert an waren die chinesischen Schalen nach Europa importiert worden, seit dem 16. Jahrhundert hatte man versucht, dem Geheimnis der Porzellanerzeugung auf die Spur zu kommen, und jetzt, da es kein Geheimnis war, hatte eine der ersten europäischen Manufakturen Absatzschwierigkeiten.
Samuel Stöltzel, der Werkmeister aus Meißen, den du Paquier zum Überlaufen überredet hatte, kehrte 1720 nach Sachsen zurück, in der Überzeugung, einen schweren Fehler gemacht zu haben, indem er nach Wien gegangen war.
Du Paquier aber, der seine private Manufaktur in der Roßau weiter betrieb, stürzte sich immer mehr in Schulden und mußte, als seine Schutzfrist ablief, resignieren. Er unterschrieb 1744 einen Kaufvertrag, der ihm zwar die Oberleitung der Manufaktur sicherte, gleichzeitig aber auferlegte, »das Arkanum mitzuteilen und schriftlich niederzulegen«, also das Produktionsgeheimnis dem neuen Besitzer, der Kaiserin Maria Theresia, preiszugeben. Er starb 1751, schwer verschuldet, im Wiener Bürgerspital. Der Betrieb, der nicht mehr ihm gehörte, florierte zu diesem Zeitpunkt längst; es ist nicht bekannt, ob sein einstiger Besitzer, der zugleich eine Art Pionier war, darob enttäuscht oder doch stolz geworden gestorben ist.

Der aus Graz stammende Maler Franz Christoph Janneck (geb. 1703) war seit den dreißiger Jahren in Wien tätig. Sein Tätigkeitsbereich waren vor allem Gesellschaftsstücke (siehe Bild) und Landschaften.

Vorhergehende Doppelseite: Die Zeugnisse des Kunsthandwerks sind aus dem Zusammenklang aller Künste im Barock nicht wegzudenken. Die Mitra eines Ornats, entstanden um 1730, aufbewahrt in der Schatzkammer des Melker Stiftes, und der Meßkelch aus vergoldetem Silber, dessen Wiener Beschauzeichen die Jahreszahl 1747 trägt und der in der geistlichen Schatzkammer der Hofburg besichtigt werden kann, sind Beispiele für die große Meisterschaft der Seidenreliefsticker und der Goldschmiede.

Von den ersten Wiener Erzeugnissen vor allem weiß man einiges, weil der Hersteller immer wieder gezwungen war, Lotterien und Versteigerungen anzusetzen, um sich über Wasser zu halten. Von Anfang an erzeugte man nicht nur einfaches Geschirr, sondern auch viel Luxusware. Leuchter, Weihbrunnkessel, Rahmen, Lüster und Kamine wurden hergestellt, Tabatieren, Dosen, Nadelbüchsen ließ man sich einfallen, und in Anlehnung an die Ge-

Oben: Prinz Eugen bestellte dieses Bild bei dem Bologneser Giuseppe Maria Crespi und hängte es im Schlafzimmer seines Stadtpalais auf. Crespi war zusammen mit dem Neapolitaner Francesco Solimena und dem Venezianer Sebastiano Ricci für Wiener Paläste und Kirchen tätig. Die drei gelten als Begründer der italienischen Malerei des 18. Jahrhunderts.

Rechte Seite: Im »Goldkabinett« des Schlosses Eckartsau im Marchfeld hat Groteskenmaler Jonas Drentwett den Wanddekor geschaffen.

gend, aus der das Porzellan ursprünglich stammte, wählte man zur Bemalung »indianische« Motive, die man nur geringfügig abwandelte: die Zeit liebte das Exotische, das man in diesem Fall falsch benannte. Auf den Tassen fanden sich Tee trinkende und konversierende Chinesen.

1720 bis 1730 erzeugte die bis zum heutigen Tag erfolgreiche und in aller Welt geschätzte Porzellanmanufaktur in der Roßau – wir sagen heute »im Augarten« – vor allem Chinoiserie. Erst gegen 1730 nahm man »teutsche« Blumen als Motiv und malte sie nach Kupferstichen und Holzschnitten auf das Porzellan. Die leuchtenden Farben waren ein hübscher Gegensatz zu den schweren Formen des Porzellans, das bald auch zur Dekoration verwendet wurde. Es gibt Mobiliar mit Porzellaneinlagen, Wandleuchter und Kaminecken aus Porzellan, und wenn man heute auch meint, diese Art des Schmucks sei ziemlich unbeholfen gewesen, so war sie doch zur Zeit ihrer Herstellung hoch gerühmt.

Küchelbecker, der Reisende, dessen Berichte zu den immer wieder zitierten Zeugnissen zählen, schreibt über die Manufaktur du Paquiers: »In der Roßau, nicht weit vom Liechtensteinschen Palais, ist die Porzellan-Fabrique, allwo man ein gutes, hell- und durchsichtiges und mit allerhand Figuren gemaltes Porcellain sehr sauber arbeitet, dergestalt, daß es mit dem Indianischen ziemlich übereinkommt, und verfertigt man auch hier allerhand kostbare große Geschirre und Aufsätze aus Früchten und Confitüren, auf Taffeln, mit allerhand Statuen, welche stark vergoldet sind und sehr theuer bezahlet werden.«

Ganz wenige Figuren oder Plastiken aus der Zeit sind erhalten geblieben; die Forscher meinen, du Paquier habe keine echten Plastiker zur Verfügung gehabt. Und all die Spekulationen, es habe sogar Raphael Donner für die Augarten-Manufaktur entworfen, sind unbewiesen.

Kaiserin Maria Theresia, die eine mit 31.500 Gulden verschuldete Manufaktur übernahm, hat wie bei vielen anderen Großtaten, die man bis in die Gegenwart rühmt, auch hier eine glückliche Hand gehabt. Sie rettete nicht nur ein Unternehmen, sondern belebte auch die Fabrikation – übrigens ebenfalls durch die bewährte Methode, Meißener Experten abzuwerben – und »machte« eine Mode, die sich das ganze 18. Jahrhundert halten sollte.

Das Augarten-Porzellan, von dem bei Staatsbesuchen heute noch Gebrauch gemacht wird – einige der schönsten Stücke gelten als beliebte Geschenke – und das in aller Welt Absatz findet, gäbe es vermutlich nirgendwo mehr zu bewundern, hätte die Landesmutter damals nicht darauf bestanden, dem unglücklichen du Paquier seine Manufaktur abzukaufen, ihm nominell zwar weiterhin eine Position zu geben, in Wahrheit jedoch jeden Einfluß auf die Führung des Unternehmens zu entziehen. Die Geschäftsführung, die die Kaiserin einem Rechnungsoberoffizial überließ, versteigerte die alten Bestände, gab also gleichsam Barock billig ab, kreierte eine neue Mode, Rokoko, und hatte damit den Erfolg für Jahrhunderte.

Die Favorita

Als die »Favorita« zum erstenmal erbaut wurde, war die Gegend rings um den Bauplatz noch keineswegs Vorstadt. Freies Feld, Wiesen und Weingärten gab es, und alle die markanten Bauten, die man später dort orten kann, waren noch nicht da. Ein holpriger Fahrweg, so wird beschrieben, zweigte von der Poststraße ab und führte zu dem Baugrund. Dieser gehörte zu einem Gehöft, das Schaumburgerhof hieß; es lag an der Stelle des heutigen Palais Schönburg in der Rainergasse.

Von Kaiser Matthias 1615 in Auftrag gegeben, wurde die Favorita erst nach dessen Tod 1625 fertig und hieß zuerst Favoritenhof, dann erst Favorita. Im Grundriß hatte der unbekannt gebliebene Baumeister die Anordnung der Gebäudeteile bereits so vorgenommen, wie wir den Bau heute kennen, wenn auch noch nicht so großzügig – er erstreckte sich nicht bis hinab zur Taubstummengasse, und auch die ebenerdigen Zubauten fehlten. Der Garten dagegen war größer, »im holländischen Stile« angelegt und umgab diese kaiserliche Sommerresidenz.

Es ist leicht erklärlich, warum sich die Favorita, der Stadt noch sehr entlegen, wenngleich auch Schauplatz legendärer Feste und Wohnsitz des Kaisers, nicht durch besonderen Prunk auszeichnete. Der Baumeister war nicht am aus Italien kommenden barocken Stil orientiert, und außerdem war Wien Festungsstadt. Man war stets feindlicher Einfälle gewärtig. Erst Kaiser Leopold I. ließ zwischen 1672 und 1683 Fassadenschmuck anbringen – Ansichten aus dieser Zeit zeigen den Straßentrakt eleganter gegliedert als auf den früheren Abbildungen, die

Die nach der Türkenbelagerung wiederaufgebaute Favorita, wo Leopold I., Joseph I. und Karl VI. den größten Teil des Sommers verbrachten, wurde Schauplatz großer Feste. Der 1720–1730 nochmals erweiterte Bau (siehe Bild) war ab 1749 Sitz der Theresianischen Ritterakademie.

sich in der »Topographie Austriae inferioris« des Georg Matthäus Vischer finden.
Daß das immerhin stattliche Gebäude, das frei sichtbar inmitten der Felder stand, anderen kaiserlichen Bauten an Aufwand nachstand, mag auch daran liegen, daß es bis 1683 stets Wohnsitz von Kaiserinnen war. Ferdinand II. überließ den Palast seiner Gemahlin Eleonore von Gonzaga, die diese Heimstatt zeitweilig ihrer Nachfolgerin – und Schwiegertochter –, der Kaiserin Maria Anna, überlassen mußte. Als diese aber 1646 starb, erhielt wiederum eine Eleonore, diesmal die Gattin Ferdinands III., die Favorita als Witwensitz zugesprochen und bewohnte diese bis zu ihrem Tod 1655.
Uns interessiert das Bauwerk nicht, weil es Witwensitz war, neben einer Kirche auch einen eigenen Theatersaal hatte oder weil später im Gartentheater ungezählte »theatralische« Ereignisse stattfanden, sondern vor allem deshalb, weil es nach der wegen der Türkenbelagerung nötigen Devastierung und seinem Wiederaufbau durch den Hoftheaterarchitekten Burnacini von Maria Theresia zwar nicht zum Wohnsitz erwählt wurde, jedoch zur Heimstatt einer wichtigen Institution: des bis in die Gegenwart bestehenden »Theresianums«.
Noch vor 1683 waren rings um die Favorita wichtige Bauwerke entstanden. Kirche und Kloster der Paulaner siedelten sich in unmittelbarer Nachbarschaft an; und die Mönche besorgten auch den Gottesdienst in der Schloßkapelle. Und um 1660 entstand unter Conrad Balthasar Reichsgraf von Starhemberg der älteste Teil des Freihauses mit der Rosalienkapelle, ebenfalls nicht weit von der Favorita. Doch im Juli 1683 mußte Starhembergs Sohn, Rüdiger, Kommandant der Besatzung von Wien, schweren Herzens den Befehl erteilen, alle Gebäude auf der Wieden, die dem Feind als Stützpunkt dienen konnten, niederzubrennen. Außer kahlen Mauern blieb nichts von der einstigen Pracht. Unmittelbar nach der Befreiung dann hatte man andere Sorgen, mußte dem Kaiser erst einmal die Hofburg wieder wohnlich gemacht werden, blieb die Favorita also bis 1685 eine Ruine. Ein Aktenstück vom September dieses Jahres beginnt mit den Worten: »Da bedeute Favorita völlig abgepronnen und fast niemand als ein Gartner darinnen wohnt . . .«
Dann erhielt Lodovico Ottavio Burnacini den Auftrag, das Lustschloß des Kaisers neu zu erbauen. Burnacini allerdings, ein Mann des Theaters, war nicht interessiert an großen Bauten, er ließ seine barocke Phantasie beim Entwurf des Gebäudes beiseite, beschränkte sich auf seine handwerklichen Fähigkeiten. Zur selben Zeit entstanden weitaus grandiosere, prunkvollere Bauten, Burnacini nahm seinen Entwurf als Hülle für schöne theatralische Einfälle, als Stätte, wo man erstaunliche Spiele in Gärten und Grotten statthaben lassen konnte.

Kavalier in Zeittracht. Eine Figurine von Antonio Daniele Bertoli.

Daraus ist ihm kein Vorwurf zu machen. Sein Bauherr war für Prachtentfaltung vor allem beim Veranstalten großer Spektakel. Und darin konnte Burnacini ihn sehr wohl unterstützen. Leopold, der in der Favorita wohnte, beließ den alten Grundriß, verlangte offensichtlich von Burnacini sogar die Einbeziehung der stehengebliebenen Mauerreste in den neuen Entwurf. Burnacini war kein Fischer von Erlach, zudem war die Blüte barocker Baukunst in Österreich noch lange nicht erreicht: also wurde es ein vergleichsweise schlichter Bau.
Den neuesten Forschungen zufolge ist Burnacini allerdings vielleicht gar nicht der Erbauer der neuen Favorita gewesen. Ein Beitrag der »Wiener Geschichtsblätter« spekuliert, es könnte anstelle Burnacinis Giovanni Pietro Tencala, von dem die Fassade des Leopoldinischen Traktes der Hofburg stammt, mit der Umwandlung der Renaissanceruine in ein barockes Schloß betraut gewesen sein. Hier oder anderswo darf man's einfügen, daß tatsächlich viele Baumeister oder Künstler des barokken Wien nicht mehr zu identifizieren sind. Wie anders könnte es geschehen, daß wissenschaftliche Arbeiten, zum Beispiel zur Favorita, folgende Formulierung wählen: »Nach vorherrschender, aber nicht gesicherter Meinung . . .« Es gibt offenbar aus der Wiener Gründerzeit nach 1683 nicht genügend gesicherte Dokumente, um die jeweilige Autorenschaft sicher zu belegen.
Die drei Kaiser Leopold I., Joseph I. und Karl VI. blieben den größten Teil der schönen Jahreszeit über in dem neuen Lustschloß wohnen. Viele ihrer berühmt gewordenen Feste feierten sie da, die meisten ihrer in die Geschichte eingegangenen musikalischen Selbstdarstellungen sind — so sie nicht geistlichen Inhalts waren und besser in die Hofburgkapelle oder in eine der Wiener Stadtkirchen paßten – in der Favorita zu hören gewesen.
Dem Bauwerk sicherten letztlich Poeten und Musiker, Gartenarchitekten und Bühnenbildner den Nachruhm, nicht der Architekt. Denn daß Abate Pietro Pariate und Apostolo Zeno dort dichteten,

Theater auf der Gartenbühne der Favorita. Der Bühnenbildner hat den Teich in die Szene mit einbezogen. Zu beiden Seiten der Bühne riesige Orchester, vorne der Kreis der Zuschauer. Die kaiserliche Familie sitzt auf erhöhten Sitzen unter einem Baldachin.

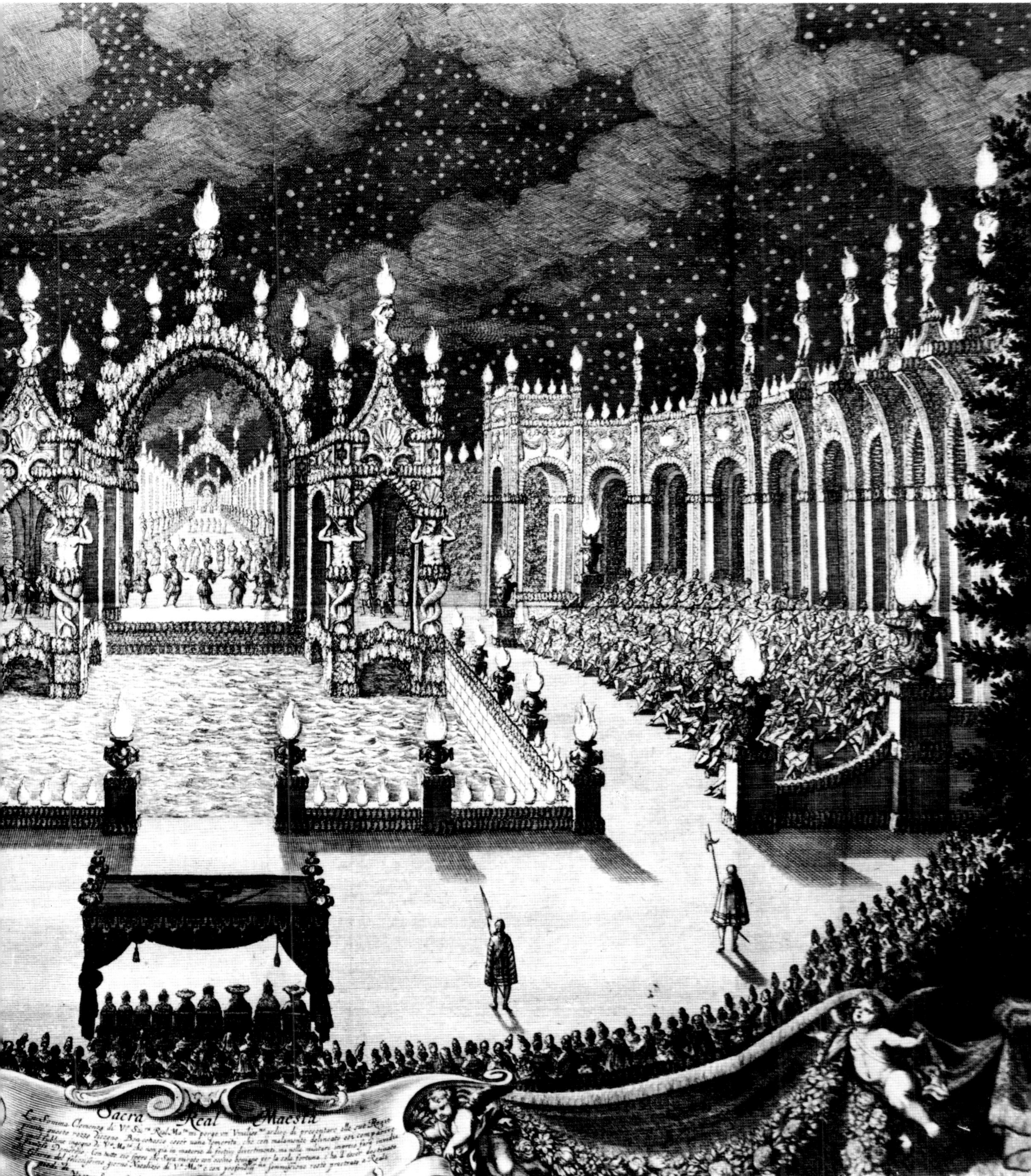
Sacra Real Maestà

Selbst dem Bühnenbildentwurf für eine Kerkerszene hat Giuseppe Galli-Bibiena bei aller steinernen Dürftigkeit architektonischen Prunk verliehen. Interessant, daß der Künstler für den Ausdruck von Schrekken und Düsternis ausschließlich Elemente der Gotik und Romanik heranzieht.

Giovanni Battista Bononcini, Francesco Bartolomeo Conti, Carlo Agostino Badia und Georg Christoph Wagenseil dort komponierten, Johann Joseph Fux die Leitung großer musikalischer Feste inne-

hatte und Antonio Caldara da wirkte, das macht dieses Gebäude nach Ansicht der Nachwelt so wertvoll. Und daß die Galli-Bibiena den äußeren Rahmen dazu mit immer neuen Einfällen schufen, hat ungezählte Abbildungen des Gartentheaters der Favorita auf uns kommen lassen.

Daß auch die großen politischen Aktionen der Zeit nicht immer in der Hofburg, sondern auch im Lustschloß Favorita stattfanden, hat man beinahe schon vergessen. Der berühmte Besuch des Zaren 1698, samt der ihm zu Ehren gegebenen »Wirthschaft«, spielte sich auf der Wieden ab. 1703 ereignete sich hier der große Staatsakt, mit dem der Kaiser Leopold und der römische König Joseph ihren Verzicht auf Spanien zugunsten Karls erklärten, worauf dieser abreiste, um die Regentschaft in Spanien anzutreten. Und am selben Tag, dem 12. September 1703, wurde vor einer Anzahl Geheimer Räte ein Statut des Kaisers verlesen, das »Pactum mutuae successionis«, in welchem die Erbfolge der Töchter des Hauses Habsburg geregelt wurde, wenn auch in unklarer Form, so daß Karl VI. sie später mit seiner »Pragmatischen Sanktion« präzisieren mußte.

Kaiser Karl VI. starb im Oktober 1740 in der Favorita. Er war der letzte Habsburger, der dieses Schloß als Wohnstätte benutzt hatte. Seine Tochter übersiedelte sechs Tage nach seinem Tod in die Hofburg und kehrte nie mehr zurück – ihr war die Favorita »zu traurig«. Sie wählte Schönbrunn zum Sommersitz und brauchte Jahre, um eine Entscheidung darüber zu treffen, was mit dem kaiserlichen Besitz geschehen solle, auf dem sie ihre Kindheit und ihre Mädchenjahre verbracht hatte. Das Schloß blieb in dieser Zeit verlassen, ein Depot für Theaterkulissen, hernach Kaserne, dann wieder völlig ungenützt.

Erst 1746 wurde aus der Favorita das »Theresianum« – Bauwerk und Institution tragen bis heute den Namen –, eine »Ritterakademie«, die dem Staat brauchbare höhere Beamte heranbilden sollte. Die endgültige Gründung wurde 1749 vollzogen, nachdem das Schloß zu einem günstigen Preis an die Jesuiten verkauft worden war – dies jedoch schon unter der Bedingung, daß nach von der Kaiserin mitbestimmten und genehmigten Satzungen da ein »Collegium nobilium« mit besonderem Lehrplan seinen Sitz haben solle.

Die Wünsche Maria Theresias bezüglich des Theresianums, wie die Schule von Anbeginn hieß, gingen in Erfüllung. In dem ehemaligen kaiserlichen Lustschloß ist bis heute eine Schule untergebracht. Und sie hat sich ihren besonderen, von der Kaiserin gleichsam anbefohlenen Ruf erhalten.

Der Donner-Brunnen

ls 1737 der Rat der Stadt Wien beschloß, auf dem Mehlmarkt einen neuen, monumentalen Brunnen zu errichten, und als bei der Bestellung des plastischen Schmuckes dieses Brunnens Georg Raphael Donner dem Italiener Lorenzo Mattielli vorgezogen wurde, da habe die Stadt, so meint die Kunstgeschichte, endlich einen der bedeutendsten Plastiker der Zeit voll gewürdigt. Sie hätte schon viel früher dazu Gelegenheit gehabt, hielt sich aber an das altbewährte Wiener Rezept, Genies vorerst einmal nicht allzu ernst zu nehmen, vielmehr in die Fremde zu schicken, um sie dann, nach dort empfangenen Lobpreisungen, im Triumph heimzuholen.

Georg Raphael Donner, 1693 in Eßling, einem Dorf bei Wien, geboren, war der älteste Sohn eines Zimmermanns, der nicht nur ehrsam, sondern auch nicht ganz arm gewesen sein kann, denn er besaß vier Jahre vor der Geburt seines ersten Sohnes die Mittel, ein Grundstück zu erwerben. Auch ließ er allen seinen Kindern eine ordentliche Erziehung zuteil werden, was damals keineswegs bloß eine Frage des Interesses an höherer Bildung, sondern vor allem eine der finanziellen Möglichkeiten war. Die Brüder des berühmten Künstlers wurden alle achtbare Meister, was ihnen ohne entsprechenden Unterricht wohl nicht möglich gewesen wäre. Womit sich schon die Frage erledigt, die lange die Historiker beschäftigte, ob nämlich Georg Donner – der zweite Vorname Raphael ist ein angenommener – sich aus eigenem zum großen Künstler entwickelte. Es gab Zeiten, da man der verklärenden Ansicht huldigte, Donner sei ohne Lehrmeister zum Bildhauer geworden. Heute weiß man's besser. Er kam nach Wien, wo er bei dem Bildhauer Giovanni Giuliani, einem Venezianer, lernte. Stift Heiligenkreuz, wo Giuliani tätig war, wurde zur ersten Wirkungsstätte des jungen Mannes, der dort, in der an Kunstwerken reichen Umgebung, mit der ganzen Formenskala des Barock bekannt wurde. Es gibt eine überlieferte Episode vom Knaben Georg Donner, der »kerzen und zinnerne Krigeldeckl« stahl, um des Nachts daran seine Künste zu erproben. Im Stift Heiligenkreuz sorgten die ehrwürdigen Patres dafür, daß Donner genug Gelegenheit fand, sich für die Nachwelt zu verewigen. Daß er dabei zudem eine Art Klostererziehung genoß, beweist seine gute Kenntnis des Lateinischen.

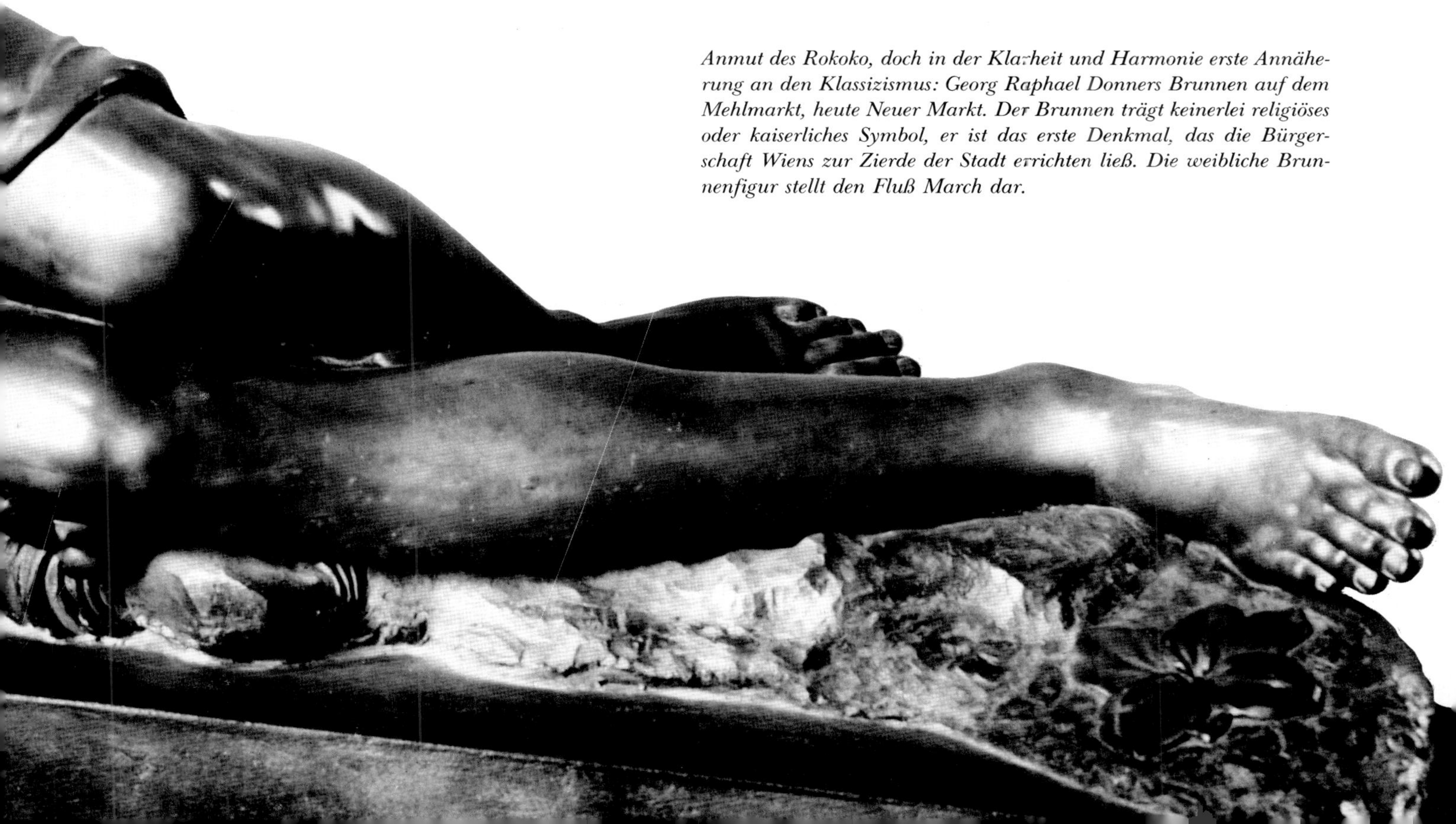

Anmut des Rokoko, doch in der Klarheit und Harmonie erste Annäherung an den Klassizismus: Georg Raphael Donners Brunnen auf dem Mehlmarkt, heute Neuer Markt. Der Brunnen trägt keinerlei religiöses oder kaiserliches Symbol, er ist das erste Denkmal, das die Bürgerschaft Wiens zur Zierde der Stadt errichten ließ. Die weibliche Brunnenfigur stellt den Fluß March dar.

Donners Besuch der »Akademie« in Wien dagegen ist nicht belegt. Es ist anzunehmen, daß sein Lehrmeister ihm ermöglichte, die Abgüsse bedeutender Skulpturen, die sich im Besitz derselben befanden, zumindestens zu studieren. Jedoch von einem Unterricht an der damals übrigens nicht besonders gut beleumundeten Anstalt hat sich kein Zeugnis erhalten. Gesichert gilt dagegen, daß Meister Giuliani seinem Schüler alle Kostbarkeiten zugänglich machte, die ansonsten in Wien zu bewundern waren. So etwa die Werke der Fürst-Liechtensteinischen Sammlung und auch die Skulpturen im Besitz des Kaisers – über seine Begegnung mit einer der letzteren gibt es ein hübsches Märlein, man berichtet, der junge Donner habe den »Pyrrhuskopf« in der Hofbibliothek vor Entzücken über soviel Meisterschaft der Ausführung mit Tränen in den Augen geküßt. Selbstverständlich sah und bewunderte Donner auch die Werke, die Prinz Eugen in seiner Sammlung hatte.

Donner, dessen Eltern 1711 und 1714 starben, heiratete am 12. August 1715 eine junge Frau, Eva Elisabeth Prechtl, die Geld mit in die Ehe brachte, weshalb wohl neun Jahre später ein Heiratsvertrag geschlossen wurde, als dessen Vertragspartner die »Ehr- und Tugentsame Fraue Eva Elisabeth Donnerin geborene Prechtlin« und der »Ehrngeacht und Kunstreich Herr Georg Raphael Donner kays. gallantery Bildhauer« genannt werden.

Zur Zeit der Eheschließung arbeitete Donner mit

Franz Christoph Janneck: Großer Besuch im Bildhaueratelier. Eines der zahlreichen »Gesellschaftsstücke« des Malers, damals beliebt, heute nicht mehr gefragt.

Rechts: Georg Raphael Donner: Providentia-Brunnen auf dem Mehlmarkt. Figur des Enns-Flusses.

einem seiner Brüder bei einem in Wien angesehenen schwedischen Graveur. Doch weiter weiß man nichts über seine Tätigkeit, und man ist sich bis heute nicht ganz einig darüber, wohin er auf Reisen ging, kann nur aus den Einflüssen, die in seinen Werken erkennbar sind, auf die Stationen im Ausland schließen. Jedenfalls, bei der Vergebung der Bildhauerarbeiten zur Karlskirche zog man ihm jenen Lorenzo Mattielli aus Vicenza vor, dem er dann wiederum beim Brunnenprojekt für den Mehlmarkt den Rang ablief.

Graf Gundacker von Althann, der als Generalhofbaudirektor den Bau der Karlskirche leitete, entschied sich für Johann Bernhard Fischer von Erlach als Baumeister. Damit warf er alle Künstler aus dem Kreis um Lukas von Hildebrandt aus dem Rennen – und, so mutmaßt man, auch Donner, der diesem Kreis angehörte.

Doch in Salzburg erhielten die Künstler um Lukas von Hildebrandt Arbeit vom Erzbischof Franz Anton Fürst Harrach. Unter Leitung von Hildebrandt wurde Schloß Mirabell umgebaut. Donner ging also nach Salzburg, und in seiner Werkstatt entstanden unter seiner Oberaufsicht die Marmorskulpturen für die Wandnischen im Stiegenaufgang; nur eine von ihnen allerdings, der Paris, ist nach den Aufzeichnungen seine ganz eigene Arbeit. Was an der Stiege im Schloß, die man bis heute bewundert, sonst noch von ihm ist, ist auf ungezählten Abbildungen und auf Tausenden von Hochzeitsbildern festgehalten: die Puttogruppen, die ursprünglich als Lampenhalter dienten, und die Putten an der Stiege. Seit der Salzburger Magistrat in Mirabell eingezogen ist, hat es kaum ein frisch getrautes Ehepaar gegeben, das sich nicht vor Donners lustigen Geschöpfen hätte fotografieren lassen.

Auch in Salzburg war Donner Bildhauer und Graveur, Künstler und Kunsthandwerker also – und dem Erzbischof untertan wie viele vor ihm und nach ihm. Doch er blieb in der Salzach-Stadt ein Fremder, seines Bleibens konnte daher nicht lange sein.

Ein anderer Erzbischof, der von Gran (Esztergom), Emmerich Graf Esterházy, Primas und Großkanzler von Ungarn, wurde zu seinem großen Gönner und verhalf ihm, von Salzburg wegzukommen. Er holte Donner 1731 nach Preßburg, verlieh ihm den Titel Hofbildhauer und Baudirektor und stellte ihm großzügige Mittel zur Verfügung. Eine dieser finanziellen Sicherheiten war eine Dankesgeste. Donner hatte die Absicht gehabt, für seine Arbeiten heimischen Marmor zu verwenden und ein großes Lager bei Süttö im Komitat Esztergom gefunden. Der Erzbischof belohnte ihn für diese patriotische Tat dadurch, daß er ihm gestattete, den geförderten Marmor uneingeschränkt für sich zu verwenden und daneben Material für die fürsterzbischöflichen Bauten zu liefern. Donner brauchte nicht einmal den Pachtschilling zu bezahlen, durfte jedoch seine Rechte teuer weitervermieten und somit reellen Nutzen daraus ziehen.

In Preßburg, wo er seine Werkstätte und ein eigenes Gußhaus hatte, stand er rasch in hohem Ansehen. Es gibt kein Dokument, das bewiese, daß er ein fixes Gehalt bezog, doch genug Hinweise darauf, daß er für jedes fertige Werk gut bezahlt wurde.

Preßburg, damals ungarische Krönungsstadt, liegt nahe genug bei Wien, daß sich ein Wiener dort heimisch fühlen kann, ebenso wie man umgekehrt viele Generationen lang von einem »echten« Wiener stets annahm, er habe Blutsverwandte in Preßburg. Salzburg war dagegen ja »Ausland« gewesen. Hier, in Preßburg, konnte Donner auch mit Aufträgen aus der Kaiserstadt rechnen und war bereit, sie alle anzunehmen.

Vor 1738 schuf er für die Wiener Stephanskirche zwei Marmorreliefs, die der Rat der Stadt bei ihm bestellte. Zwei weitere Reliefs, die in Bronze gegossen werden sollten, wurden unmittelbar darauf in Auftrag gegeben. Und im selben Jahr kam auch noch der Auftrag für den Providentia-Brunnen, den wir bis auf den heutigen Tag Donner-Brunnen nennen.

Anfangs sollte der »ohne Zweyffel überlegene Meister und Künstler Donner«, dem man laut Dokument Gelegenheit geben wollte, »sich allhier in publico eine immerwehrende Ehre machen zu können«, nur eine Mittelgruppe in dem bereits fertiggestellten Becken schaffen. Providentia mit vier

Im großen Saal des kaiserlichen Jagdschlosses Eckartsau stehen diese Freifiguren aus Glanzstuck von dem aus Vicenza stammenden Lorenzo Mattielli, der etwa ab 1712 in Wien lebte. Monumentalfiguren in der Hofburg, die Gruppe für den Eingang der Michaelerkirche, der Altar der Peterskirche u. a. stammen von ihm.

Kindern und Fischen wurde aus einer Bleilegierung angefertigt und 1738 aufgestellt, wenn auch noch nicht offiziell enthüllt. Denn die fertige Arbeit scheint so Gefallen gefunden zu haben, daß man vom Künstler vier weitere Brunnenfiguren haben wollte.

Die zwei Männer- und die zwei Frauengestalten, österreichische Nebenflüsse der Donau darstellend, müssen in Donners Preßburger Werkstätte in unerhörter Eile entworfen und ausgeführt worden sein. Ein Vertrag mit Donner wurde im Januar 1739 ausgehandelt, bis zum April wollte er liefern, bis zum November tat er es wirklich. Die Gießwerkstätten der Stadtgemeinde wurden sogar hierfür bemüht, und der Stadtrat nahm angesichts der vollendeten Arbeit Donner die »Terminüberschreitung« nicht übel. Die große Enthüllungszeremonie konnte am 4. November 1739 stattfinden. Das ausbedungene Honorar wurde ausbezahlt, ein zehnfacher goldener Ratspfennig als Anerkennung auf die Summe aufgeschlagen.

Das günstige Echo auf die Arbeit galt bereits einem in Wien ansässig gewordenen Künstler, denn Donner hatte aus dem Erfolg die Konsequenzen gezogen und Preßburg zugunsten von Wien als Domizil aufgegeben. Er schied von seinem Gönner ohne Groll und wurde »Königl. Cammer Bildthauer«, hatte jetzt neben dem Titel auch ein Jahresgehalt und zudem Aufträge über Aufträge. Um diese ausführen zu können, brauchte er eine Werkstätte, und das war dann auch der Grund, weshalb er in den ihm noch verbleibenden fünfzehn Monaten seines Lebens, in denen er mit besessenem Eifer arbeitete, kein Vermögen, sondern Schulden machte. Es blieb ihm keine Zeit mehr, den Betrieb rentabel zu machen. Wirtschaftlich gesehen, stand er erst am Anfang, im Investitionsstadium sozusagen, als er starb, und seine Witwe mußte das Erbe ausschlagen, weil sie nicht imstande gewesen wäre, die Schulden zu begleichen.

Donner starb am 15. Februar 1741 nach kurzer, heftiger Krankheit, er erlag einem »innern Brand«, wie es hieß. Er hinterließ kein Bargeld, wenige Möbel, die in der Werkstatt vorhandenen Werkzeuge. Seine silberne Taschenuhr war im Versatzamt.

Maria Theresia ließ, obgleich Donner sein Jahresgehalt für 1741 bereits behoben und auch verbraucht hatte, der Witwe noch weitere 250 Gulden anweisen. Die Witwe Kaiser Karls VI. ließ für den Künstler sechs Messen lesen.

Donner, auf dem Friedhof an der Landstraße begraben, erhielt kein Denkmal. Als zwischen 1783 und 1786 der Friedhof aufgelassen wurde, wanderten die sterblichen Überreste des großen Künstlers in ein Massengrab auf dem St. Marxer Friedhof. Wir wissen nicht, wo wir sie suchen sollen. Georg Raphael Donner erging es damit auch nicht besser

als bald nach ihm Wolfgang Amadeus Mozart. Sein Denkmal aber setzte er sich selbst. Als letzte große Arbeit schuf er für einen bereits bestehenden Wandbrunnen im Hof des Alten Rathauses ein Bleirelief, die Befreiung der Andromeda darstellend. Dieses, bis heute unversehrt geblieben, gilt den Wienern als Denkmal für seinen Schöpfer.

Georg Raphael Donner: Venus in der Schmiede des Vulkan. Das Relief, zusammen mit einem anderen, dem »Urteil des Paris«, entstand um 1735 vermutlich in Preßburg, wo Donner eine eigene Werkstatt hatte, bevor er nach Wien ging.

Die junge Erzherzogin

Von der jungen Maria Theresia gibt es ein rührendes Bildnis und einige wenige überlieferte Geschichten. Die Kaiserin, die als eine der großen Gestalten in der Geschichte Österreichs gilt, ist der Nachwelt als *die* mütterliche Herrscherfigur in Erinnerung geblieben; was sie vor ihrer Thronbesteigung war, davon ist erstaunlich wenig bekannt.

Dieses Schicksal teilt sie mit einem ihrer Nachfahren, dem Kaiser Franz Joseph, von dem die Nachwelt stets nur ein Bild vor Augen hat: das des alten, gebückten, weisen Mannes, der sich selbst den letzten Gentleman auf einem Herrscherthron nennt und anscheinend längst vergessen hat, daß er einst als ein Kaiser der Restauration an die Macht kam und mit seiner Thronbesteigung erst einmal die Revolution von 1848 mit Todesurteilen und strengem Regiment ad absurdum geführt wurde.

Maria Theresia, ein Jahr nach der Eroberung Belgrads geboren, hat nach den Zeugnissen ihrer Biographen eine glückliche, aber eher einsame Kindheit gehabt. Sie lebte im Leopoldinischen Trakt der Hofburg oder in der neuen Favorita, hatte kaum gleichaltrige Gesellschaft, lediglich eine jüngere Schwester, Maria Anna, mit der sie in der nach außen hin steifen Umgebung spanischen Hofzeremoniells, das ihr Vater allerdings en famille gern beiseite ließ, spielen konnte. Eine Schwester war mit fünf Jahren gestorben, ein Bruder im Jahr vor ihrer Geburt mit sechs Monaten.

Den Zeugnissen nach verlor Kaiser Karl VI. seine starre Miene, wenn er sich im Familienkreis aufhielt. »Papa war recht umgänglich«, liest man da und kann sich zudem gut vorstellen, daß es dem musikalischen Habsburger – er dirigierte vom Cembalo aus Opern – recht war, daß seine Tochter sich als Klavierspielerin und Sängerin hervortat. Mit fünf Jahren durfte sie zum erstenmal auf die Bühne und ein Lied singen.

Ihre musikalische Ausbildung wurde sehr ernsthaft betrieben, ihre Lehrer hießen Hasse und Wagenseil und waren Koryphäen. Die Gelehrsamkeit in allen anderen Fächern wurde ihr nach den überkommenen jesuitischen Grundsätzen nahegebracht, ihr Latein soll exzellent gewesen sein, und ihr etwas loses Verhältnis zur Orthographie war kein Zeichen für mangelnde Bildung, sondern eine Zeiterscheinung; immerhin war sie darin origineller und weit sicherer als ihr Gatte Franz Stephan. Bogenschießen durfte sie, und man nimmt an, daß sie die Freude an legerer Kleidung und einem familiären Umgangston von ihrer Mutter übernommen hatte. Diese, Elisabeth Christine, wird als schöne, bald dick gewordene Frau geschildert, deren Freude am Hofzeremoniell gering blieb. »Von der Mutter übernahm sie eine gewisse Nachlässigkeit in ihrer äußeren Erscheinung«, wissen die Historiker zu berichten und setzen dies in angenehmen Kontrast zur Hofgesellschaft, die am barock auftrumpfenden Hof Kaiser Karls VI. viel auf Prunk und erlesenen Geschmack hielt.

Die Zeit, in der Maria Theresia aufwuchs, war für Wien eine Zeit des Glanzes. Ringsum wuchsen die Paläste und bereits auch die Bürgerhäuser in die Höhe. In großen Festen feierte die Gesellschaft, daß Gefahren, die vor kaum einer Generation die Stadt ständig bedroht hatten, für immer abgewendet zu sein schienen. Kaiser Karl VI. war Herrscher über ein Reich, das durch siegreiche Feldzüge mächtig und angesehen war, aber er sorgte sich um dessen Bestand, ahnte, daß er seinen Thron durch Verträge an seine Familie würde binden müssen – den Rat des Prinzen Eugen, Zeit und Geld lieber in Soldaten als in Verträge zu investieren, schlug er aus. Er wollte versuchen, seiner Tochter das habsburgische Erbe zu übertragen.

Dennoch ist es nicht allzu erstaunlich, daß Maria Theresia nicht auf ihren »Beruf« vorbereitet wurde. Karl durfte annehmen, noch etliche Jahre am Leben zu bleiben, und hoffte auf einen Enkelsohn – was sich nicht erfüllte, denn die ersten drei Kinder Maria Theresias waren Töchter. Und sie selbst war damit beschäftigt, die Liebhabereien ihres Vaters, soweit sie sich auf Musik und Oper bezogen, auch

Maria Theresia im Alter von elf Jahren. Andreas Möller hat das Bild der jungen Erzherzogin gemalt und scheint sich dabei Jan Kupetzkýs Porträts der Erzherzoginnen Maria Josepha und Maria Amalie zum Vorbild genommen zu haben.

zu pflegen, und ließ in der Toskana, wo sie sich in den Jahren 1737 bis 1739 aufhielt, ihren Gatten seinen großherzoglichen Pflichten allein nachkommen.

Wahrscheinlich dachte sie gar nicht an die Möglichkeit, die Regierungsgeschäfte übernehmen zu müssen, angesichts der regen Tätigkeit, die ihr kaiserlicher Vater entfaltete. Er war der größte Bauherr unter den letzten Habsburgern, und während der Kindheit Maria Theresias wurde die Hofburg endlich so, wie es der Residenz eines Kaisers zukam; entstand das Schloß Schönbrunn, das später zur wahren Wohnstatt der Kaiserin werden sollte; entstand die Hofbibliothek, das Meisterwerk Fischers von Erlach; entstand die Winterreitschule, die Joseph Emanuel Fischer von Erlach, der Sohn des Berühmten, nach den Plänen seines Vaters baute; entstand der »Reichskanzleitrakt« der Hofburg gegen den Inneren Burghof zu.

Der jungen Maria Theresia haben Hofpoeten gehuldigt und die besten Geister der Zeit ihre Verehrung bezeigt. Sie war von bestrickender Anmut und bewahrte sich ihr ganzes Leben lang ihre Liebenswürdigkeit gegen jedermann, so daß ihr Obersthofmeister, Graf Khevenhüller-Metsch, einmal nicht umhin konnte, von ihr zu sagen: »Die Frau hat die besondere Gab' von Gott, denen Leuten Herz und Willen durch ihre freundliche Art so einzunehmen, daß man ihr nichts abschlagen kann.«

Rechts: Gleichsam ein Gegenstück zu Andreas Möllers Porträt der jungen Maria Theresia ist das vom selben Maler stammende Bildnis von Maria Theresias jüngerer Schwester Maria Anna.

Unten: So sah Schloß Schönbrunn um 1715 aus. Maria Theresia, die nach dem Tode ihres Vaters nicht mehr in der Favorita wohnen wollte, ließ durch Nikolaus Pacassi Umbauten durchführen.

Die Pragmatische Sanktion

enig mehr als ein Jahr war Karl VI. Kaiser, als er im April 1713 ein Hausgesetz, die »Pragmatische Sanktion«, für die habsburgischen Erblande verkünden ließ. Sie besagte, auf die einfachste Formel gebracht, daß das Reich unteilbar sei und die Erbfolge fortan so geregelt sein solle, daß zuerst die männlichen Erben des regierenden Kaisers, dann dessen Töchter und erst dann, falls keine Töchter da sein sollten, auch die Töchter des verstorbenen Kaisers Joseph I. nach dem Recht der Erstgeburt in den Besitz sämtlicher Länder des Hauses Österreich gelangen sollten.

Kaiser Karl VI. war, als er die Pragmatische Sanktion erließ, im sechsten Jahr verheiratet, hatte aber noch keine Nachkommen, ordnete also keineswegs eine Verlassenschaft zugunsten bereits geborener Erzherzoginnen, sondern im Hinblick auf alle Kinder, die noch geboren werden mochten. Er präzisierte damit die Erbfolgeordnung seines Vaters Leopold, der 1703 im »Pactum mutuae successionis« gegenseitiges Erbrecht der von Joseph und Karl erwarteten habsburgischen Linien und im Falle des Erlöschens des Mannesstammes auch eine Erbfolge der Frauen nach dem Grundsatz der Erstgeburt festgesetzt, dabei aber das Vorrecht der Töchter Josephs – des gegenüber Karl Älteren – nicht eindeutig festgelegt hatte.

Rechts: Joseph Emanuel Fischer von Erlach mußte nach dem Tode seines Vaters die Hofbibliothek fertigbauen. Die Zeichnung des Prunksaales stammt von ihm.

Vorhergehende Doppelseite: Eines der gewaltigsten Zeugnisse der Barockmalerei ist Daniel Grans Deckenfresko im Prunksaal der Hofbibliothek, das er 1730 vollendete. Die mehr als 150 Figuren sind nach einem »Programm« ausgeführt, das der kaiserliche Rat Conrad Adolph von Albrecht aufstellte.

Aliacent
La Bella

Georg Matthäus Vischers Stich zeigt uns die Hofburg von Westen im Jahre 1672. Rechts die Alte Burg, daran schließt sich der von Kaiser Leopold I. 1660–1666 erbaute Leopoldinische Trakt.

Nach Josephs Tod und Karls Rückkehr nach Österreich erhoben sich unter den habsburgischen Erzherzoginnen Rangstreitigkeiten. Karl reihte nun in seiner Erbfolgeordnung seine Töchter vor die seines Bruders.

Natürlich geschahen diese Vorkehrungen – sowohl die Leopolds als auch die Karls – unter der Annahme, Gott werde dem Hause Österreich immer genügend Thronfolger schenken, also lediglich im Hinblick auf die mögliche, aber nicht wahrscheinliche Situation, daß ein Kaiser ohne männliche Erben blieb.

Was an der Pragmatischen Sanktion außerdem wesentlich bleibt: Erstmals werden die österreichischen Erblande mit aller Deutlichkeit als ein untrennbares Ganzes bezeichnet. Karl legte damit eigentlich den Grundstein für das nicht ganz hundert Jahre später gegründete österreichische Kaisertum.

Kaiser Leopold I. kaufte 1687 den 416 Karat schweren Hyazinth »La bella«, der schon einmal in kaiserlichem Besitz gewesen war, zurück und ließ ihn in einen Doppeladler fassen. Die Fassung ist in Gold und vergoldetem Silber gearbeitet.

Vorläufig konnte aber vom Antreten der Erbfolge durch eine Frau nicht die Rede sein. Als aber nach einem 1716 geborenen Sohn, der nach wenigen Monaten starb, nur noch drei Prinzessinnen zur Welt kamen – Maria Theresia 1717, Maria Anna 1718 und Maria Amalia 1725 (gest. 1730), wurde die Sicherung des Bestandes der Monarchie im Sinne der Pragmatischen Sanktion zur Richtlinie von Karls Politik.

Die Bemühungen, seiner Idée fixe noch zu seinen Lebzeiten in Europa Anerkennung zu verschaffen, kosteten Karl Kraft und Macht. Doch gehörte es, wie die Historiker bezeugen, zu den Eigenschaften dieses Habsburgers, ungeachtet anderer Meinungen seiner Ratgeber – etwa des Prinzen Eugen – und ungeachtet etwaiger Verluste, seine Entschlüsse zu verwirklichen. Wobei er an der Realität vorbei handelte, denn die von ihm erkämpfte Anerkennung der Pragmatischen Sanktion durch die europäischen Länder war die ernsthafteste Form von Scheingefecht, die sich denken läßt. Auch er hätte wissen müssen, daß man feierliche Versicherungen gab, um sie sofort zu brechen, wenn die Lage oder der Vorteil es wünschenswert erscheinen ließen.

c
d
b

Fürstenliebe

Liebe an Fürstenhöfen, insbesondere an so wichtigen wie der Wiener Hofburg, war zu allen Zeiten nicht einfach die glückliche Verbindung zweier junger Menschen, die einander zugetan waren, sondern ganz ohne Sentiment auch eine politische Angelegenheit. Politik herrschte hier über allem Tun mehr als bei anderen Familien, die einander entweder längst kennen oder durch die ineinander verliebten Kinder kennenlernen, einander dann auf Qualität und Hintergrund überprüfen, ehe sie einer Verbindung zustimmen oder sie mit den seltsamsten Mitteln zu hintertreiben suchen.

Der jungen Erzherzogin Therese, deren Eltern noch immer ein Sohn hätte geboren werden können, die somit nicht ausdrücklich die Thronfolgerin war, widerfuhr insofern außergewöhnliches Glück, als ihre erste Liebe gerade jener Mann war, den man auch zu ihrem Ehemann bestimmt hatte – ein wahrhaft seltener Fall in der Geschichte regierender Geschlechter und gewiß mit ein Grund dafür, daß die junge Königin, wenigstens was ihre Familie betraf, glücklich und zufrieden war und genügend Spannkraft aufbrachte, um die Fährnisse ihrer ersten Regierungsjahre durchzustehen.

Es ist ungewiß, ob Maria Theresia wußte, daß ursprünglich Leopold Clemens von Lothringen sowohl von seinem Vater als auch von Kaiser Karl VI. zu ihrem zukünftigen Mann ausersehen war. Clemens, »das Wunderkind« – er war überdurchschnittlich begabt und außerordentlich gebildet –, starb im Juni 1723 an den Blattern, und die über eine Verbindung ihrer Häuser einigen Väter fanden es ganz natürlich, seinen jüngeren Bruder Franz Stephan als Nachfolger bei der Anwartschaft auf die Hand Maria Theresias anzusehen.

Vorhergehende Doppelseite: der Leopoldinische Trakt der Hofburg um 1720, nach einer Zeichnung Salomon Kleiners. Rechts dahinter ein Turm der Alten Burg und die Türme der Augustinerkirche und der Kirche des Bürgerspitals.

Als Franz Stephan von Lothringen am Wiener Hof eintraf, war er fünfzehn Jahre alt, seine Zukünftige erst sechs. Die Berichte sagen auf verklausulierte Weise, er sei zwar einnehmend in Aussehen und Manieren gewesen, jedoch sehr ungebildet. Spiel und Jagd waren ihm wichtig, Schreiben und Lesen interessierten ihn weniger. Man berichtet, er habe in deutscher wie in französischer Sprache so geschrieben, daß man jeweils der Ansicht war, in der anderen Sprache werde er sich wohl besser ausdrücken können. Und weiters, er sei eine von jenen Persönlichkeiten gewesen, die schon bei ihrem ersten Auftreten zu gefallen und sich die Neigung anderer zu gewinnen wußten.

Im August 1723 machte er seine erste Aufwartung bei Hof, und zwar in Prag, anläßlich der Krönung Karls VI. zum König von Böhmen. Alle Welt wußte, weshalb der junge Mann da war, und wer es nicht begriff, der wußte es sicher, als im Dezember Franz Stephan nach Wien übersiedelte und die Gemächer, welche der Witwe Kaiser Leopolds I. als Wohnung gedient hatten, zugewiesen erhielt.

Der Großteil der lothringischen Begleitung des Prinzen wurde heimgeschickt, der Kaiser suchte die Erzieher für Franz aus und bestimmte, daß er sich alljährlich Prüfungen zu unterziehen habe, nahm ihn aber auch immer wieder auf die Jagd mit und ließ ihn dermaßen en famille leben, daß sich die ständigen Begegnungen mit der Erzherzogin Therese ganz von selbst ergaben.

Die Sechsjährige ahnte natürlich nicht, welche Pläne man hier verfolgte. Doch weiß man, daß sie sich sehr früh in Franz verliebte und noch nicht sechzehn war, als es auch für sie feststand, daß sie ihn heiraten wolle. Der Kaiser, ein guter Familienvater, sprach von Franz als seinem liebsten Sohn, und der Verbindung der beiden stand außer gewissen staatspolitischen Erwägungen nichts im Wege – für dieses eine Paar des Erzhauses war somit die seltene Fügung gegeben, daß nicht nur die Staatsraison, sondern auch die Liebe für eine Heirat sprachen.

Die staatspolitischen Erwägungen, die an die Heirat geknüpft waren, übersahen auch die nötigen Konsequenzen nicht: Franz Stephan von Lothringen mußte dazu bewogen werden, seine Ansprüche auf Lothringen aufzugeben, um dem Kaiser Zwistigkeiten mit Frankreich zu ersparen. Der Verzicht sollte ihm durch die Zuerkennung des Großherzogtums Toskana abgegolten werden und zugleich da-

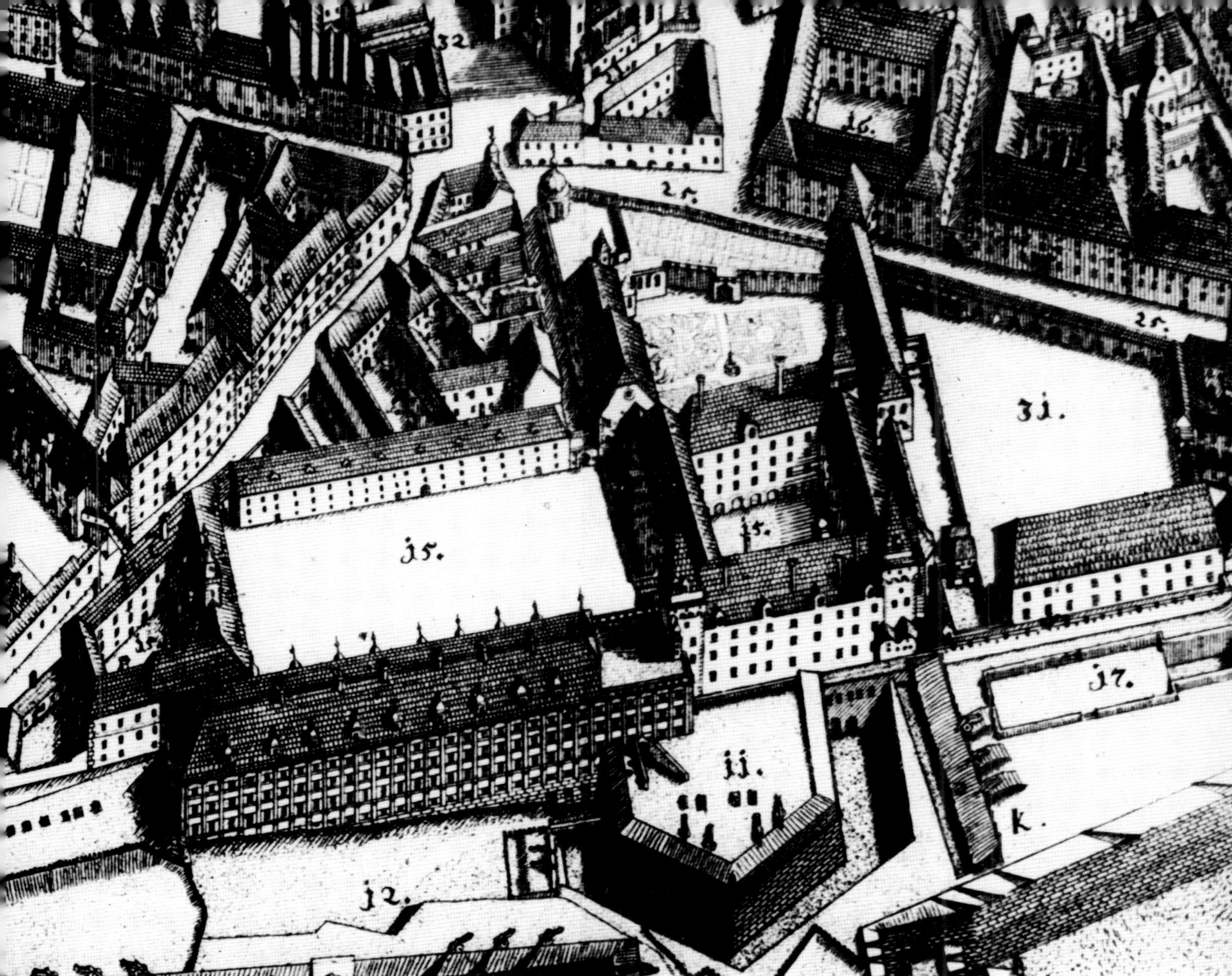

Der Ausschnitt aus Daniel Suttingers Vogelschauplan von Wien aus dem Jahre 1683 zeigt den Burgkomplex mit der an seiner der Stadt zugewendeten Seite vorbeiführenden Augustinerstraße.

durch, daß man weitere Mächte fand, die der Pragmatischen Sanktion ihre Zustimmung gaben.
Natürlich gab es Gruppen, die Franz Stephan von der zweifelhaften Zukunft sprachen, der er nach seiner Abdankung entgegengehen würde. Kein Zweifel aber auch, daß man am Kaiserhof den jungen Mann unter Druck setzte und ihm die Zukunft an der Seite einer Habsburgerin im schönsten Licht darstellte. Aus Zeugnissen ist uns die unmißverständliche Forderung von Staatssekretär Bartenstein an Franz Stephan überliefert, die ohne Herumgerede klarmachte: keine Abtretung – keine Erzherzogin!
Und natürlich gab es auch Gegner der Heirat aus Erwägungen, die die Kräfteverteilung in Europa betrafen. Prinz Eugen etwa war für eine Verbindung mit Preußen. Er führte eine umfangreiche diplomatische Geheimkorrespondenz, zahlte Unsummen aus seiner Privatschatulle an preußische hohe Beamte, um eine Verbindung der österreichischen Erzherzogin mit dem Prinzen Friedrich – dem späteren Friedrich II. – in die Wege zu leiten. Im Lichte der späteren Entwicklungen ein Beweis für Eugens politische Weitsicht.
Der Vermählung der Erzherzogin mit dem Prinzen

am 12. Februar 1736 durch den päpstlichen Nuntius Domenico Passionei ging eine lange Liebe, jedoch eine nur kurze Brautzeit voraus. Alle Dokumente, die aus jenen Tagen erhalten sind, beweisen die schon lange bestehende innige Zuneigung Maria Theresias zu dem ihr bestimmten Ehepartner. Der englische Gesandte Robinson zum Beispiel schreibt: »Trotz ihrer starken Seele hegt sie eine zärtliche Liebe zu dem Herzog von Lothringen. Des Nachts sieht sie ihn im Traume, und am Tag unterhält sie ihre Hofdamen nur von ihm, so daß es nicht wahrscheinlich ist, daß sie den Mann jemals vergessen wird, den sie für sich geboren glaubt. Und nie wird sie denjenigen vergeben, welche sie in die Gefahr brachten, ihn zu verlieren.«

Zwölf Jahre nach der ersten Begegnung mit dem Lothringer ist es soweit. Franz Stephan darf offiziell seine Werbung um die Hand Maria Theresias vorbringen; am Tag darauf unterzeichnet die Braut eine Urkunde, durch welche auch sie die Pragmatische Sanktion zur Kenntnis nimmt – und damit auf die Thronfolge für den Fall verzichtet, daß Kaiser Karl VI. noch einen männlichen Erben bekommt. Der herzogliche Brautwerber aber muß nach Preßburg, da die Etikette vorschreibt, daß er erst wieder am Tag der Hochzeit seine Braut sehen darf.

Das aber ist kein großes Opfer mehr für ihn. Am 31. Januar hat er um Maria Theresias Hand angehalten, und am 12. Februar erhält er sie. Nach der Hochzeit wallfahrten die glücklich Vermählten nach Mariazell, um den Schutz der Muttergottes für ihre Verbindung zu erflehen.

Die fromme Sitte des Hauses Habsburg bewährt sich in diesem besonderen Fall. In Freud und Leid sind die künftige Kaiserin und ihr geliebter Gemahl ein Ehepaar, wie man es sich wünscht. Die Zeit allerdings, da sich Maria Theresia mit Leidenschaften ihres Mannes, die nicht mehr ihr gelten, herumzuschlagen hat, die kommt auch noch – freilich fällt das in eine Epoche, die wir nicht mehr Barock nennen. Franz Stephan von Lothringen vernachlässigte seine Frau erst im Rokoko.

Die allegorische Darstellung der Vermählung Maria Theresias mit Franz Stephan von Lothringen bringt rechts unten auch einen Plan der Augustinerkirche, wo die Trauungszeremonie stattfand.

VOTORUM TANDEM COMPOTES.
CELEB. NVPT. DIE XII FEB.
MDCCXXXVI.
CONNVBIO
SACRA
FIRMATVR
AVSTRIA
Ichnographia Templi Aulici, in quo Copulatio facta est.
a Summum Altare.
b Sacellum Laureta-num.

Post mortem Eugenii

In der Nacht auf den 21. April 1736 starb Prinz Eugen. Seine Dienerschaft fand ihn am Morgen, wie sie ihn am Vorabend, nachdem er seine übliche Gesellschaft verabschiedet hatte, zu Bett gelegt. Die letzten Momente hatte er ohne Zeugen gelitten, als Todesursache wurde »Lungelsucht« eingetragen.

Dank der barocken Sitte, für besondere Tote ein Castrum doloris zu errichten und erst dann die kirchlichen Trauerfeiern abzuhalten, war es der einzigen – vom Kaiserhaus auch anerkannten – Erbin der Güter des Prinzen möglich, zwar nicht beim Leichenbegängnis, aber doch bei den offiziellen Feierlichkeiten anwesend zu sein.

Drei Tage war der Leichnam im Stadtpalais in der Himmelpfortgasse aufgebahrt gewesen und sodann der Sarg im Trauerkondukt zum Stephansdom gebracht worden.

Das Castrum doloris, ein Totenmonument auf Zeit, schuf für seinen einstigen Bauherrn Lukas von Hildebrandt, die Kosten hierfür übernahm der Kaiser. In der Mitte des Stephansdomes wurde das von vier freistehenden dorischen Säulen umgebene Trauergerüst errichtet, an dessen Unterbau auf acht steinernen Postamenten Figuren, die acht

Aus Salomon Kleiners Kupferstichwerk über das Belvedere: Fontäne mit Neptun und Thetis im Ostteil des unteren Gartenparterres.

Rechts: Johann Georg von Hamilton, der aus einer bekannten Brüsseler Malerfamilie stammte und in Wien seit 1713 für Karl VI. und den Fürsten Schwarzenberg tätig war – er wurde kaiserlicher Kammermaler –, malte Maria Theresia als Königin von Ungarn.

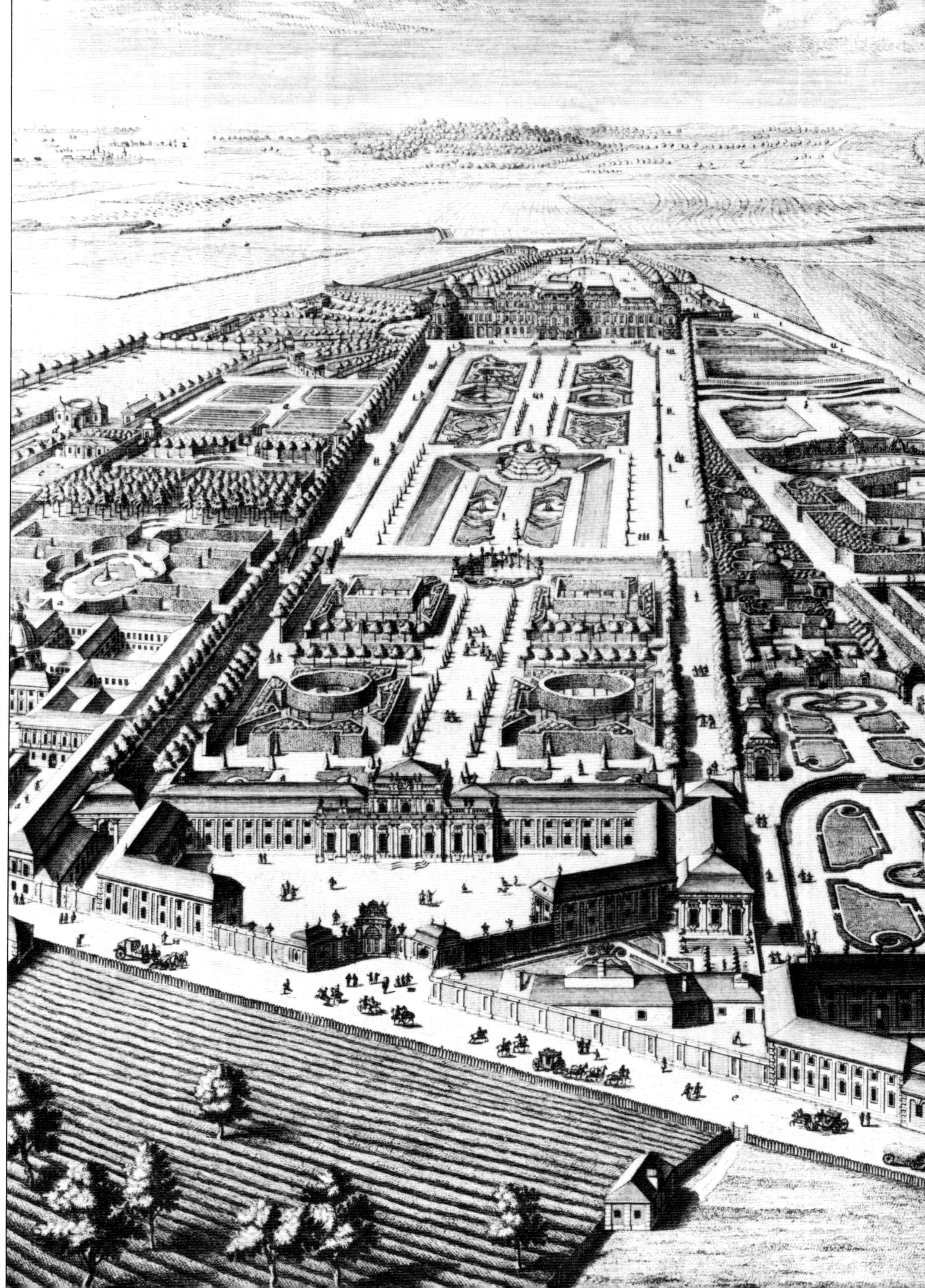

Künste, Architektur, Plastik, Malerei, Musik, Rhetorik, Poesie, Mathematik und Kriegsbaukunst, darstellend, um ihren »verblichenen Liebhaber« trauerten. Auf dem von zwölf Säulen eingefaßten Mittelteil ruhte der Sarg mit dem einbalsamierten Leichnam, über dem sich ein hoher Aufbau wölbte, der aus Wappen und Trophäen und der Statue des als römischer Imperator zu Pferd dargestellten Prinzen bestand. An zehn Pfeilern der Kirche waren bemalte Schilde angebracht, die siegreiche Schlachten des toten Feldherrn in Erinnerung riefen. Für theatralische Beleuchtung des Prunkbaus auf Zeit war ebenfalls gesorgt.

Vom 11. Juni an wurden die Feierlichkeiten abgehalten, durfte das Volk in den Dom strömen, entweder um zu trauern oder seine Schaulust zu befriedigen. Die offizielle Trauerrede wurde gehalten, sodann zusammen mit einer Beschreibung des Castrum doloris auch gleich in einer Folioausgabe veröffentlicht.

Das komische Nachspiel aber hatte auch schon begonnen. Viktoria, Tochter des ältesten Bruders des Savoyers, war als Erbin der Wiener Paläste, von Schloßhof und den Gütern im Marchfeld, des Schmucks, der Sammlungen und der Barschaften anerkannt worden. Sie hatte nur selten – und dann keinen guten – Kontakt zum Prinzen gehabt, war ihn öfter um Geld angegangen. Jetzt, da ihr die Erbschaft in den Schoß fiel, stand sie in ihrem sechsten Lebensjahrzehnt. Sie war den Wienern gänzlich unbekannt, was sich sehr bald änderte. Denn sie begann rasch und zielstrebig zum Verkauf anzubieten, was insgesamt ein rundes – und vor allem komponiertes – Besitztum darstellte. In der Bibliothek, den Sammlungen, den Schlössern sah sie nur das bare Geld, zu dem man diese machen konnte. Daß ihr als Erbin auch eine gewisse Verpflichtung zukäme, begriff sie nicht. Angesichts einer Stadt, die den Helden verehren wollte, bei der Verschleuderung seines Besitzes untätig zusehen mußte und daraufhin mit Schmähschriften reagierte, beharrte

Die Gesamtansicht des Belvedere, des rechts sich anschließenden Schwarzenbergschen Gartens sowie der links angrenzenden Klosteranlage der Salesianerinnen hat Salomon Kleiner gezeichnet. Der Blick auf den dahinterliegenden Wienerberg zeigt, daß man dort noch richtig »auf dem Land« war.

Rechts: Balthasar Permoser, geb. 1651 im Chiemgau, war Hofbildhauer in Dresden und ab 1721 auch in Wien tätig. Im Auftrag des Prinzen Eugen fertigte er in Dresden 1718–1721 diese Apotheose des Prinzen als Herkules mit Keule und Löwenfell an. Im Kopf des besiegten Türken, auf den Eugen seinen Fuß setzt, hat sich der siebzigjährige Künstler selbst porträtiert.

Rechts außen: Selbstbildnis des Malers Jan Kupetzký vor dem Porträt des Prinzen Eugen auf der Staffelei.

sie starrköpfig und dumm auf ihrem Standpunkt. Sie wollte nichts als reich sein.

Die Dame fand dann noch einen Mann. 1738 heiratete sie den um beinahe zwanzig Jahre jüngeren Prinzen Josef Friedrich von Sachsen-Hildburghausen, der offen zugab, sie nur wegen ihres Reichtums zur Frau zu nehmen. In Wien war dies rasch herum, und die Pamphlete, die man der Erbin nun an das Tor des Palais in der Himmelpfortgasse heftete, ließen an Deutlichkeit nichts zu wünschen übrig.

Die Geschichte der alternden Frau, die sich später um Auflösung ihrer Ehe bemühte und bereit war, weiter dafür auch zu bezahlen, ist nicht interessant. Hingegen, daß die Sammlungen des Prinzen, mit denen er sich bei Lebzeiten ein Denkmal geschaffen, durch die Geldgier der Erbin wenigstens teilweise an das Kaiserhaus kamen und somit – auf gegenwärtige Verhältnisse bezogen – Eigentum Österreichs wurden. Ende 1737 wurde im Namen des Kaisers gegen eine angemessene Summe die gesamte Bibliothek des Prinzen sichergestellt; die kostbar gebundenen Folianten, die Kassetten mit den Kupferstichen, die Handzeichnungen und Miniaturen kamen in den Prunksaal der heutigen Nationalbibliothek und in die Sammlung der Albertina.

Vorhergehende Doppelseite: das Lustschloß Schloßhof bei Marchegg, das sich Prinz Eugen von Lukas von Hildebrandt in den Jahren 1725–1729 aus einem aus dem Jahrhundert davor stammenden Vierflügelbau umbauen ließ. Der Terrassengarten, ebenfalls von Hildebrandt entworfen, ist eine der bedeutendsten Gartenanlagen des österreichischen Barock. Canaletto hat das Schloß mit seiner Ansicht von Westen gemalt.

PoLLVX DVCVM EVgenIVs.

Die antiken Statuetten wurden einzeln verkauft, und man weiß nicht mehr von allen, wohin sie kamen. Der betende Knabe wurde zuletzt von Friedrich dem Großen in Sanssouci aufgestellt, die Herkulanerinnen kamen nach Dresden. Auch die Bilder wurden zuerst einzeln zum Kauf angeboten, dann in Bausch und Bogen nach Turin verkauft, wo sie allerdings nicht die Zeiten überdauerten, sondern den plündernden französischen Revolutionstruppen in die Hände fielen.

Die Häuser des Prinzen kamen an das Kaiserhaus – das Stadtpalais zuerst, dann das Belvedere, schließlich auch noch Schloßhof. Aus vorhandenen Beschreibungen ihres Inneren, die noch aus der Zeit des Savoyers stammen, läßt sich schließen, daß Einzelstücke noch vorher weggebracht worden waren. Insgesamt aber war der Nachlaß einer der bedeutendsten Persönlichkeiten, die je in Wien gelebt hatten, gerettet und der Nachwelt erhalten geblieben.

Die unglückselige Erbin ist vergessen. Vereinfacht kann man heute sagen, Österreich habe Prinz Eugens Erbe angetreten.

Rechts: Blick von der Habsburgergasse gegen die Winterreitschule. Links die Stallburg, rechts das Michaelerhaus. Salomon Kleiner läßt auf seiner Zeichnung einen Trupp der Stadtguardia aufmarschieren und hat ganz rechts auch zwei Armenier ins Bild gesetzt.

Vorhergehende Seiten
Links: Aus einem Zimmer des ehemaligen Palais Schwarzenberg, das die südliche Schmalseite des Mehlmarktes einnahm, malte Canaletto den Platz. Der Mehlhandel wurde vor allem vor dem rechts sichtbaren Monumentalbau der »Mehlgrube« betrieben, dessen Fassade Fischer von Erlach zugeschrieben wird.
Rechts: In der Mitte des Stephansdomes stand Lukas von Hildebrandts Trauergerüst für den Prinzen Eugen. Am Unterbau befanden sich auf steinernen Postamenten acht Figuren, die Künste symbolisierend. Der Sarg ruhte auf einem von zwölf Säulen umgebenen Aubau, den Wappen, Trophäen und eine Statue des als römischer Imperator zu Pferd dargestellten Prinzen krönten. Die Bahrtücher und die Leuchter sind im Heeresgeschichtlichen Museum aufbewahrt.

b

Die Erb-Huldigung

Auf 91 sorgfältig gedruckten Bogen kann man, so die Bibliotheken es einem vorlegen oder man in einem Antiquariat dafür einen ordentlichen Betrag auszugeben gewillt ist, nachlesen und in Bildern eindrucksvoll zu sehen bekommen, was an Maria Theresias großem Tag geschah. Das Prachtwerk, das für die Geschehnisse dieses Tages Zeugnis ablegen sollte, heißt »Erb-Huldigung, Welche der Allerdurchleuchtigst-Großmächtigsten Frauen / Frauen Mariae Theresiae, zu Hungarn, und Boeheim Königin, als Ertz-Herzogin zu Oesterreich, von denen gesammten Nider-Oesterreichischen Ständen / von Prälaten, / Herren / Rittern / auch Staedt und Maerckten allerunterthaenigst abgeleget den 22. Novembris Anno 1740«.

Wie es vordem Sitte gewesen, in Prachtbänden die großen Zeremonien und Feste über den Augenblick hinweg festzuhalten und in aller Welt zu verbreiten, so sollte auch dieser festliche Tag seinen dokumentarischen Niederschlag finden. Jeder, der an diesem Tag ein Amt versah, jeder der im Buch Erwähnten war so in die Nähe der Gehuldigten gerückt und festgehalten für die Geschichte. Und Maria Theresia selbst, durchaus der Tatsache bewußt, daß man ihr das angenommene Amt streitig machen würde, dokumentierte gern, daß sie es nun erst einmal hatte. Wollte man ihr die Titel absprechen, die Erbländer wegnehmen, müßte man erst Kriege gegen sie führen – man tat's dann auch, doch davon soll hier nicht die Rede sein.

Karl VI. war am 20. Oktober gestorben. Die ersten Dekrete Maria Theresias bezogen sich auf Aufbahrung, Trauerkleidung, Überführung des kaiserlichen Leichnams in die Kapuzinergruft, geistliche Assistenz bei allen Trauerfeierlichkeiten – sie waren »Per Regiam Majestatem« von Mathias Benedict

Der Leichnam Kaiser Karls VI., wie er vom 22. bis 24. Oktober 1740 in der Ritterstube der Hofburg aufgebahrt war. Die Zeichnung stammt von Salomon Kleiner.

Die Einholung des »Ertz-Hertzog-Huetls« aus Klosterneuburg geschah in festlichem Zug. Der Erzherzoghut befand sich in der von sechs königlichen Leiblakaien begleiteten Sänfte. Dahinter folgten zehn Hartschiere.

Finsterwalder unterzeichnet. Der Kaiser, zuerst in der Favorita aufgebahrt, wurde in die Burg gebracht, drei Tage »mit Kayserlicher Pracht« in der Ritterstube aufgebahrt, dann unter lebhafter Anteilnahme der Bevölkerung beigesetzt. Am 24. Oktober gegen Abend war alles vorüber, Maria Theresia allein.

Der November gehörte den Exequien, den großen angeordneten Trauerfeierlichkeiten, und für das Ende der Exequien, den 22. November, war auch der erste Tag der Huldigungen an Maria Theresia vorgesehen. Die Schreiben an die Stände, mit denen diese aufgefordert wurden, zur Huldigung zu erscheinen, können eingesehen werden. Sie beginnen alle damit, auf die Tatsache hinzuweisen, daß der Kaiser gestorben ist und daher die Königin die Königin sei. »Als haben Wir neben anderen Treu-Gehorsamsten Lands-Mitgliedern ebenfahls dich hiemit absonderlich beschreiben und erfordern wollen / mit dem gnedigsten Befehl / daß du dich den Abend vor obbestimmten Tag gewiß / und ohnfehlbarlich allhier einfindest: dann ... auf den folgenden Tag fruhe neben anderen Land-Leuthen Uns die Erb-Huldigung gebührend leistest / dich auch hieran ausser wissentlichen Gewalt Gottes / sonsten im wenigsten durch nichts anderen abhalten lassest.«

Der Zeugnisse über den Ablauf des Ereignisses gibt es genug, aber für uns interessant ist auch, womit sich eine Zeremonialkonferenz zu beschäftigen hatte. Die Zahl der Böllerschüsse mußte erörtert werden, die Zahl der Geschütze auf den Basteien, auch ließ man vorsichtigerweise von der Stephanskirche über den Graben, den Kohlmarkt bis hin

DEO
PATRI
CREA
TORI.

Die vorhergehenden zwei Doppelseiten: Der Zug Maria Theresias von der Hofburg nach St. Stephan anläßlich der Zeremonie der Erbhuldigung führte über den Graben. Die zwei Doppelseiten, nebeneinandergelegt, ergeben die Gesamtansicht des Grabens während des Zuges. Die Erzherzogin sitzt in einer Sänfte – weil schwanger –, gefolgt von ihrem leeren Hofwagen.

zur Burg Spalier bilden und vorher die Gassen, durch die der Zug gehen sollte, »säubern, gut pflastern und mit weissem Sand wohl sträuen«. Die Stadttore sollten während des Huldigungszuges versperrt bleiben. (Anmerkung für Wiener Leser: Graben und Kohlmarkt hießen auch damals längst so und verliefen – die Abbildungen zeigen es – nicht anders als heute.)
Dem Zeremonialamt oblag es auch, den Bürgern der Stadt sagen zu lassen, wann und in welchen Abständen den Tag über Salven geschossen würden, der Geistlichkeit aufzutragen, wann sie in der Stephanskirche bereit zu sein hatte, vor allem aber die Anordnung des Zuges und die Reihenfolge der Vorgänge der Erbhuldigung selbst im Detail auszuarbeiten.
Um nur eine Idee von der Prachtentfaltung zu geben: Zur Einholung des »Ertz-Hertzog-Huetls« aus Klosterneuburg wurde ein Zug gebildet, der sich zusammensetzte aus einem Vorausreiter, einem mit sechs Pferden bespannten leeren Wagen des Grafen von Hardegg, einem ebenfalls leeren Sechsergespann des Grafen von Brandis, dann einem von sechs Pferden gezogenen Hofwagen, von Leib-Lakaien und livrierten Bedienten umgeben und gefolgt von Haus-Offizieren zu Pferd, in dem die Grafen Hardegg und Brandis saßen, schließlich aus der Sänfte mit dem »Ertz-Hertzog-Huetl«, die umgeben war von Knechten und Lakaien, hintennach einem Offizier und zehn Leib-Guardia-Hartschieren (berittenen Leibgardisten) und einer Landkutsche für die marschierenden Lakaien, die abwechselnd Dienst neben den Wagen und Sänften zu tun hatten. Ferner begleiteten den Zug Wachen, Ehrenkompanien und Abordnungen. Und sie alle, die das Kleinod in Klosterneuburg einholten, standen dann mit entblößtem Kopf, verneigten sich vor den Grafen, nicht ahnend, daß sie bei ihrem Einzug in Wien mit Pauken und Trompeten »musicaliter« empfangen werden würden.
Bei der Huetl-Übergabe in Klosterneuburg hatte man für die Königin gebetet, auch dafür, daß sie ihre Regierungszeit »mit Vermehrung der Männlichen Deszendenz« verlängere – und das alles trotz der Gesetze, die ihr auf den Thron geholfen hatten, denn man war der Ansicht, es solle in Zukunft wieder genügend männliche Nachkommen geben, und die Geistlichkeit schloß sich dieser Bitte von Herzen gern an.
Vom Zug Maria Theresias nach St. Stephan gibt es berühmte Darstellungen. Die Königin ließ sich an vielen Tausend Zuschauern vorübertragen; ihrer Sänfte gingen Abordnungen in streng hierarchischer Ordnung voraus, der Sänfte folgte ein leerer sechsspänniger Wagen, weiteres Gefolge, und ganz am Ende des Zuges, vermerkt das Protokoll unter Hinzufügung modischer Details, »Die Königl. Obriste Hofmeisterin Frau Karoline Gräfin Fuchs von Wimpachs und Dornheim, samt denen Königl. Hof-Damen, alle mit eingepulverten Haaren, und Geschmuck in Ohren, und um den Hals gezieret« – denn auch das war ein wichtiger Punkt des Protokolls, wer in welchem Prunk zu erscheinen hatte.
Der jungen Herrscherin hatte die Stadt einen Triumphbogen errichtet, den sie nach dem feierlichen Amt in St. Stephan bei der Heimkehr durchschritt; sie wiederum ließ Wein, Brot und »allerhand Gebratenes« unter das Volk verteilen.
Nach dem Huldigungsakt in der Ritterstube der Hofburg gab es ein Tedeum in der Hofburgkapelle, dann aber endlich – zahlreiche Kupferstiche haben es festgehalten – die Hoftafel in vielen Räumen der Hofburg. In der Ritterstube durfte der innerste Kreis um Maria Theresia und Franz Stephan von Lothringen stehen und das Mahl beobachten, und die Inhaber aller Ehrenämter durften ihres Amtes walten – mit bloßem Schwert zur Rechten der Königin stehen, das Panier hinter der Königin halten,

Das Tedeum in der Hofburgkapelle fand nach dem Huldigungsakt statt. Die Erzherzogin wohnte ihm links hinter dem Altar sitzend bei. Rechts und links von ihr standen die Inhaber der Hofämter, Mundschenk, Truchseß, Herold, Jägermeister, Hofmeister usw., und hinten die Stände und die Leibgarde. Ihr Gemahl, damals Großherzog von Toskana, ist auf keiner dieser Darstellungen zu finden.

2
19
19
19

die Speisen vorschneiden oder einfach Aufwartedienste leisten: ein rituelles Mahl, bei dem die hohen Würdenträger nichts als Ehren und Hunger hatten. Kaum aber hob die Königin die Tafel auf, durften die anderen essen: »in dem grossen Saal vor dem Comoedi-Hauß« die Herren Landmarschälle, in den kleineren Zimmern jeweils eine hervorragende Persönlichkeit, unten in einem Raum sogar die Vertreter des Vierten Standes, also die Abgesandten der Stadt Wien und achtzehn anderer Städte und Märkte.

Die das Erbhuldigungszeremoniell abschließende Hoftafel fand in vielen Räumen der Hofburg statt. Unser Bild zeigt die Tafel der Niederösterreichischen Stände.

Betrachtet man die zeitgenössischen Darstellungen dieser großen Festtafel, dann fällt einem auf, daß sich sogar die Hunde immer ungenierter geben, je näher sie der Tafel des Vierten Standes sind – in der Stube der Majestäten gibt es keine, sonst aber sind sie auf den Bildern in Mengen zu finden, bei Tisch oder zumindest an den Körben, in denen man die Speisen hereingetragen hat. Und auch das Tafelgeschirr sowie die Bequemlichkeiten, die den Gästen geboten werden, sind in ihrer Qualität und ihrem Aussehen den Rängen der Speisenden angepaßt. Wenngleich entsprechend der Anordnung der jungen Königin auch überall reichlich geboten werden soll, so kann es doch nicht Zufall sein, daß gerade an der Tafel des Vierten Standes die meisten Hungrigen zu sitzen scheinen, denn da wird am ungeniertesten zugegriffen.

Über der Beschreibung der Feierlichkeiten hätten wir beinahe auf die Königin vergessen, die da vor aller Welt das Erbe eines mächtigen Vaters antrat.

Dem großen Erbhuldigungswerk, das die Ereignisse des 22. November getreulich in Bildern aufzeichnete, ist die Wappenleiste mit den Wappen einiger Adelsfamilien entnommen.

Sie war eine junge Frau von 23 Jahren, leidenschaftliche Kartenspielerin und Tänzerin, immer fröhlich und keineswegs auf ihre Aufgabe vorbereitet. Sie hatte klare blaue Augen, war stolz auf die Fülle ihres blonden Haares und hielt sich sehr gerade. Und sie war schwanger, zum vierten Mal; keine vier Monate später sollte sie ihren ersten Sohn, Joseph, zur Welt bringen.

Als ihr Vater nach neuntägigem schwerem Fieber – er war krank von einem Jagdausflug von Schloß Halbthurn zurückgekehrt – in der neuen Favorita starb, wurde sie vor Schmerz so hysterisch, daß die Ärzte eine Fehlgeburt befürchteten. Stunden später aber war sie bereits die Majestät, die keinerlei Zweifel aufkommen ließ, daß sie fortan die Königin Maria Theresia sein wolle. Der Großherzog von Toskana, ihr Gemahl, blieb bei der ersten Audienz, wenn auch ihr zur Seite, bereits »etwas im Hintergrund« und sollte es künftig auch bleiben.

Die junge Frau, die im Spätherbst des Jahres 1740 plötzlich ein großes Erbe antrat, war eine bis dahin wenig bekannte Persönlichkeit. Sie wurde eine der bedeutendsten Herrscherinnen Europas. Vierzig Jahre lang regierte sie mit Klugheit und Ausdauer ein Land, das ihrer heute noch in Dankbarkeit gedenkt und sie als zweite Magna Mater Austriae bezeichnet.

Namenregister

Bildnachweis

Farbbilder

Theatersammlung der Österreichischen Nationalbibliothek, Wien: 6, 20, 21, 120
Kartensammlung der Österreichischen Nationalbibliothek, Wien: 104, 116/117, 177
Historisches Museum der Stadt Wien (Foto Harrandt, Wien): 2/3, 56, 65, 92/93, 100/101
Kunsthistorisches Museum, Wien (Photo Mayer, Wien, und Wilhelm Albrecht, Innsbruck): Schutzumschlagbild, 12, 13, 16, 17, 24, 48/49, 68/69, 132/133, 145, 148/149, 164/165, 200, 236/237, 240
Österreichische Galerie, Schloß Belvedere, Wien (Fotostudio Otto, Wien): 161
Stift Kremsmünster (Museum für angewandte Kunst, Wien): Vor- und Nachsatz
Österreichische Nationalbibliothek, Wien, Kuppelsaal (Foto Ritter): 220/221
Kunstfreunde Hannover E. V. (Foto: Hans Nölter, Langenhagen): 44/45
Nationalgalerie in Prag: 52/53, 72
Staatliche Kunstsammlungen, Dresden (Foto: Gerhard Reinhold, Leipzig-Mölkau): 129
Corvina Archiv, Budapest (Szépmüvészeti muzeum): 113
Sammlungen des Regierenden Fürsten von Liechtenstein, Schloß Vaduz: 136
Galleria Sabauda di Torino (Foto Chomon, Torino): 152
Akademie der bildenden Künste, Wien (Fotostudio Otto, Wien): 180/181
Karlskirche, Wien (Foto: Walter Kühnelt, Wien): 193
Stift Melk (Foto Fasching): 196
Geistliche und weltliche Schatzkammer, Wien (Photo Mayer, Wien): 197, 224
Alle übrigen: Bildarchiv der Österreichischen Nationalbibliothek, Wien
Stift Geras (Foto Ritter, Wien): 96/97
Spanische Hofreitschule, Wien (Photo Mayer, Wien): 184
Gesellschaft der Musikfreunde in Wien: 168
Stift Klosterneuburg: 100/101

Schwarzweißbilder

Theatersammlung der Österreichischen Nationalbibliothek, Wien: 39, 65, 102/103, 119, 121, 122, 123, 167, 174, 175, 178
Historisches Museum der Stadt Wien (Foto Harrandt, Wien): 35, 42, 130
Kunsthistorisches Museum, Wien (Photo Mayer, Wien, und Wilhelm Albrecht, Innsbruck): 182/183, 219
Stiftsgalerie Herzogenburg: 188
Tiroler Landesmuseum Ferdinandeum, Innsbruck: 190 (links)
Österreichisches Museum für angewandte Kunst, Wien: 195
Österreichische Galerie, Schloß Belvedere, Wien (Fotostudio Otto, Wien, und Elfried Mejchar, Wien): 28, 208/209, 211, 214/215, 238
Antiquariat Gilhofer, Wien: 87, 245, 246/247, 248/249, 251, 252, 253
Antiquariat Ingo Nebehay, Wien: 202
Verlagsarchiv: 28, 33, 46, 94, 95, 112, 118, 128, 155, 166, 176, 245, 246/247, 248/249, 251, 252, 253
Alle übrigen: Bildarchiv der Österreichischen Nationalbibliothek, Wien

CIP-Kurztitelaufnahme der Deutschen Bibliothek

Endler, Franz
Wien im Barock / Franz Endler. – Wien, Heidelberg: Ueberreuter, 1979
ISBN 3-8000-3159-0